國家社會科學基金重大招標項目
國家社會科學基金冷門絕學研究專項

湖北省公益学术著作
Hubei Special Funds 出版专项资金
for Academic and Public-interest
Publications

歷代書院課藝選刊

小俊 主編

上海求志書院課藝

［清］俞樾 等 評閱 許虹 整理

長江出版傳媒 崇文書局

前　言

　　本書點校《上海求志書院課藝》總集四部。其中,《上海求志書院春季課藝》爲清光緒刻本,年份不詳;《上海求志書院丙子夏季課藝》《上海求志書院丙子秋季課藝》《上海求志書院丙子冬季課藝》均爲清光緒二年(1876)刻本。以下徑稱《春課》《夏課》《秋課》《冬課》。

　　四集俱不分卷,體例相仿:卷首題評閱人信息,後列課藝目録、作者姓名録,其後則爲課藝正文,附評點。均按經學、史學、掌故、算學、輿地、詞章六大學科門類的順序編排。

一、關於上海求志書院、評閱人、目録、姓名録、課藝數量與特色的説明

　　上海求志書院位於今上海喬家路、巡道街附近,時屬江蘇松江府。清光緒二年(1876)丙子,由蘇松太巡道馮焌光捐資創建於縣治東南。

　　該書院按春夏秋冬四季命題考課。卷分經學、史學、掌故、算學、輿地、詞章六齋,文理並進,不課八股,爲特色較强的經史詞章類書院,分齋課士的做法對同時期的寧波辨志文會深有影響。該書院每齋皆有專人評點,不乏俞樾、張焕綸、劉彝程等名家。每年二、四、七、十月朔日,刊其課題於《申報》,有欲試者可選做一齋或數齋題目,兩月内寄送,評閱後分超等、特等、壹等若干,優異者發

1

給獎銀。據現有課案，六齋皆通者無，最高明者通五門，其餘有兼四門、三門或二門，工一門者最多。諸生答卷特優者彙編爲課藝集，按季刊刻，類似於今日之高校學報季刊，前後延續近三十年。

同時該書院藏書七八千册，爲當時上海城内最大書庫，注重閱讀積累。願來滬者可留院肄業，授以各書。光緒三十一年（1905），書院停止課試，藏書移至龍門師範。

據魯小俊《清代書院課藝總集敘録》（武漢大學出版社 2015 年版），四集所列六位評閱人俱可考：

1. 俞樾（1821—1907），字蔭甫，晚號曲園，浙江德清人。道光十七年（1837）副貢，道光二十四年（1844）舉人，道光三十年（1850）進士，選庶吉士，散館授編修。歷官國史館協修、河南學政。罷官後歷主蘇州紫陽、上海求志、德清清溪、歸安龍湖等書院，主杭州詁經精舍凡三十一年。著有《春在堂全書》五百卷。

2. 高驟麟（1842—？），字仲瀛，一作仲英，浙江仁和人。同治十二年（1873）舉人。官内閣中書，直隸清河道、布政使。

3. 劉彝程，字省庵，江蘇興化人，熙載（1813—1881）子。上海廣方言館算學教習，兼任求志書院算學齋長。著有《簡易庵算稿》四卷。

4. 張焕綸（1843—1902），字經甫，號經堂，上海人。肄業於龍門書院。主講求志書院輿地之學。光緒四年（1878）創建正蒙書院（後改梅溪書院），光緒十七年（1891）赴台掌管基隆金礦局，光緒二十年（1894）返回上海，後爲南洋公學、敬業書院總教習。著有《歷代方略紀要》《救時芻言》《暴萌録》《警醒歌》《自有樂地吟草》。

5. 鍾文烝（1818—1877），字殿才，號子勤，浙江嘉善人。肄業於詁經精舍。道光二十六年（1846）鄉試中式第 38 名舉人。再上春官，以縣令注選。歸，絶意仕進，日事著述。同治初入江蘇忠義局爲編纂,後主講敬業書院十二年,卒於書院。著有《春秋穀梁經傳補注》二十四卷,《論語序説詳正》《鄉黨集説備攷》《河圖洛書説》各一卷,《乙閏録》四卷、《新定魯論語》二十篇。

6. 沈曾植(1850—1922),字子培,一作子佩,號乙盦,晚號寐叟,浙江嘉興人。同治十二年(1873)順天鄉試舉人,光緒六年(1880)進士。歷官刑部主事、員外郎、郎中,外務部員外郎,江西廣信知府、督糧道、鹽法道,安徽提學使、布政使、巡撫。曾主兩湖書院。辛亥後居滬上,爲遺老。著有《海日樓詩集》《海日樓文集》《海日樓日記》等數十種。

四集課藝目録,按經學、史學、掌故、算學、輿地、詞章六大學科門類的順序編排。其中《春課》《夏課》《秋課》目録末尾均注明:"本課佳卷甚多,擇其尤者刊印,以公同好。餘因集隘,不能全登,謹將等第、姓名、籍貫附列於後。"確爲優中選優之作。

四集姓名録,在六科下按超等、特等、壹等三等詳列生徒姓名、籍貫、科名等個人信息,多有重複,可知生源及個人發揮較爲穩定。三種等級數量不定,一名者有之,八名者亦有之,且又分名次;籍貫以江浙爲主,亦有來自安徽、江西、廣東者;科名多爲生員,偶見舉人。

課藝數量方面,《春課》收經學 4 題 4 篇,史學 6 題 6 篇,掌故 5 題 5 篇,算學 4 題 5 篇,輿地 7 題 9 篇,詞章 3 題 4 篇,總計 33 篇;《夏課》收經學 6 題 13 篇,史學 4 題 5 篇,掌故 7 題 7 篇,算學 2 題 2 篇,輿地 5 題 5 篇,詞章 7 題 12 篇,總計 44 篇;《秋課》收經學 7 題 7 篇,史學 5 題 11 篇,掌故 6 題 9 篇,算學 5 題 7 篇,輿地 8 題 10 篇,詞章 7 題 14 篇,總計 58 篇;《冬課》收經學 7 題 12 篇,史學 7 題 8 篇,掌故 5 題 6 篇,算學 4 題 6 篇,輿地 5 題 7 篇,詞章 5 題 12 篇,總計 51 篇。四集共計 186 篇,數量有趨多之勢。

課藝出題有一定的季節特色,盡力貼合時令。如《夏課》詞章類《屈原婦作糭賦（以荊人角黍祀靈均爲韻，有序）》《閨端陽詞序》分詠端午祭祀之由，《秋課》詞章類《擬王刺史〈餽五柳先生酒書〉》《擬陶淵明〈謝王刺史餽酒書〉》《玉女擣帛》分詠重陽節酒事、秋日擣衣聲，《冬課》詞章類《詠南天燭》《玲瓏玉冰箸》分詠耐寒植物南天竹、冬日冰凌。

諸題均可自由選擇，論述亦可隨意發揮，即使觀點相左、篇幅長短不一也無大礙。由此可見上海求志書院的寬鬆自由，以及諸生的治學興趣與專長。如朱逢甲擅經、史，文輒千餘言，其《〈逸周書・史記解〉皮氏、華氏以下諸國可考者有幾》洋洋灑灑，至四千餘字。又如沈善蒸、鄭興森、崔有洲擅算學，沈氏的算學成績尤爲突出，多次獲超等第一。總體而言，這種寬鬆氛圍下的課藝佳句頗多，不少生徒善用對比、類比、排比說明問題，課藝中亦時見密密麻麻所加之圈，以示佳句。

除寬鬆以外，《不易、變易、易簡說》《〈周禮〉非周公之書說》《問：社倉、常平倉、義倉之制，與今日辦理積穀，孰爲得失？》等題在關注經典的同時，也警醒諸生應重視國計民生。

各篇課藝末尾均附有評閱人評語，雖長短有別，皆能一語中的，對創新之見、精闢之語、考據之言尤爲贊賞。即評語中所激賞的"意極新，理極正，發古人所未發""狀難狀之理，了然於心，沛然於口，絕不依傍陳言""要言不煩，能見其大"。鼓勵創新，特別歡迎以小見大的解說，具有研究性學習的特徵。

二、關於算學學科的説明

上海求志書院六大學科中，算學科目與今日相差較大。原因主要是當時西方算學符號與形式在中國尚未通用，取而代之的是天干、地支等中算符號。更兼在傳統"之乎者也"的句式和豎式書寫習慣影響下，"形成了一套光怪陸離的符號體系，今人讀之，宛若天書"（張奠宙：《數學符號的演變——XYZW 取代天地人元的艱難歷程》，《中國現代數學史略》，廣西教育出版社 1993 年版）。限於條件，有時計算結果也難以精確，但它真實反映了當時知識分子學習數學的盛況。更值得注意的是算學在我國源遠流長，古已有之，相比前代，明清時期的士人似乎對此更感興趣。

上海求志書院涉及的這種清代算學符號體系，相關說明如下：

1. 以"上""下"之形（⊥丁）代替加減（＋ －）。

2. 將比例式寫作甲：乙＝丙：丁。甲爲一率，乙爲二率，丙爲三率，丁爲四率。求四率的方法，爲二、三率相乘後除以一率。現代寫法即 $a:b=c:d$，同時 $d=bc\div a$。

3. 以算籌或數量詞一至九代替阿拉伯數字 1 至 9。算籌形式如：

	1	2	3	4	5	6	7	8	9
纵式	丨	丨丨	丨丨丨	丨丨丨丨	丨丨丨丨丨	丅	丅丨	丅丨丨	丅丨丨丨
横式	一	二	三	亖	亖一	⊥	⊥一	⊥二	⊥三

算籌在表示數字時，橫式、豎式相間使用，負數在末位加一捺，0 則以空位、〇或直接用 0 表示。如沈善蒸課藝《問：開正負諸乘方，孰爲捷法？》中，‖⊥丅≣二〇⊥丅即 −277882062。

用一、二、三等數量詞代替阿拉伯數字時，有兩種情況：一種是中間可省略十、百、千、萬，如"二七"表示 27；另一種如"三、四、六、七、八"指代 3、4、6、7、8。具體情況可依上下文推斷。一般前一種多在小字注釋部分，后一種在正文，但也不絕對。

4. 在直角三角形中，以短邊爲勾（有時也可指長邊；課藝中作"句"，爲便於説明，現以 a 表示），長邊爲股（有時也可指短邊；現以

b 表示），斜邊爲弦（現以 c 表示）。與此相關的有"和"（相加）、"較"（相減）等計算方式，以及"勾""股""弦""和""較"等的組合術語（相減結果取正數）：

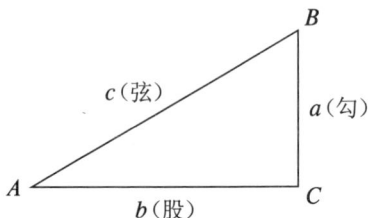

和/勾股和＝勾股之和＝$a+b$

勾弦和＝勾弦之和＝$a+c$

股弦和＝股弦之和＝$b+c$

弦和和＝勾股弦之和＝$a+b+c$

較/勾股較＝勾股之差＝$b-a$

勾弦較＝勾弦之差＝$c-a$

股弦較＝股弦之差＝$c-b$

弦較和＝勾股之差，並弦＝$b-a+c$

弦和較＝並勾股，與弦相減＝$a+b-c$

弦較較＝弦與勾股之差相減＝$c-(b-a)$

勾實（a^2）＝弦×弦－股×股＝c^2-b^2

股實（b^2）＝弦×弦－勾×勾＝c^2-a^2

弦實（c^2）＝勾×勾＋股×股＝a^2+b^2

冪/實＝勾股弦自乘之方＝$a^2+b^2+c^2$

5. 幾何圖形可用干支、星宿等名稱標注。

天干：甲乙丙丁午己庚辛壬癸

地支：子丑寅卯辰巳午未申酉戌亥

用二十八星宿標注幾何圖形，即角、亢、氐、房、心、尾、箕（东方蒼龍七宿）；斗、牛、女、虛、危、室、壁（北方玄武七宿）；奎、婁、胃、昴、毕、觜、參（西方白虎七宿）；井、鬼、柳、星、張、翼、軫（南方朱雀七宿）。

三、關於版本、版式與字形的説明

《上海求志書院課藝》四集的點校，以《中國書院文獻叢刊》第 1 輯第 16 册、17 册天津圖書館藏本影印本爲底本。因課藝版本無多，故無他本參校。

爲更好地貼合現今讀者的閱讀習慣，點校時在形式上作的變動有：文字閱讀方向，改原本的豎式爲橫式；標點方面，以原本的句讀爲基礎加以現代標點；段落中删除原本的避諱空格，以使語意連貫，並在原本段落劃分的基礎上適當再行調整。

字形上爲保留古籍原貌，仍使用繁體。需要説明的是，《上海求志書院課藝》四集中作者甚多，用字各有差異，有時同一人的同一篇文章也存在用字不同的現象，難以統一。基於保存課藝原貌、遵循文字規範以及電腦輸入條件三方面考慮，點校時一般照録原字（包括簡化字、繁體字、常見異體字），如並、併、並、竝；備、俻；蓋、葢；豔、豓；减、減；于、於；仇、讐；搗、擣；蕁、薚；階、堦；附、坿；雜、襍；遊、游；陰、隂；恤、邮；托、託；確、塙；羌、羗；擬、儗；梅、楳；考、攷；奸、姦；迴、回；核、覈；館、舘；駁、駮；褒、褎；制、製；叓、專；弊、獘；庵、菴；疆、畺；線、綫；征、徵；个、個；胸、胷。

特殊情況的處理如下：

1. 據《新舊字形對照表》及《現代漢語詞典》（第 7 版），改舊字形爲新字形。如"辶"改"辶"，改後如道、遇；"糸"改"糸"，改後如終、約；"礻"改"礻"，改後如視、禮。差異細微如"印"改"印"、"八"改"八"、"丷"改"差"。另"玄"字多避諱，末一點常缺，徑改如弦、絃。

2.因字形相似或印刷不清造成的明顯訛誤,徑改。如剌、刺;己、已、巳;祇(zhǐ,僅僅義,"只"的繁體字形)、祗(zhī,恭敬義);母、毋;干、于、千;艮、良;土、王;二、三;平、乎;八、人;口、曰、日……

3.意義明顯有誤,以及人名中的多種寫法,使用增删符號(方括號、圓括號)標注。如"漢之京(明君)[君明],魏之管公明,晉之郭景純,皆深於《易》而精於數""又孟康、晁説之、林艾軒,皆發明其每卦六日七(日)[分]之旨""《大戴禮·(盛德)[明堂]篇》言明堂九室"。又"玄"字時避諱作"元",亦如之注明,如《唐書·元行沖傳》稱'(元)[玄]宗自注《孝經》,詔行沖爲疏,立於學官'"。人名中的"尊、蓴""階、堦"取較通行的前字,出現後字時使用增删符號標注,以防誤認爲兩人。

4.通假字及音譯名不改。如"勾"常作"句","句股"(算學術語)、"句踐""句微"(人名)皆不改;"沉"常作"沈","沈沙""沈溺""沈雄"皆不改;"奇"作"畸","射二百四十步有畸"不改;"茅"作"茆","茆屋秋風故國思"不改;"匈"作"凶","凶奴"不改;"桌"作"卓","平面卓"不改;"娶"作"取","取子婦"不改;"狠"作"很","鬬很之習"不改。音譯如烏嚕木齊(烏魯木齊)、"嗶嘰"(英國進口的機織斜紋布)、"摩利耶"(基督教中的聖母瑪利亞)不改。

在點校過程中,感謝相關學者的研究著作,感謝師友們給予的耐心幫助。尤其是導師魯小俊教授不僅修改了初稿中的諸多錯誤,還鼓勵我完成了算學部分的整理;朱凌雲老師對於繁異體字的建議,給了我很多啟發;曾軍、顧瑞雪老師的點校稿,給了我很多參照;潘志剛師兄在方法論上作了指導——先易後難,完成比完美更重要;曾志平師兄在查字方面亦有指教,使得點校速度加快不少。

但"學然後知不足",點校完畢后,越發感到自己學識的淺薄。

雖一讀再讀，反復核對課藝原文、引文，多方請益，再三修改，訛誤終究在所難免。清光緒二年(1876)迄今不過百餘年，但今人讀《上海求志書院課藝》，已有隔閡，行文尤其是用字習慣多有差異。比如課藝多引文，而引文多跳躍，跳躍處按現代標點習慣需加省略號，並在前後加上引號。但粗讀之下往往難以發現、判斷省略之處，以及引文結束的地方；引文跳躍或改動較多時，某種程度上又成了間接引用，按現代標點習慣則不必加省略號及引號。大致而言，兩集中"云""曰"多接直接引語，"謂""言"多接間接引語，但並不絕對。此外引文前並無引導詞的情況也有。

又人名、地名、書名常略寫且並列出現，極易混淆。如"疏廣、受之明哲"中的"疏廣、受"指疏廣、疏受(二人皆西漢名臣，合稱"寧邑二疏")，"廣西桂林、柳、梧、潯、慶遠、南寧、平樂、太平、思明、鎮安十府"中的"柳、梧、潯"指柳州、梧州、潯州，"新舊《書》"指《新唐書》《舊唐書》。

又課藝中的簡體字、繁體字、異體字問題，實難妥善解決，除非將文字挨個鏟挖排列或有專門的輸入系統，否則錄入時便左右爲難——若統統不改，則幾乎不可能以文字形式(指宋體)輸入電腦；若改，又無簡便易行且無懈可擊的操作方案。而若將異体字全部改爲正体字(包括简化字、繁体字)，又似矯枉過正。比如按《規範字與繁體字、異體字對照表》(2013版)，"并"爲正體字，"並""竝""併"爲異體字，但課藝中其實很少使用"并"字，且點校時逐字翻檢改正也頗爲不易。若全部改爲簡化字，又存在繁簡轉換的問題。

拋開上述問題不談，求志書院地處上海，得風氣之先，六大學科門類的設置已具現代教育之雛形；又時值晚清風雲變幻之際，因此各種觀點在課藝中不斷碰撞：救亡圖存與寄情山水、學習西方與保守排外……讀來令人胸懷激蕩。總之，上海求志書院《春課》《夏課》《秋課》《冬課》作爲課藝總集的代表作之一,確有獨特的學術價值,值得一讀再讀。我們希望這部點校稿起到的作用,也正在於此:幫助有興趣的讀者閱讀《上海求志書院課藝》,一同探索它按季考課、文理并進、博習四部、分齋課士、名家評閱、寬鬆自由、注重積累、關注民生的研究性考課特色。

書中存在的訛誤和不當之處,敬請讀者諸君多多批評指正!

目　録

春季課藝

丙子夏季課藝

丙子秋季課藝

經學

史學

理分中末線,可推廣其法,爲求平圓外切八等邊之用。
　　以圓徑爲首率,令倍中率、加末率與首率等,求得中
　　率即八邊之一。試攄其理而詳其法 …………… 沈善蒸　201

丙子冬季課藝

經學

春季課藝

俞蔭甫先生評閱經學

鍾子勤先生評閱史學

高仲瀛先生評閱掌故之學

劉省庵先生評閱算學

張經甫先生評閱輿地之學

俞蔭甫先生評閱詞章之學

春課姓名録

經學

超等 第一名：朱逢甲，江蘇松江府華亭縣學貢生

第二名：鄭興森，浙江湖州府歸安縣學附生

特等 第一名：王念珣，江西吉安府廬陵縣監生

第二名：李經瑩，江蘇蘇州府元和縣學優附生

第三名：王祖齡，江蘇太倉州鎮洋縣學優增生

第四名：郁震培，江蘇松江府上海縣學附生

壹等 第一名：韓柳文，江蘇松江府南滙縣監生

第二名：李昌，江蘇松江府學優增生

第三名：倪承瓚，江蘇松江府南滙縣學附生

第四名：李慶恆，江蘇太倉州鎮洋縣學優廩生

第五名：王履階，江蘇松江府南滙縣學增生

史學

超等 第一名：許壽衡，浙江紹興府山陰縣學附生

第二名：朱逢甲

第三名：秦誠，江蘇松江府奉賢縣學貢生

特等 第一名：王念珣

第二名：周桂，江蘇松江府婁縣學增生

掌故之學

超等 第一名：馮一梅，浙江寧波府慈溪縣學優廩貢生

3

第二名：沈祥鳳，江蘇松江府婁縣學優廩生

第三名：朱逢甲

第四名：瞿慶賢，江蘇松江府上海縣學附生

第五名：姚文棟，江蘇松江府上海縣學附生

特等 第一名：郁晉培，江蘇松江府上海縣學附生

第二名：胡紹昌，江蘇松江府華亭縣學廩生

第三名：王慶長，江蘇蘇州府常熟縣學附生

第四名：倪承瓚

第五名：蘇旭，江蘇常州府江陰縣童生

第六名：黃致堯，江蘇太倉州寶山縣學附生

第七名：陳善道，江蘇松江府上海縣童生

壹等 第一名：何四鋼，江蘇松江府奉賢縣學附生

第二名：周桂

第三名：許壽衡

算學

超等 第一名：湯金鑄，廣東廣州府花縣監生

第二名：沈善蒸，浙江嘉興府桐鄉縣監生

第三名：孔繼藩，廣東廣州府南海縣學優廩生

特等 第一名：宋慶雲，江蘇松江府華亭縣學恩貢生

第二名：陳榘，廣東廣州府南海縣學附生

第三名：鄭興森

輿地之學

超等 第一名：吳曾英，江蘇太倉州學廩貢生

第二名：王履階

第三名：鄭興森

第四名：姚文棟

第五名：姚有彬，江蘇松江府南滙縣舉人

第六名：朱逢甲

第七名：韓柳文

第八名：李慶恆

特等 第一名：許壽衡

第二名：鄭炳，廣東廣州府南海縣學附生

第三名：陳善道

第四名：梁雲，浙江紹興府餘姚縣學附生

第五名：胡紹昌

第六名：周桂

壹等 第一名：黃致堯

第二名：顧履祥，江蘇松江府上海縣學附生

詞章之學

超等 第一名：朱逢甲

第二名：顧麟，江蘇松江府南滙縣舉人

第三名：朱昌鼎，江蘇松江府學優廩生

第四名：許壽衡

特等 第一名：王保奭，江蘇松江府南滙縣學附生

第二名：朱士祺，江蘇松江府學增生

壹等 第一名：周桂

第二名：李慶恆

第三名：錢克家，江蘇太倉州童生

經學

問：漢魏六朝至唐人詩，無不溯源三百篇，其命意遣詞，間有與三百篇合者，能舉其辭否？

朱逢甲

《詩》三百篇，温柔敦厚，旨歸無邪。讀之獲興觀群怨之益，爲事父事君之資，兼可多識。内以正性情，外以達政事。此《詩》教之所以爲大也。厥後漢魏六朝三唐之詩，其命意遣詞，不盡合於三百篇，而合於三百篇者未嘗無也。請綜而論之，析而言之。

夫綜論列朝之詩，以漢詩而論，古詩十九首及蘇武贈答近於風，韋孟諷諫諸篇近於雅，唐山夫人諸篇近於頌。以漢之樂府言之，琴曲近於風，鐃歌近於雅，郊祀近於頌。魏惟子建近於風。六朝卑靡，近風者有之，近雅頌者鮮。三唐之詩，太白多近風，少陵多近雅，昌黎多近頌，香山長於諷諭，近風雅者尤多。此論其大槩也。

若析而言之，其歷朝名篇之命意遣詞，合於三百篇者，請舉其辭而論之。夫合於三百篇者，不貴貌合而貴神合。三百篇以真性情而發爲天籟，成爲温柔敦厚之詩，所以三百篇詞各不同，意各不同，而同歸於善。後之學之者，亦宜以真性情發爲天籟，成爲温柔敦厚之詩。是爲神合而非貌合，雖詞不同意不同，而性情之真同，發爲天籟同，其温柔敦厚又同，是真善學三百篇者也。若僅摭三百篇之字面，專襲三百篇之舊意，自謂合於三百篇，不知此三百篇之優孟，貌合而神離，似合而實大不合者也。知此可以論列朝之詩，與三百篇合不合矣。

　　漢詩如朱虛侯《耕田歌》，此合於變雅者也。其詞曰"深耕溉種，立苗欲疏。非其種者，鋤而去之"，讀其詞，若爲不稂不莠。"去其螟螣，及其蟊賊，無害我田穉"之類，究其意，即"投畀有北，投畀有昊"之意。與三百篇詞不同而意則合也。推之晉《獨漉篇》云"虎欲囓人，不避權貴"，亦即"投畀豺虎"之意也。又如四皓《紫芝歌》云"駟馬高車，其憂甚大。富貴之畏人，不若貧賤之肆志"，此即"泌之洋洋，可以樂飢"之意。又武帝《秋風辭》云"蘭有秀兮菊有芳，懷佳人兮不能忘"，此即"云誰之思，西方美人"之意。張衡《四愁詩》所云美人亦然。又東方朔《誡子詩》云"明者處世，莫尚乎中。優哉游哉，於道相從。首陽爲拙，柳下爲工。飽食安步，以拙代農"，此即"既明且哲，以保其身"之意。又蘇武《別妻詩》云"握手一長嘆，淚爲生別滋。生當復來歸，死當長相思"，此合於變風者。《陟岵》之詩，言"尚慎旃哉，猶來無死"，父之於子，望其生還也。此詩言生復來歸、死長相思，夫之於妻，慮不生還也。"淚爲生別滋"之"生"字，最爲沉痛，與"行行重行行，與君生別離"之"生"字同，生別更沉痛於死別也。李陵《與蘇武詩》云"長當從此別，且復立斯須"，較《衛風》"之子於歸，遠於將之，瞻望弗及，佇立以泣"，更爲淒婉。又云"攜手上河梁，遊子暮何之"，則四顧蒼茫，百端交集，較"我瞻四方，蹙蹙靡所騁"，更爲悲涼。武與陵詩云"願君崇令德，隨時愛景光"，陵與武詩云"努力崇明德，皓首以爲期"，互相規勉，尤皆得溫柔敦厚之旨。又班婕妤作《紈扇詩》自悼，託物詠懷，用意微婉，與《綠衣》詩詞不同而意則同也。又如竇元妻詩云"煢煢白兔，東走西顧。衣不如新，人不如故"，此即不思舊姻，求爾新特之意。妙在詞各不同，意則相合。推之"上山采蘼蕪，下山逢故夫"一篇，亦合其意，而不襲其詞。是皆神合而貌合。又如《爲焦仲卿妻作》一篇，與《谷風》之詩合。又古詩十九首中，如云"人生天地間，忽如遠行客。良無磐石固，虛名復何益"，又云"所遇無故物，焉得不速老。盛衰各有時,立身苦不早。人生非金石,豈能長壽考",又云"人生忽如寄,壽無金石固。萬歲更相送,聖賢莫能度",又云"生年不滿百,長懷千歲憂",皆即《唐風·蟋蟀》詩意。此皆合其意而異其詞者也。若陸機詩云"來日苦短,去日苦長。今我不樂,蟋蟀在房",則詞意俱襲,摹擬太着迹矣。又古詩云"步出城東門,遥看江南路。前日風雪中,故人從此去",東山詩言"昔我往矣,楊柳依依。今我來思,雨雪霏霏"。詩言雪來,此言雪往,翻陳而不襲故,乃見其妙。不然,若子建詩云"昔我初遷,朱華未稀。今我旋止,素雪雲飛",則又詞意俱襲,摹擬亦太着迹矣。又梁鴻《五噫歌》與《匪風》《下泉》之詩,亦詞不同而意則合也。又蔡邕《飲馬長城窟行》云"入門各自媚,誰肯相爲言",即巧言如流、俾躬處休之意。又《羅敷行》云"使君自有婦,羅敷自有夫",得無邪之旨。《召南》之"雖速我訟,亦不女從",妙在嶄絶。此二語妙在微婉。又《長歌行》云"少壯不努力,老大徒傷悲",即"我日斯邁而月斯征,夙興夜寐,無忝爾所生"之意。又《君子行》云"君子防未然,不處嫌疑間",即"相在爾室,尚不愧于屋漏"之意。

又按三百篇寫物,真化工之筆。如以夭夭言桃,以依依言柳,以蕭蕭言馬鳴,以杲杲言日出。一字之妙,全神俱見。若漢樂府云"月穆穆兮金波",亦工於賦物,亦入神之筆,而神似三百篇者也,此論漢詩也。

論魏詩,魏武性情不真,詞意近霸,與温柔敦厚之旨不合。子建"明月照高樓,流光正徘徊",即《月出》詩意。至煮豆燃萁之詩,則《角弓》之亞也。王粲《七哀》合於變雅,陳琳《飲馬長城窟行》亦然,此論魏詩也。

至六朝,晉之束晳補《南陔》《白華》諸詩,意頗多合,惟詞則時露晉人語耳。陶靖節吐屬閒遠,守節高隱,其《九日閒居》詩云"往燕無留影,來雁有餘聲。斂襟獨閒謡,緬焉起深情",《飲酒》詩云

"結廬在人境,而無車馬喧。問君何能爾,心遠地自偏",又云"秋菊有佳色,裛露掇其英。泛此忘憂物,遺我遠世情",皆合《考槃》"獨寐寤歌"之意。又《乞食》詩云"飢來驅我去,不知竟何之。行行至斯里,扣門拙言詞",即《北門》詩"終竇且貧,莫知我艱"之意。其《述酒》詩有"山陽歸下國"諸語,蓋悲故主而隱其辭,變雅之遺也。其他六朝詩合於三百篇者寡矣。此論六朝詩也。

　　至唐人詩,章懷太子《黃臺瓜》辭云:"種瓜黃臺下,瓜熟子離離。一摘使瓜熟,再摘使瓜稀。三摘猶自可,四摘抱蔓歸。"託物言情,意極沉摯,詞極悲婉,與《小弁》詩詞不同而意則同也。又張九齡《感遇》詩,爲罷相思君而作,亦合三百篇之旨。太白之詩,多近於風,《獨漉篇》云"羅幃舒卷,似有人開。明月直入,無心可猜",出語天然,與三百篇神似而非貌合。其《子夜吳歌》云"長安一片月,萬戶搗衣聲。秋風吹不盡,總是玉關情。何日平胡虜,良人罷遠征",即《君子于役》之意。其《妾薄命》《長干行》諸篇,怨而不怒,尤得風人之旨,至《遠別離》爲明皇作,《蜀道難》爲祿山作,隱辭寄慨,乃變雅之遺也。少陵忠愛之心,多與三百篇合,如云"蜀使之尊憂社稷,諸君何以答昇平",即"三事大夫,莫肯夙夜。凡百君子,各敬爾身"之意。又如《前出塞》《後出塞》《彭衙行》《北征》《新安吏》《潼關吏》《石壕吏》《新婚別》《垂老別》《無家別》諸篇,皆變風、變雅之遺。至詠楊妃事,樂天云"漢皇重色思傾國"直斥君上,不知爲尊者諱,有失詩人忠厚之意。若少陵《哀江頭》詩,哀貴妃也,而敘其事云"昭陽殿裏第一人,同輦隨君侍君側",何等莊肅。發於忠愛之心,尤深得遠之事君之義。昌黎《元和聖德詩》合於頌,至《拘幽操》云"臣罪當誅兮,天王聖明",即《凱風》"母氏聖善,我無令人"之意。一則諱君過而言聖明,歸罪於己;一則諱母過而言聖善,歸罪於子。意皆深厚。柳州《平淮西雅》合於雅,樂天《賀雨詩》合於頌,其云"君以明爲聖,臣以直爲忠。敢賀有其始,亦願有其終",更爲頌不忘規。《詠明妃》云"漢使若同憑寄語，黃金何日贖蛾眉。君王若問妾顏色，莫道不如宮裏時"，忠厚纏綿，尤得風人之旨。《秦中吟》十首，意存諷諭，合於變雅。其《七德舞》《百鍊鏡》《折臂翁》《八駿圖》《秦吉了》諸篇亦然。又元結《舂陵行》云"州小經亂亡，遺人實困疲。大鄉無十家，大家命單羸。朝餐是草根，暮食乃木皮。出言氣欲絕，意急行走遲。追呼尚不忍，況乃鞭撲之"，言者無罪，聞者足戒，合於變雅。其《賤士吟》《農臣怨》《貧婦詞》諸篇亦然。又孟郊《遊子吟》云"慈母手中線，遊子身上衣。臨行密密縫，意恐遲遲歸。誰言寸草心，報得三春暉"，即"欲報之德，昊天罔極"之意。張巡《聞笛》詩云"不辨風雲色，安知天地心"，即"浩浩昊天，不駿其德"之意。又李義山《詠賈生》云"可憐夜半虛前席，不問蒼生問鬼神"，即"召彼故老，訊之占夢"之意。又羅隱《詠松》云"陵遷谷變須高節，莫向人間作大夫"，即"周宗既滅，靡所止居"之意，昭諫義不事梁，此詩深合遠之事君之旨。又唐人詩云"提籠忘采葉，昨夜夢漁陽"，即"嗟我懷人，置彼周行"之意，此論唐詩之大略也。

歷朝之詩，與三百篇合，悉數不能終，此特舉其略耳。至古人之擬三百篇者，除束皙《補亡》，差強人意。其他所擬，如晉夏侯湛之補《南陔》《白華》《華黍》《由庚》《崇邱》《由儀》六篇，潘岳歎爲非徒溫雅，乃別見孝悌之性，語見《晉書》。而其詩，今惟一章見《世說注》。葛洪云夏侯湛、潘岳並作《補亡》詩，而今潘集僅存《家風》一篇。又荀勖擬《詩》，擬《於皇》《明明》《賓之初筵》《烈文》《猗與》《振鷺》諸篇是也，見《宋史·樂志》。隋王通撰《續詩》十卷，凡三百六十篇，其書不傳。唐沈朗撰《新添毛詩》四篇，謂《關雎》后妃之德，不可爲三百篇之首，別撰《堯》《舜》二詩，取《虞人箴》爲《禹》詩，取《大雅·文王篇》爲《文王》詩，置《關雎》之前，抑何狂妄乃爾。邱光庭《補新宮》詩三章、《補茅鴟》詩四章，見《兼明書》。宋時別撰《鹿鳴》《南陔》《嘉魚》《崇邱》《關雎》《鵲巢》諸詩，以爲鄉飲酒詩，見《宋史·樂志》。鄭剛中補《南陔》詩,見《北山集》。鄭僖補《白華》詩三章,見《鐵網珊瑚》。明朱載堉補笙詩六篇,其時今存。然補其詞,豈皆合其意乎?謂得三百篇之旨,則我不敢知矣。

比物連類,引申不窮,是絕妙詩話。

王巡守殷國解

鄭興森

《周禮·大行人》"王巡守殷國",竊謂巡守,唐虞以來之常禮,四方諸侯各以時見於方岳也。殷國獨周之變禮,春不巡守而舉行之,四方諸侯皆朝於東都也。嘗攷周之巡守,不徒其年與唐虞異,而其地亦異。《詩序》兩言巡狩,《時邁》云"及河喬嶽",《般》云"墮山喬嶽,允猶翕河",河嶽並言,可知嶽之東西南北,以河別之。《爾雅》所謂河南華、河西嶽、河東岱、河北恆是也。其下"江南衡"句,衍文也。揚州之域,蠻夷所居,終周之世,惟昭王一至。故《國風》無吳楚之詩,淮浦實淮北之地。周南巡守,斷不及乎衡山。兩詩惟舉河嶽,紀實也,即定制也,巡守仍以四仲。若春不巡守,三時巡守,止及三方而不能徧,於是舉殷國之禮。《職方》所云王將巡守,戒於四方,王殷國亦如之是也。但巡守各以其時,會一方諸侯,而殷國則四方諸侯皆會於東都,故《車攻》詩序云"復會諸侯於東都",而序不言巡守者,以此實殷國耳。其詩云"東有甫草",鄭箋以甫草為甫田之草,案甫、圃古通。《職方》云"河南曰豫州,其山鎮曰華山,其澤藪曰圃田",可證鄭箋之確。其詩又曰"之子于苗",按夏獵為苗,《爾雅》與《左傳》《穀梁》同。是可知周南巡守為華,並可知周春不巡守,而夏行殷國之禮也。《大行人》云"時會以發四方之禁,殷同以施天下之政","時會"即巡守,"殷同"即殷國,其曰"施天下之政"者，非四方諸侯皆來而何？鄭氏別巡守殷國爲二事，本極精確，惟以時會爲無常時，及殷國爲四方四時分來者，亦未審也。

林氏喬蔭別殷國與殷同爲二，其説甚辨，蓋誤會古文《尚書》"六年，五服一朝"之文，不知《周官》先云"六服群辟"，此五服是六服之誤。六服一朝謂六年，第六服始朝，舉後該前，非謂六服皆朝，《大行人》之文可證也。或據《掌客》云"王巡守殷國，則國君膳以牲犢，令百官百姓皆具"，是巡守殷國指適諸侯言之，以此爲難。按《爾雅》云"公侯，君也"，《廣雅》云"伯子男卿大夫，君也"，王殷國之東都，必經畿内，諸侯食畿内，亦可謂之國君。林氏之説非也，不必以此爲疑，混巡守、殷國爲一事者，其誤更不待言。將《職方》"王殷國亦如之"句作何解乎？《車攻》詩序云"復會諸侯於東都"，則殷國不始宣王明矣，或其前偶不巡守而并不殷國，則有之，謂周無巡守則非也。《書·立政》云"陟禹之迹，方行天下"，《白虎通》以《般》爲成王詩，則成王固巡守也。迨平王東遷，并殷國之禮亦廢矣。而要巡守與殷國有別，巡守四方諸侯各以其時朝於方岳也，殷國則四方諸侯皆朝於東都也。

精核。

《書》六體分正攝説

鄭興森

《書》六體者，典、謨、訓、誥、誓、命是，有其名者爲正，無者爲攝。猶《詩》有六義，以風、雅、頌爲經，賦、比、興爲緯也。《堯典》《舜典》，二者正。《禹貢》、《洪範》、《汩作》、《九共》九篇、《稾飫》，攝者十三，亡其十一，陸德明所謂典凡十五篇也。《大禹謨》《皋陶謨》正者二，《益稷》，攝者一，陸德明所謂謨凡三篇也。陸氏謂訓正二，

《伊訓》《高宗之訓》攝十四。《五子之歌》、《太甲》三篇、《咸有一德》、《高宗肜日》、《旅獒》、《無逸》、《周官》、《呂刑》、《典寶》、《明居》、《徂后》、《沃丁》，亡四篇，合之凡十六篇。陸氏謂誥正八則，《仲虺之誥》《湯誥》《大誥》《康誥》《酒誥》《召誥》《洛誥》《康王之誥》是，攝三十。則《盤庚》三篇、《西伯戡黎》《微子》《武成》《金縢》《梓材》《多士》《多方》《君奭》《立政》《帝告》《釐沃》《汝鳩汝方》《夏社》《疑至》《臣扈》、《咸乂》四篇、《伊陟》《原命》《仲丁》《河亶甲》《祖乙》《分器》《將蒲姑》，十八篇亡，合之凡三十八篇也。陸氏又謂誓凡十篇者，則《甘誓》、《湯誓》、《泰誓》三篇、《牧誓》、《柴誓》、《秦誓》，正者八也，《嗣征》《湯征》，攝者二也。陸氏又謂命凡十八篇，則《說命》三篇、《微子之命》、《蔡仲之命》、《顧命》、《畢命》、《冏命》、《文侯之命》、《肆命》、《旅巢命》、《賄肅慎之命》，亡其三，此正者十二也。《君陳》《君牙》《歸禾》《嘉禾》《成王政》《亳姑》，亡其四。此攝者六也。共百篇云。陸氏不從孔氏所述十體之説，分六體爲正攝，蓋實有所見耳。

清析。

《荀子》引《詩》與《毛傳》義合者考

王念珣

嘗考《詩》之師承，子夏授曾申，曾申授李克，李克授孟仲子，孟仲子授根牟子，根牟子授荀卿，卿授毛亨，亨授毛萇。申毛之《詩》，皆出於荀卿子，故《荀子》引《詩》，多與《毛氏詩傳》義合。如《勸學》篇云"千越夷貉之子，生而同声，長而异俗，教使之然也"，《詩》曰"嗟爾君子，無恆安息。靖共爾位，好是正直。神之聽之，介爾景福"，與《毛傳》"正直爲正，能正人之曲曰直"義合。又云"目不兩視而明,耳不兩聽而聰,螣蛇無足而飛,梧鼠五技而窮",《詩》曰"鳲鳩在桑,其子七兮。淑人君子,其儀一兮。其儀一兮,心如結兮",故君子終於一也。與《毛傳》"鳲鳩之養其子,朝從上下,莫從下上,平均如一。其儀一兮,心如結兮,言執義一",則用心固之義合。又云"故君子不傲不隱不瞽,謹順其身",《詩》曰"彼交匪紓,天子所予",與《毛傳》"紓,緩也"之義合。《不苟》篇云"故君子行不貴苟難,説不貴苟察,名不貴苟得,唯其當之爲貴",《詩》曰"物其有矣,維其時矣",與《毛傳》"取之有時,用之有道"合。《非相》篇云"人有此三數行者,以爲則必危,爲下則必滅",《詩》曰"雨雪瀌瀌,見晛曰消。莫肯下遺,式居婁驕",與《毛傳》"晛,日氣也"之義合。《解蔽》篇云"頃筐易滿也,卷耳易得也,然而不以貳周行",與《毛傳》"傾筐,易盈之器"義合。《臣道》篇云"仁者必敬人。凡人非賢,則案不肖也。人賢而不敬,則是禽獸也。人不肖而不敬,則是狎虎也。禽獸則亂,狎虎則危,災及其身矣",引《詩》"不敢暴虎,不敢馮河",與《毛傳》"馮,陵也。徒步曰馮河,徒搏曰暴虎,一,非也。他,不敬小人之危殆也"義合。《大畧》篇云"敬之,羣臣進戒嗣王,天子即位。上卿進曰:能除害則爲福。中卿進曰:先事慮事,先患慮患。下卿進曰:敬戒無殆",與《毛傳》"顯見士事也,小子嗣王也"之義合。王伯厚曰:"《毛傳》以平平爲辨治,又以五十矢爲束,皆與《荀子》同。"《大雅·行葦》云"敦弓既堅",荀卿子云"天子彤弓,諸侯彤弓",《毛傳》云"天子敦弓,敦與彤古今字",蓋用其師説。《正義》以天子彤弓爲事不經見,亦未知其授受有自也。程子謂《毛傳》最得聖賢之意,又謂荀子循其言可以入道,第以性爲惡,以堯舜爲僞,以子思、孟子爲亂天下。至其徒李斯,又倡坑儒焚書之議,此卿之不幸,抑亦門人韓非、李斯之過也。

明順。

史學

左氏品藻、太史公實録説

許壽衡

揚子左氏品藻、太史公實録二語，後人謂一則品第善惡、藻飾其事，一則但能實録紀傳之事。不知揚子論史，實有歸美史遷之意。觀其始曰《周官》立事，言古尚渾樸，但能敘言其事而已。左氏品藻，言釋經處，往往有粉飾曲繪之筆，與經訓間有刺謬者，故只足觀其文采，不可盡憑爲斷。太史實録則言其直筆無私語，必紀實，似以作史正宗歸之者。雖然，遷亦以藻繪見長，其間未必無穿鑿附會之論，乃子雲生平嘗以相如、子長爲不可及。是二語者，立意雖殊，而歸重史遷則確也。劉知幾論左氏曰"言見經文，而事詳傳内，或傳無而經有，或經闕而傳存"，論《史》曰"漢代史書，以遷、固爲主，而遷、固亦依《左傳》以爲的準焉"。揚子以遷爲優，則劉當爲揚諍友。如曰揚子淺視史遷，則既與揚子本意不符，且不見劉子(元)[玄]語意之異矣。

能得子雲本旨而自以己意斷之，所見不謬，篇法亦最爲完善。

《河東集‧與韓愈論史官書》書後

許壽衡

予喜讀韓退之文，爲其文章與六經相表裏，雖爲人嗤笑，坎坷數不合，終不肯徇世所好，知所以傳百世，久而益彰，爲儒者宗，信不誣。及讀柳子厚《與退之論史官書》，復重檢韓集中答劉秀才語，一再讀，因灑然異之。子厚勸退之作史，當與劉秀才論史不異時。當是時，有唐二百年事，録者頗不實，退之雖不爲時用，文章道德，獨爲世所取信，莫出其右，故子厚、劉秀才並慫恿之。退之答劉秀才書，遜謝不敢爲，已失人所望，至又歷引前古以來作史者，謂必取禍，云宰相哀其老窮，苟加一職榮之耳，非必督責迫蹙，令就功役也。此直畏懦保録者言。雖遜諉不遑，亦何獨爲是乎？今子厚書中，即援退之言，歷詳本末禍福所由來，非作史故。謂退之可爲則爲，不可爲則即當引去，不可一日居館下，尸位素餐，行道者不當爾。此言是也。昔退之《諍臣論》，諷陽城居言職而不言，則責有所歸，城諫不聽而遂去。何前日言之侃侃，今日居史官，食禄避事，直身自處而不知耶？退之平生當仁不讓，犯顏諫諍，以道自任，屢陁塞，不自沮抑，自上佛骨表，謫嶺南，萬里幸生還，道益尊，而忌者愈眾，爲是不得已之説歟？吾观子厚他文，恢詭譎麗，好奇而博辯，或亦少遜退之。此書理直詞彰，勉責以大義，指槀中語，論駁猶操人之戈以攻人，立即迎刃解。吾於是獨許子厚。

得力在末段，通篇精神爲之一振。

陶侃、温嶠論

朱逢甲

侃與嶠，皆晉之忠臣也。同討斬蘇峻，以安成帝，而侃優於嶠。侃智勇而嶠徑直，故侃無可議，而嶠有可議。如嶠絶裾一事，使嶠絶裾於蘇峻稱兵犯闕之時，則其時卞壺戰死，桓彝戰死，峻遷帝於石城，帝危急甚，則事急矣。既爲忠臣，即不得爲孝子，王事靡鹽，不遑將母，即使母止之，而嶠絶裾而去，非忍也。乃不絶於蘇峻作亂之時，而絕於劉琨遣行之時。夫是時，嶠爲琨之右司馬，琨之遣嶠使奉表詣建康勸進耳，勸進非刻不待緩之事也。將行，其母崔氏止之，嶠遂絕裾而去，忍矣！傷母心矣。獨不可少緩須臾，婉陳忠孝不能兩全之故，使母而後行乎？何絕之遽而行之速也？至母死而不得復見，悲夫！雖復屢求返命，除官不受，請還歸葬，悔可追乎？夫聶政一刺客耳，母在，尚不敢以身許人，嶠能無愧政乎？且母惟一子，晉有眾賢，母無嶠而鬱死，晉無嶠而何傷也？宜孔愉之以此不過嶠門也。後嶠執愉手曰：“忠孝道廢，持古節者，君一人耳。”嶠爲此言，亦自愧矣。唐李光弼臨死曰：“吾淹軍中，不得就養，爲不孝子。”光弼無絕裾事，言尚如此，嶠何以爲情乎？至侃平時則惜分陰，運甓石，儲竹頭木屑，毀酒器、捋蒲，遇變則擊破陳敏，討斬蘇峻。即討峻之役，嶠約侃同赴國難，侃即戎服登舟，晝夜兼進，遂斬蘇峻，抑何忠且勇也！且前則遭錢鳳之毀，出爲廣州刺史而不怨，後則受明帝之知，任爲八州都督而不矜，吾無間然矣。世稱侃明毅善斷，人不能欺，謝安稱侃用法而恆得法外之意，猶未足以盡侃也。至侃守武昌時，令諸將詐爲商船誘賊，獲數人，乃西陽王羕之左右也。侃即勒兵，令羕獻出諸賊，侃嚴陣待之。羕縛獻二十人，侃即斬之。於晉之藩王，而能用威如此，尤爲有膽有識。侃諡曰桓，嶠諡曰忠武，當矣。至諸書言侃夢翼生天，手紋成字，弔母喪之客化鶴，得雷澤之梭化龍，事皆近誕，不足信，亦不足論。嶠之燃犀燭怪、拔齒中風、下玉鏡臺諸事亦近誕，且猥瑣，皆削不論。

　　得提要鈎元之法，議論娓娓動人。

擬陶淵明《讀史述九章》序

朱逢甲

淵明《讀史述九章》，事凡九人，句皆四言，蓋贊體也。何法盛《晉中興書》，於贊亦曰述，淵明與之同。其九章，一夷齊，二箕子，三管鮑，四程杵，五爲七十二弟子，六屈賈，七韓非，八魯二儒，九張長工是也。東坡謂夷齊、箕子，有感而云，五百餘歲，猶識其意。葛常之《韻語陽秋》云九章皆有深意，尤章章者。《夷齊》云“天人革命，絶景窮居。貞風凌俗，爰感懦夫”，《箕子》云“去鄉之感，猶有遲遲。矧伊代謝，觸物皆非”，《魯二儒》云“易代隨時，迷變則愚。介介若人，特爲貞夫”。由是觀之，則淵明委身窮巷，甘黔婁之貧而不自悔者，豈非以耻事二姓耶？陳仁子云述屈子曰“如彼稷契，孰不願之”，淵明豈忘世者？至述韓非曰“君子失時，白首抱關”，非惜韓非也，以見白首抱關之爲高耳。噫！東坡、常之、仁子之言，可謂得淵明之心矣。今更略言，以補未備。其述管鮑云“淡美初交，利乖歲寒”，殆乞食時，感懷故交白眼而作，其述程杵當是感懷晉裔，而美存趙孤。淵明爲陶侃曾孫，世受晉恩，故惓惓如此。至其述七十二弟子云“恂恂舞雩，莫曰匪賢”，則用《論語》家五六三十人、六七四十二人之舊説。所謂委懷在琴書，游好在六經，淵明之本志也。述屈賈云“候詹寫志，感鵩獻辭”，蓋以屈之竭忠、賈之感事自况。述張長公云“遠哉長公，蕭然何事”，考《史記》，長公乃釋之子，名摯，以不能取容當世，終身不仕。淵明曾官彭澤令，不能爲五斗米折腰，即歸隱，蓋亦以自况耳。夫淵明入宋不仕，是高隱，亦是忠臣，故其詩文極閒適亦極沈鬱，《乞食詩》《述酒詩》《詠貧士》《詠二疏、三良、荆軻》之類，皆意極肫摰，尤《離騷》屈子之心也，寄託遥深,意在言外。即此讀史述,豈泛然詠史哉!

　　　能説出陶集妙處,文氣亦舒卷自如。

《春秋》以傳解經史,《漢》以傳釋紀説

秦　誠

　　古者天子諸侯,皆有國史以記言動。《春秋》,魯史也,得孔子筆削而爲經,自有依經作傳者,而經益以明。《史記》《漢書》,掇帝王始終本末而爲之紀,并有列傳以推闡之,補紀所未及,而紀更曉暢,此劉知幾所謂以傳解經、以傳釋紀也。試申其説。

　　《春秋經》以一字爲褒貶,榮於華袞,嚴於斧鉞,不必鋪張其詞而意自包涵無盡。然非深悉其原委者,亦安知經之切實簡當也? 故二百四十二年之事,有經以括其要,不可無傳以致其詳,縱有鋪張揚屬之處,於經旨不甚相合,要其敘事詳明、是非莫混,讀其傳而還按其經,覺傳之足以輔經者,有條不紊,殫見洽聞,固非徒逞文辭者比爾。至《史記》,本紀凡十二,列傳七十,本紀總括一朝之事,其有未盡者,於列傳分隸之,論其世以知其人。而君臣之遇合、政事之弛張、風會之變易,皆釐然在目,則謂傳即所以釋紀也,誰曰不然? 若夫《漢書》,例實仿《史記》,採舊事,貫異聞,雖不及《史記》之簡潔,而大體雅近龍門。故後之讀史者,首推《史》《漢》,以其足爲《春秋》後之信史也。傳之精核,於紀適相發明。人苟參互而會通焉,自能啟其悟矣。要之,史所以示勸懲、備法戒也,貴直而不阿,贍而有法,信而可徵。《春秋》筆極森嚴,有傳以申明之,則經之旨,不求解而自解矣;《史》《漢》詞多樸茂,有傳以印證之,則紀之義,期於釋而盡釋矣。《史通》所言非諳體例者不能道,願舉以質後之讀《春秋》《史》《漢》者。

　　頗有發明,又不支蔓。

寇準、富弼論

秦　誠

　　夷狄之患，何代無之，貴有以制之而已。制之之法，一曰戰，一曰和。顧戰非徒矜威武也，惟能挫其鋒而寒其膽，斯克決勝乎強隣；和亦非專事羈縻也，惟能持以理而浹以情，斯不授權於敵國。究之戰則恃其強，和更不可示以怯。如宋寇準、富弼其人，可進論焉。寇準之請真宗幸澶州也，迹似孤注，然必逆料民心未去，兵勢可憑，與契丹相持，有必勝之勢。特非帝親征，而縱敵患生，將中外震駭，莫遏鯨吞。明明禦侮有資，而遽自退縮，失計孰甚？幸準策能行，不從王陳遷都之計，而契丹轉遣使求成，并申盟誓。當是世，使無寇準，河以北恐非宋土矣。所惜準之言不能盡用也，不主戰而主和，以至養癰成患，非皆準之罪人哉。然則和終不可議乎？曰：必如富弼而後可。弼在仁宗朝，因契丹求關南地，承使報聘，陳説通好之利，契丹求割地不許，求和親亦不許，僅許增歲幣，即獻納二字，亦不輕與，誠能尊國體而抑狼貪矣。吾推弼之心，以爲和好乃權宜之計，必干戈之暇，脩政教，蒐軍實，果敵不負盟，和亦何害？設一旦仍肆憑陵，我已有備，亦何必以和爲上策哉！故曰：必如弼所言，而後和亦可議耳。大抵窮兵黷武，聖王不爲，故不戰而屈人爲上。至孤矢以威天下，亦萬不得已耳。若夫玉帛相見，修好尋盟，要以不辱君命爲重。所以能戰而後和則和之，權操諸我，使夷狄不敢萌貳心，寇準有焉；議和必使無損於我，而後和則和之，權亦操諸我，使夷狄不敢輕中國，富弼有焉。若是乎制防夷狄之術，不重賴忠勇剛正之大臣哉！

　　此篇專論其一事，於理爲正論，於作論爲正體。

掌故

擬進呈職官表疏

馮一梅

伏以紫微環映，星垣燦輔弼之輝；黃極建尊，雲牖呈會歸之象。簡槐班於瓊錄，義叶乘乾；厲枚卜於金甌，理符交泰。辰猷翼贊，軼千古而調元；寅畏心虔，合百工而熙績。才徵展驥，祥應從龍。臣等誠懽誠忭，稽首上言：

竊惟瑞啟華胥，太昊設九庖之職；文開倉頡，軒轅立四史之官。十巫襄理之年，炎陛聿揚夫駿烈；五佐亮工之日，虞廷聿闡夫鴻圖。位著夏卿，《甘誓》始標其目；典籍殷太，《曲禮》猶記其名。建三百六十官，周代之文明大備；迨七十有二國，春秋之制度異殊。舟鮫衡鹿之司，溯臨淄而聿誌；工雉民鳩之號，問郯子而能言。秦統寰瀛，郡縣始加守令；漢操金鏡，列星知應郎官。耀璫飾於貂蟬，猶襲武靈之舊；聳高冠於獬豸，聿崇峻直之風。以丞相參萬幾，特頒榮於綠綬；以侍中統六局，稱給事於黃門。魏晉以來，累代彌多沿革；齊梁而降，品階備賴參詳。奉常翔絳服之儀，或以銀章沐龍；令使煥朱衣之綵，曾聞板笏排班。四省三臺，悉擢鵷鸞之彥；五監九寺，齊登鵠鷺之儔。李唐則望重平章，秉鈞當軸；趙宋則政歸樞密，緯武經文。遼分中外之權，院開南北；明重兵刑之任，廠設東西。罔不著警惕於風愆，矢惕忱於日贊。然而邃古既嫌簡署，前朝未免紛更。從未有綱舉目張，銓錄擬蘭臺之籍；星羅棋布，濟蹌資芸簡之編。瑜瑾交輝，圭璋錯列，如今日之盛者也。

欽惟皇帝陛下，治理珠囊，神凝黼扆。席蘿圖而應瑞，響聽嵩呼;菆楓陛以宣猷,佐隆岳牧。聖聰四達,操藻鑑而無私;臣僚一心,拜芝坡而效職。出將入相,輝增宛委之函;大法小廉,名載瑤華之笈。夘乃師保重青宮之訓,存古制於三公;尚書掌黃閣之樞,仿周官以六部。宗人有府,天潢記玉牒之繁;通政有司,匭使襲銀臺之例。置中樞於內閣,薇院森嚴;徵吉士於翰林,木天清雅。卿揆大理,持平握廷尉之權;寺啟鴻臚,贊導主行人之禮。究欽天之推測,量弧遠軼於羲和;富太僕之輿閑,牧廠遥連夫朔漠。望隆府尹,京畿既鎮以旌麾;職總師干,行省復專其閫寄。建高牙而開府,巡撫即存撫之舊稱。絢彩籓於藩垣,承宣即句宣之遺意。提刑察獄,采訪制筆於開元;輓粟飛芻,轉運事沿夫李傑。繡衣持節,十三道古意猶存;銅竹分符,二千石官儀如昨。考郡丞爲別駕,曾持版以鳴謙;訪縣尉於神仙,亦鳴琴而佐理。鹽鐵權牢盆之利,設提舉以分司;詩書存鄉校之風,置廣文以宣化。綱紀布而庶僚咸備,聲靈赫而武事聿脩。掌蘭錡於九門緹騎,擬金吾之禁;森羽林於八校錦衣,擅侍衛之雄。將軍名始於周秦,職同太尉;都統例開於石晉,事領行營。稽遊擊於班書,三隊將曾稱於漢;釋都司於通雅,萬戶府實仿夫元。石林之燕語堪徵,知守備即古今之準備;玉帳之貔威未改,知參將即古之參戎。粉闈傳銀棨之符,號水陸並嚴其部署;錦幬標綠營之隊,中外咸讋夫威名。加以青海、吉林,悉隸理藩之院;巴塘、阿里,亦分駐劄之臣。設札薩克於諸旗,列土兼同封建;簡畢勒罕於釋教,歸誠並及喇嘛。有台吉、貝勒諸名,待命喜峰之口;有噶隆、第巴等職,建麾拉薩之城。演縣蕞之朝儀,皆叔孫所未習;闓洪濛之氣運,實亙古所未聞。凡茲鴻序之充盈,悉佐螭坳之郅治。卿惟月而尹惟日,道法乎天;金作礪而濟作舟,業匡夫聖。位徵拱列,象應乎華蓋句陳;帝錫殊榮,慶洽乎明良喜起。是以房謀杜斷,琉瓶之夾筴無訛;王簡裴清,珊網之搜珍殆盡。寓鈞陶於台座,策裕蕭曹;崇節鉞於邊防,威欽韓范。班聯玉筍,集峨冠博帶以成形;

蠟送金蓮,合文苑儒林而耀寵。蟹筐蠶績,亦抒製錦之長;鶴郤犀函,並展扞城之畧。蓋攀鱗附翼,悉股肱耳目之所資;而紆紫拖青,皆心腹腎腸之所寄。叨司編録,實忝光榮;臣等才比樗庸,序慚棘列。妄援史例,類蠡管之測鯨波;謹輯韋編,同蠅足之隨希驥尾。恭逢聖治,瞻鉅典之輝煌;仰荷睿裁,示隆儀之明備。從此分條列目,譬四瀛百瀆之會歸;疊矩重規,垂萬古千秋之法則。普昭赤縣,遵軌轍而咸同;細界烏絲,讀縱橫而較易。璇機斡運,圖靈永煥乎星雲;瑤詔傳宣,寰宇胥欽夫綸綍。望蜺旌之建置,治隆於三輔黃圖;蕭虎拜之雍容,祥擁乎九重青瑣。考損益而參觀前代,信軼乎漢魏唐宋以前;展才華而襄佐皇圖,遠駕乎巢燧羲軒之上。臣等無任瞻天仰聖,踴躍歡忭之至,謹奉疏恭進以聞。

　　徵引繁富,詞旨雅切。所謂物登明堂,喬喬皇皇。

恭擬臨雍頌并序

馮一梅

　　皇上御極之某年月日,車駕親幸闢雍,禮也。時則屏翳灑道,飛廉清塵,太僕戒輿,羽林整衛。策豐隆而效駕,屬天畢以前驅,建招搖而璇星明,仗句陳而珠曜朗。天子乃乘華轙,倚瑂輿,垂玉纓,整法服,樹鳳蓋之棽麗,鳴鸞鈴之喊鈌。赤鷺齡穀而騰驤,白㲚駢衡而沛艾。千乘鱗萃,萬騎龍趨。金錣方𨬔之儀,輼輬而踵集;璘弩闟戟之隊,僺傊而不齊。飄雲罕之九斿,焱悠容裔;建瓊鈒之八蘂,郅偈紛纀。魚頡鳥昕,齒齒策歕沙之駟;鹿超鷔軼,伙飛狅闒闓之天。未幾而臻乎闢雍焉,則見煒煒煌煌,鎬鎬鑠鑠,複廟重屋,八達九房。圜橋互以彩虹,狀若動而躒跎也;璧水躍乎游鯉,沐浮波而噞喁也。明堂黼扆之規鴻,爛熳以爛闓也;靈台觀視之所崇,嶷嵲以峛崺也。

罔不肋分翼張,雲譎霞詭,徉飛檐之轇轕,揚清塵之影影。爾乃鏗鯨鐘,調雁柱,猛虡碣,硞雷鼓,隱訇吹。岑華之笙,擊浮瀛之磬鼓;空桑之瑟,擫孫竹之簧鍖。鉦龢曜黄鐘大吕之音作,便姍嫳屑。雲門咸池之舞成,嘲哳啾嘈;僸佅兜離之樂備,噌吰吲嚈。天神地示之格靈,於是鼾鷫横陳,梡嶡錯列,秬鬯泔淡,元瓚觩觺。鉶鐙簠簋薦厥馨,樽俎冪勺告厥備。太常寺省齍實,光禄寺眂割牲。鑾儀衛司拜褥之陳,國子生司香帛之奉。東序西序,贊禮即辨位維嚴;左廡右廡,掌炭官焫蕭維謹。肸蠁之精流步,鵷鸞之黨充盈。贊引對引官,乃恭導天子入大成門,行釋奠禮,初獻亞獻終獻。二跪六拜昭厥誠,宣平秩平德平。八變九成通厥意,登降㟥㠎;迎神送神罔弗虔,迟遅徘徊。先賢先儒靡不格,穆穆焉,皇皇焉,濟濟焉,蹌蹌焉。洵天下之壯觀,而帝者之上儀也。既乃御彝倫之堂,叕衮冕之服,設經筵以宣講,闡古義而鈎沈,正六經之部居,删百家之踳駮。商瞿馯臂之易,則錯綜參伍以明之;歐陽夏侯之書,則佶屈聱牙以讀之。參《詩》《禮》之藴,采毛鄭漢學以先之;探《語》《孟》之精,取程朱宋義以異之。諸儒聚訟,息齗齗噹噹之風焉;聖訓周詳,洽轉轉啟啟之象焉。王公以下及諸生跪聆畢,禮部尚書進奏傳制。於是宣制官進至中左門宣制畢,衍聖公率五經博士之屬,國子監率各學教習之班,以及外藩入貢之臣,異域來朝之使,罔不驩心膜拜,穰首輸誠,滌鉏鋙之餘蒙,期蹩躠乎仁義,鸙然鼓鼙而舞軒,岀然興道而樂善,沐浴乎學問之海,翔舞乎儒雅之林。然後賜講官及有事諸臣燕於禮部,精膳司眂人數,鴻臚寺序職班。清酤敍,炙炰夥,飲烽起,醽鼓鳴,觵翠犓腴,豐肴錯列,麋腱獲炙,珍槅四陳,洞庭之鮒,鞏洛之鱒,弹徵叩宫調其味,夢澤之芹,不周之稻,粿芳糁甘和其神,傾縹瓷而酌緑酃,飛羽觴而醉靈勺,眾酕醄而永日,咸醵譙而忘歸。因相與食德飲和,謳吟忭舞,揣裳連襼以論經術,延頸企踵而載皇靈。於斯時也,緇文肉角擾於郊,黄輝采鱗騰於沼,卿景絢爛乎丹霄,秬鑠飛芒於繡甸。我聖上盛德，泂濟曼羨，布濩流延，上暢九鴻，下洎六幕，北燮羅剎之域，南諧瓜哇之鄉，西包乎歐巴之洲，東極乎長崎之島，莫不陸讋水慄，重譯來賓，風動雲從，羣流仰鏡。夫是故孕虞育夏，甄殷陶周，文教訖乎海隅，聲靈揚於沙漠。令萬世常含甘寶、臭馨香，扁巍巍，顯翼翼，仰大圜之經緯，飲復旦之光明，炳炳麟麟，豈不懿歟？頌曰：

蒼蒼圜穹，涀洞疇測。頡籀闡精，周孔述德。成均發蒙，墳典析惑。鼉逢宣音，鸞央耀飾。於鑠我皇，斟元御宇。光照六幽，化軼萬古。冰天燭文，荒服啟魯。懷仁蟻集，抱智麕聚。於樂闢雍，古模斯存。星臺蹇產，珍池潺湲。右平左城，三階重軒。裹以藻繡，繚以紫垣。尼鐸振靈，典崇前哲。四配付饗，兩廡序列。椒糈致誠，雕篡告潔。元精雲布，真意凝結。樂既入奏，太和洽神。嚴鼓嘈囋，龍簨輪囷。舉麾音作，戞敔響湮。萬舞秉翟，禮儀孔陳。迆展絪帙，聿宣厥理。龍圖闡義，龜書申似。撥霞覩霄，印月悟水。句解其蘊，章得其指。禮終襲吉，聿開廣讌。祠曹設筵，光祿庀籩。嘉肴既阜，芳菰登薦。清酒百壺，以樂羣彥。九卿典儀，諸子秩敘。纓笏充庭，卷軸匝序。爰詠爰吟，爰笑爰語。卓哉煌煌，百識具舉。邇沐親炙，遐慕同文。旁魄四塞，協氣絪縕。陬澨霶化，梯航頌芬。瞻印聖德，萬流含欣。

熟精文選，典麗而有剪裁。

用銀利弊論

沈祥鳳

事有明知其弊而不能變者，以積重而難返，歷久而難更也。如今日之用銀是已。夫銀之為物，飢不可食，寒不可衣，非若粟帛之不可少也。然而一日不容缺者，何哉？以用之者多，而上與下通行故耳。夫上下通行之貨，古皆以錢，未嘗用銀，用銀自金章宗始。其自金以前，或偶用者，不過因其地之所產。如唐元積言嶺南以金銀爲貨，韓昌黎亦言五嶺買賣一以銀，梁初交廣亦以金銀爲貨，宋景祐二年，詔諸路歲輸緡錢，福建兩廣易以銀，以銀爲嶺廣物產。且坑冶多而海舶利也。金章宗始鑄銀，名承安寶貨，公私同見錢用。哀宗正大間，遂以銀易市，然銀第佐錢之窮，銀賤而錢貴，未嘗專恃銀以爲用也。自明以後，市舶之來者日多，其用益廣，延至於今，有積重難返之勢。上所需者惟銀，下所謀者亦惟銀，而外國挾百貨以來市者，又日有以耗之。計一歲之中，其所耗者不知其幾千萬萬也。夫天地生財，止有此數，銀在中國，尚可流通，一爲外國所取，如水流滔滔，去而不返。雖彼有貨，我亦有貨，而入之少，總不如出之多。中國之銀，日消月竭，無怪銀愈貴而民愈窮也，其弊可勝言哉！

夫既知其弊矣，莫若廢銀而不用，或易以鈔，或專用錢，此亦一轉移間耳。而勢若有所不能者，何哉？蓋天下之勢，積重在銀已非一日，易以鈔則以爲輕而不足寶守矣，專用錢則以爲重而不便運行矣。古之所謂利，即今之所謂弊也。況今海道皆通，洋商麕集，斷不能閉關自治。其所鑄番餅，凡商舶往來之處，皆已流通。如欲遏之使不得行，將坐賣行商，坐擁厚貲，一旦爲無用之物，必至怨讟並興，聚而思逞。而洋商之挾百貨以來貿易者，既無從得銀，亦將藉端起釁，各海口關稅，亦漸至廢弛，而各項要需，無從提取，此萬不能行之勢也。議者或泥於古法，謂古者但以粟布爲交易，故《詩》言抱布貿絲，又言握粟出卜，孟子言不通功易事，則農有餘粟，女有餘布。可見三代盛時，即錢亦不用，何論乎銀？今中國之銀，既日漸其耗，不若乃遵古法，專用粟布爲便。不知政由俗革，治貴因時，古者分土而治，交易皆不出鄉，各以其土之所入，通其功而交易之。今天下一家，商賈往來，極於萬里，自通商以後，東西洋諸國，各以所產來市者，無物不有，其能以粟帛易乎？不用銀而又將誰用乎？況近世人心刁詐，萬不如古之樸厚，如以物易物，勢必惡劣濫薄，巧偽日生，斷難平準。若銀則色之高低，數之輕重，無難猝辨。至鑄作銀餅，其用更便，既無毀敗之費，又省運致之力，中國亦可開鑄。其大小輕重，既歸畫一，自能流布，即可奪外國之利權。此銀之爲物，所以爲上下通行之貨，雖明知其弊，而不能變者也。

確有所見，非同紙上空談。

水師船政議

朱逢甲

執古方者，不可以醫今病；泥古法者，不可以言今兵。何也？今之水師，宜用輪船，乃古所無也。楊幺水戰之船，以輪激水，與今西人之輪船異。昔福甯鎮總兵周善長，欲創造八輪之船，以習水戰，而倪蛻作書止之，此書生迂濶，不可與之言兵也。夫西人之輪船，船堅而行速，不畏江海之驚濤颶浪、逆水逆風。故中國水師，斷宜主用輪船。然輪船不畏風濤，而懼擱淺，故水師亦宜分別言之。夫水師之有三，曰海洋，曰長江，曰內河。海洋宜專用輪船，長江亦宜用輪船，而兼輔以中國礮船，內河則仍用中國礮船。以海之風波，輪船爲宜；江有淺深，礮船宜輔；內河多淺，不宜輪船也。然以淺言，天津之大沽口，上海之吳淞口，輪船進口，每患阻淺，舟膠難行，此則不利於敵之攻，而利於我之守，斷不可開深者也。我之水師出入，乘潮爲可矣。

論練輪船水師，雖重舟師，究重主將，蓋譬於人，舟師猶手，主將猶心，心以使手，手雖貴捷，心不尤貴靈耶？至論練法，則所譯西人之書，如《水師操練》《輪船布陣》《行軍測繪》《防海新論》諸書，言之綦詳。如能盡西人之長，而參以中法之變，則出藍勝藍矣。中國既造輪船，遂有船政，福州設有船政大臣，專司其事，上海製造局則有總辦主之。夫輪船之造也，始則專用西人，近則兼用華人，惟輪船之制，行江行海別其宜，商船兵船異其制。且船身、桅木、機器、針盤、氣鍋、烟筒，無一不關緊要。一器有損，全船受病，譬之於人，五臟四肢，一端有損，即全體不安也。然船政之細微曲折，此中利弊，惟身歷者始知其詳。局外者但言其略耳。至造輪船之法，近所譯西人之書，雖有器象，顯真汽機、新制汽機，必以汽機發軔諸書。然第觀書而無師授，則知其理未能成其事也。夫載礮輪船利於攻，而鐵甲輪船利於守。鐵甲輪船以之守海口之險，堅於礮臺。中國各海口，如奉天之牛莊，直隸之天津，山東之煙台，江蘇之上海及狼山，浙江之甯波，福建之廈門及汕頭，廣東之澳門及瓊州，又長江各口，如江蘇之鎮江及江甯，江西之九江，湖北之漢口，皆宜以鐵甲輪船守進口之險要也。近日輪船，華人已善駕駛；洋鎗洋礮，華人已盡其長；揚武輪船，已駛往各國；鐵甲輪船，上海亦已製造。而上海輪船水師，又時習演洋礮、捕盜出洋。倘長江水師，亦多造輪船，嫻習水戰，奪西人之長，以防西人而制西人，此今日水師船政之要務也。

按時勢以立言，精詳曲當。

今之牧令要務策

瞿慶賢

自來設官分職，凡以爲民要也。而今分疆守土之官，未有若牧令之於民，至親而至切者也。我朝吏治清嚴，而牧民者爲尤重。憲皇帝頒行訓飭州縣上諭，剴切深至。至州縣事宜一書，亦經奉敕頒布。邇年以來，朝廷厪念民生，鄭重牧令之心，屢形於詔旨。爲牧令者,思欲利濟一方,上副德意。固貴以實心行實政,而其措施之迹,亦不可不亟講也。

夫牧令者,治民者也,治民者必有以教民養民。教民養民者,必有法制之立,條教之頒。顧有時立一法,欲以興利也,而弊竇叢生;下一令,欲以革弊也,而騷擾百出。何哉?聖人有言矣,家齊而后國治,國治而后天下平。謂夫治其近者,而後可推以及遠也。是故治天下者,必先肅清宮府,而後及於吏治民生;治一省者,必先整飭官常,而後及於兵刑錢穀;治一州一縣者,必先整肅公門,而後及於地方利弊。昔臨川李氏嘗言之曰:居官大戒,第一蒙蔽。蒙蔽之在內者,有門幕;蒙蔽之在外者,有胥吏。官之受其蒙蔽也,人以爲官之不明。夫此豈明之所能爲功哉?然則奈何?曰:胥吏者,官民交接之樞紐也;門幕者,胥吏交接之樞紐也。吾日與民相見,而胥吏無權矣;吾日與胥吏相見,而門幕無權矣。是故昔之循吏,禮紳士之賢者而諮訪之,巡歷鄉邨以遍察之,見不善則訓誡之。其有謹愿而力田者,則慰勞獎許之,若不及焉;以事至者,因而誨諭之,又加詳焉。使百姓見我之行事,知我之心,信我之深,而不惑於胥吏之言,則胥吏不得售其欺於百姓。其於胥吏也,公溥以處之,嚴明以察之,使之服我之教,知我之心,信我之深,而不惑於門幕之言,則門幕不得售其欺於胥吏。如是則政綱既立,乃客可與言措施之大要矣。夫牧令措施之政,不外教養二者,然必先握其綱領而後可,則請先之以查保甲清釐田賦。夫保甲之法,丁口繫於戶,而尤必使附註其業與產焉。惟編查最易擾民,故莫若法汪龍莊之治甯遠,責成里長,給簿填註,最爲簡而周。至一縣田賦,亦宜詳知。今串策一切,俱付之各都圖庄胥吏之手,雖公然飛灑,而官不能察,政體尚何在乎?宜令將魚鱗糧戶等册,清造一分不時存覽,則田之荒熟,戶之良玩,亦可隨時察知。二者既行,則一邑之大綱已立,而教養之政,乃有所措矣。

然則教養之政奈何?請條陳之。一曰勸農桑。衣食者民之天，力作者民之常也。然導之之責，則在牧民者。必也相土宜以教之，察水利之應修者而修之，勿因公而擾農，勿延訟以誤農。又於春秋巡行阡陌，從而勸導之。至於墾荒，尤為急務。我世宗御極初元，即詔行墾荒事例。為牧令者，惟在相度機宜，力而行之耳。

一曰備積貯。社倉不如常平，常平倉不如常平田，昔人論之詳矣。然為法不同，同歸於治，但須行所得行，總期有利無弊。

一曰敦教化。義塾鄉約，各州縣皆能舉行，古人有善惡簿等法，今則無聞焉。夫良法美意，亦在行之者耳。竊謂處今日而言教化，大抵節儉忠厚為要。知節儉之宜尚，則迎神賽會、婚喪僭侈之類，在所必禁，淫賭之類，在所必懲矣；知忠厚之宜尚，則唆訟者、邪教惑民者，在所必治矣。至蔽俗相沿，尤必力正之使改易。此則隨地而殊，又未易以一概論也。

一曰練隸役。我朝定制，州縣隸役有三：曰皂，曰快，曰民壯。民壯設以衛庫獄，例本與兵一體操演，近只以喚詞訟而已。夫監司有備兵，州縣隸民壯，乃朝廷立法之深意。竊謂宜復舊規，令其演習武事，不能者汰之，以遵國典。設有變故，而武弁或猝不及恃，亦不至以一身坐聽存亡矣。

此四者，雖其節目之詳，有待於行者之斟酌而潤澤，而其大要，不外此矣。要之，為牧令者，涵養心德以端為治之本，約束胥吏以清出治之源，清查保甲田賦以握圖治之綱。然後教養之政次第舉行，而以實心貫之，則牧令之務，常莫常於此，要莫要於此矣。今之牧令，大率視一官如傳舍，即有一二有志者，亦不過以決獄為勤民，刑輕為仁術，守己為稱職，苟進之以兵農禮樂，鮮不以為迂闊而難行。夫此誠迂闊而難行矣。然求其反乎迂闊者，則惟用不測之恩威以臨其吏民，取效於一時，而貽無窮之害也。否則苟且彌縫，粉飾文告，以無事為安者也。夫此豈士君子之所能講求者乎？

經事綜物，條貫分明。

算學

算學致用論

湯金鑄

粵自河遊神馬，圖開八卦之先；洛出靈龜，書備九疇之用。所謂象而後有滋，滋而後有數也。是以春皇御世，陰陽研六爻之精；炎帝嗣基，氣朔啓一元之秘。翠嬀受籙，元穹漸剖乎天苞；白阜呈圖，廣袤咸歸乎地紀。官稽少暤，命五正以分司；紀述高辛，序三長而著眾。軒轅纂統，益明星氣之占；顓頊乘權，更纂重黎之業。幹支分配，推筮策於潛龍；律呂均調，協和聲於鳴鳳。算明隸首，爲九數之權輿；蓋造容成，實三家之肇始。業精推步，兼資稽牧之儔；度察離躔，分隸羲儀之屬。溯自皇初，逮於中古，天算之學，星日爲昭矣。迨乎旁羅曆象，四時首定於唐都；仰察璣衡，七政並齊於虞陛。羲和分測，景尋永短之差；章亥周行，步記廣輪之異。治垂神禹，握句股以程功；術受商高，剖圓方而立法。巫咸甘□，既家法之攸分；馮相保章，亦識司之各判。三代而下，六朝以還，時憲屢更，術元各立。遷史采太初之法，崖略僅存；孟堅引三統之言，規模麤具。續《漢書》於紹統，術列諸家；修《晉志》於洎風，辨羅眾説。借端蓍策，惟大衍之爭推；取數弧弦，獨授時之首冠。大抵初承舊法，各運精思，惟測驗之日精，故推求之漸密。觀夫制傳落下，爰創造乎渾儀；銘讀佐公，猶代垂乎刻漏。日行光道，知宿度之宜循；月食對衝，識日躔之所在。劉洪乾象斗分，始覺其太强；虞喜安天歲差，遂因而立法。晦朔弦望，何承天課定餘分；伏逆遲留，張子信推明緯度。類皆鈎深索隱，造極詣微，代不乏人，仆難更數耳。

夫成周設教，常懸保氏之規；炎漢開基，猶繫史官之掌。算經分習，李唐並重乎六科；祀典初頒，趙宋兼崇乎五學。莫非不垂諸令典，布在科條。欽惟我聖朝道崇稽古，治本右文，學究天人，功參造化，聰明獨亶。溯河洛以探源，理數兼賅；貫中西而合撰，天山底定。新疆呈地理之圖，月窟來賓；上館肄天文之業，六儀並設。詳瞭望於臺官，四率相求；極探研於博士，蒲輪應召。由績學以參微，節署譚經；合疇人而列傳，一時珥筆。簪毫之士，懷鉛握槧之流，靡不並習九章，兼明八線。或謂窮探要眇，洞究淵微，無非儒者之兼長，就遜顓門之世守。

然而刊譌正繆，訂墜搜遺，仍資汲古之功，尤重通人之學。彼夫五位三所，溯開國於冷鳩；二首六身，核疑年於史趙。鄭君圖緯，藉度算以甄明；杜氏《春秋》，據術元而攷正。物宜紀候，詳稽《夏正》之篇；器尚攷工，審訂《冬官》之記。他若名存夕桀，徵古義於秦書；術著重差，證遺言於劉序。縱橫定位，早詳孫子之遺經；正負無人，更見松庭之算例。招差垛疊，郭邢臺《術艸》猶存；隙積會圖，沈存中《筆譚》偶及。豈若滎陳答問，附《周髀》而難通；唐顧遺書，讀天元而未解者哉？若夫中西雖判，理法無殊，信異地之同符，如閉門而合轍。即如天圓設問，嘗徵戴《禮》之篇；地動呈形，屢見緯書之説。橢圓立法，稽故訓於靈均；蒙氣有差，證前聞於姜岌。以及形呈句股，實爲三角之宗；度著弧弦，能賅八線之用。對數之設，原比例之相運；代數之推，亦四元之遞衍。固不僅借根方之捷法，悉本天元一之遺規也已。且夫準繩規矩，聖人既竭其心思；度量權衡，舉世咸遵乎軌則。以故兵刑錢穀，瑣屑周知；禮樂文章，璨明可紀。蟻旋乾軸，握尺管而全窺；鼇拄坤維，操寸錐而盡測。高深廣遠，無非按數以推求；曲直方圓，凡屬有形而莫遁。若夫施諸日用，利在民生，統小大以兼賅，合精麤而畢貫。引錣量用，嘗披管子之書；握算持籌，曾覽臨川之説。劉士安之轉運，明察羣推；趙廣漢之鉤稽，精能莫及。以至潮來應月，窺蟾兔之盈虛；氣動生風，辨馬牛之順逆。與夫礎轟蝴蝶，銃爇鴛鴦，電器潛通，水雷陡發，運機輪而遠馳，設筩鏡以冥搜，更推衍而靡窮，亦範圍之莫外者矣。

　　語見根柢，有筆有書。對仗工穩，猶其餘事。

論四元相消之理

湯金鑄

　　四元之書，今所存者，以元朱漢卿《四元玉鑑》爲最古。然四元實由天元所推廣，而天元則宋秦道古《數（學）[書]九章》、元李鏡齋《測圓海鏡》《益古演段》、郭邢臺《授時曆艸》皆著其法，今並存。又唐王孝通《緝古算經》所立諸術，多與天元、四元所衍得者同，疑亦據此而作也。攷《九章算術·少廣章》，曰借一算爲法步之，似即立天元一所自始，顧天元因借一而立。然所借止於一，用猶未廣，故推衍爲四元，而四元法則悉本方程以爲用也。蓋天元、地元，即方程之一色、二色，而今式、云式，即方程一行、二行。故方程多一色須多一行，猶元術多一元即多一式。四元之相消，無異方程之互乘對減。方程對減一徧，去一色而省一行；四元相消一徧，亦去一元而省一式。然則對減者方程之轉樞，而相消者實四元之關鍵矣。夫相消原與常法相減，無異而理則有殊，槩減則數有大小，即有減餘之數。而相消則兩數參差相等，消後數有對者汰之，無對者列爲正負存之，故所得必正負相當而等於無數。天元、四元如是，方程亦如是也。

　　相消法，立一元者須得相等兩如積相消，遇寄左數須開平方始與又數等者，即又數等於左數之平方根也，故以又數自乘，即與寄左數相等。因自乘必無奇零，開方數常不盡，故以此通之也。或遇左數當以某數除之始與又數等者，即又數小於左數若干倍也，則以其數乘又數，令大若干倍，即與左數相等。因如積常不受除，故以此通之也。兩數既等，即可消爲一行，得開方式。若立二元者，既有兩如積相消而得一式矣，然式中又有兩元之和數，或較數，則兩元仍不可知。故必更求兩如積相消而得又一式，乃以此二式相消，得開方式。其法以所得二式左右列之，以右式最左一行徧乘左式，以左式最左一行徧乘右式，則二式之最左一行必相同，而相消必盡。猶方程之互乘對減，必減去最上一層也。知其必盡，故不必乘，亦不必減，所以省算也。如是屢乘屢消，以消至一行止，爲開方式。若遇兩式中左行之數，彼大於此若干倍者，可以約率求之，不必互乘。蓋互乘所以齊同，今此既小於彼若干倍，則依若干倍之，即與彼齊同矣。遇兩式之行數不同，如左式三行、右式止兩行者，即以右式移左一行消之。其能移左者，如以地元一徧乘之也，遇層數高下不同者亦然。如右式有數在太上一層，左式太下一層始有數，可令右式降而從之，或以左式升而從之。其能任意升降者，如以天元一徧除之，或徧乘之也。

若立三元，則可任意升降，而不可任意左右，蓋地、人兩元互相牽制也。必消去人元或地元，乃可任移左右也。立四元則牽制更多，升降左右均所不能，必消去天元或物元，乃可升降；消去人元或地元，乃可左右也。故三元、四元之法，遇行數、層數不齊者，必用剔消法馭之。剔消之理，因各式之數，既正負相當，則任以一數乘之或除之其相當，固不變，即其數任分爲二，各自乘相減所得，仍相當不變也。故三元法遇各式行數多少不齊，即將少行之式直剔爲二，各自乘而相消，則數本爲元者，可增而爲面體。及多乘方，可與多行之式相消矣。四元法遇各式行數、層數均不齊者，則直剔一式，使少行增爲多行；又橫剔一式，使少層增爲多層，亦可與多行、多層者相消矣。至舊法天物相乘，地人相乘，得數皆紀於夾縫中，式中有此，則視其由何數相乘而得者，即以其數除而去之。若不受除，則乘他式以齊之。凡此皆不外通分齊同之義，而能盡相消之用者也。

正負相當等於無數，則任以數乘之除之，或自乘開方，或剔乘相消，必仍相當而等於無數。作者以此釋相消之理，良由於四元代數貫徹純熟，故能語必破的。

問：古法定閏章，歲置七閏，果無餘分否？度量衡咸起於黃鐘，能引伸其説與？中星定候，晷刻以分，七政周天，遲速各異，能言其故與？天算爲經術首務，盍縷述之？

湯金鑄

謹案：古置閏法，三年一閏，五年再閏，十九年共置七閏。而氣朔以齊，歲實三百六十五日四分日之一，通分納子得千四百六十一；月法二十九日九百四十分日之四百九十九，通分納子得二萬七千七百五十九。除之，先以法分子乘實分母，得十一萬千〇三十六爲法；以法分母乘實分子，得百三十七萬三千三百四十爲實，實如法而一，得十二月餘十一萬千〇三十六分月之四萬〇九百〇八，約之得十九分月之七，即一歲中月數之餘分也。積至十九年，則餘分爲百三十三，以十九除之，得整月七，是爲十九年有閏月七，而餘分適盡也。惟以今歲實月法求之，則不然耳。夫黃道每歲有差，歲實因之而變。古率甚疎，不能不改，然攷之實測，歲實遞有消長，惟當隨時測驗修改，斷不能立爲定率。歷朝所立歲實，皆與四分不大相懸，古人創始之功，固未可忘耳。

《史記·律書》言六律爲萬事根本，蓋以備數、和聲、審度、嘉量、權衡而歸於一者也。而六律又本黃鐘，故《漢志》謂度量衡皆由此出，《數理精蘊》首即闡明其理。蓋黃鐘之律，無有空積忽微；黃鐘爲宮，則太簇之商、姑洗之角、林鐘之徵、南宮之羽，皆以正聲應之，而不復與他律爲役，黃鐘所以至尊也。故其長九寸，橫黍以爲分、寸、尺、丈，引則曰度，而物之長短不差毫釐，所容千二百黍。以爲龠、合、升、斗、斛則曰量，而物之多寡不失圭撮，因所容千二百黍之重。以爲銖、兩、斤、鈞、石則曰權衡，而物之輕重不爽忽微，蓋得其本而物自不能外也。夫萬物豈有能外於數者，即豈有能外於度量權衡者哉？中星定候，晷刻以分，《堯典》所載鳥火昴虛，爲測中星之始。夏時距唐虞未遠，故《小正》所言星象與《堯典》多同。《月令》爲呂不韋作，出於周秦之際，去唐時已遠，故所紀昏、旦中星與《堯典》不合。鄭志答孫顥云：《月令》舉其月初，《尚書》總舉一月，故不同。《孔疏》又引三統、元嘉二術，以證中星之異，謂《月令》但言大畧，不與曆正同，由未識歲差故耳。歲差法昉於虞喜，歷代推求加密，近測分點每年退行五十秒二三四九二，加以黃道橢圓長徑之變及章動差，赤極繞黃極之道行，成浪紋圈。黃道內外恆星必乍遠乍近，其經緯差不等，故中星隨時遞變。

謹案：《協紀辨方書》所載有乾隆四年中星更錄，紀度甚詳，《曆象考成》有歲差加減表，可爲上攷下求之率。中星既定，則晝夜永短之差，可以得其真數矣。《漢志》三統術所言五步之法，爲推步五星見於記載之始。其率甚疎，所推日月行度，亦非密率，至元郭邢臺盡革術元，專憑實測，所得七政行度，較前代爲密。明季西法用小輪推定日月五星、行度周時，載新法算書。

謹案：《曆象考成後編》依地動理，用橢圓比例，尤爲密合。近譯《譚天》，謂地與月同爲行星之一，日食由月體所掩，月食由月入闇虛，其晦朔弦望由向日背日之不同，皆與舊說無異。至五星之有遲留伏逆者，因諸行星橢圓道皆以日爲一心，人所居之地，不在星道之中，而地又行於本道而生視差。故金水有晨夕雨合，火木土有合有衝，所見不同者，因地道內外之異也。其周天遲速各異者，由距日有遠近而橢圓面有大小也。用橢圓法，比例悉歸一律，一同時同面積比例，無論在橢圓何點，及面大小，其歷時同，則距線所過面積同。一距日立方周時平方比例，無論距日遠近，周時遲速各殊，以星地繞日一周之時，各自乘爲平方之比，如星地距日中數，各再乘爲立方之比，皆可以四率推之，如法求得七政中恆星周之太陽日數。日爲三百六十五日二五六三六一二，月爲二十七日三二六六一四一八，水星八十七日九六九二五八〇，金星二百二十四日七〇〇七八六六，火星六百八十六日九七九六四五八，木星四千三百三十二日五八四八二一二，土星一萬〇七百五十九日二一九八一七四。此皆得諸屢測，新法之精密者也。

切實周詳，足徵能事。

> 問：古法定閏章，歲置七閏，果無餘
> 分否？度量衡咸起於黃鐘，能引伸
> 其說與？中星定候，晷刻以分，七
> 政周天，遲速各異，能言其故與？
> 天算爲經術首務，盍縷述之？

沈善蒸

章閏，秦以前者皆無可考，《開元占經》雖載《黃帝》《顓頊》《夏》《殷》《周》《魯》六曆積年章率，但此六曆未必三代以前古書，疑爲漢初所作,古人論之詳矣。章閏之可考者,自漢《三統曆》始,三統立法,十九年爲章,章置七閏無餘分,厥後四分因之,以及魏晉諸家,皆用此率。宋何承天比歲考校,始知十九年七閏數微多差,乃日復改法易章,則用算滋繁,宜當隨時遷革,以取其合。齊祖冲之,始改章法,三百九十一年,有一百四十四閏,後之治曆者,各有增損。我朝數理精詳,獨超前代,知日月之行率奇零無窮,固不可以章蔀紀元齊之。其置閏之法,悉憑實測,以立數推日纏月離以定氣朔,氣朔定則月無中氣者是爲閏,此乃萬世不易之法也。

按《漢志》,度起於黃鐘之長,量起於黃鐘之侖,權起於黃鐘之重,皆以子穀秬黍中者爲率。一黍之廣度之,九十分爲黃鐘之長,一爲一分,十分爲寸,十寸爲尺,十尺爲丈,十丈爲引,是爲五度。黃鐘之侖,實千二百黍,合侖爲合,十合爲升,十升爲斗,十斗爲斛,是爲五量。一侖之黍,重十二銖,兩之爲兩,十六兩爲斤,三十斤爲鈞,四鈞爲石,是爲五權。故曰度量衡咸起於黃鐘也。夫黃鐘爲萬事之根本,其於歲時爲冬至,一陽初夏,天地生物之始也。度量衡咸起於黃鐘,蓋有深意也。中星昏刻,皆所以定歲時也。《堯典》曰:"日中星鳥,以殷仲春;日永星火,以正仲夏;宵中星虛,以殷仲秋;日短星昴,以正仲冬。"此用中星定候,始見於經典也。《夏小正》《月令》,皆載昏、旦中星。按堯時冬至日躔元枵之次,故仲冬之候,初昏昴宿中也。《月令》作於周末,去堯時二千餘歲,以歲差率計之,黃道西行卻一次,故《月令》曰:"仲冬之月,日在斗,昏東壁中,旦軫中。"又考堯時日度,昔人所論不一。何承天上推堯時冬至,日在須女十度左右。祖冲之又謂唐代冬至,日在今宿之左五十許度,則在危十餘度。僧一行取二説之中,以謂帝堯演紀之端,在虛一度。今遵欽定歲差五十二秒計算,則堯時冬至,應在虛八九度。此其故皆由三代以上書皆盡亡佚,而《堯典》所載中星又無度分,是以不能辨其是非耳。

39

　　自漢而下，歷代冬至纏度，史志記之甚詳，則七十二候之昏、旦中星，皆可推算而得也。自《欽定儀象考成》，測準恒星經緯度分，爲星學所宗。又湯若望作《中星表》，胡宣作《中星譜》，張作楠作《中星圖表》及《更漏中星表》，諸書或以列宿爲主，所紀爲星座正中時刻，或以更漏時刻爲主，所紀中星有偏東、偏西之度，彼此互相推求，庶中星定候，不爽分秒矣。晷景之制，始於《周禮》土圭正日景以求地中，及《周髀》測日景千里差一寸之説，漢尹咸校數術，其曆譜十八家，有《日晷書》三十四卷，今皆亡佚，其法失傳。《四分志》：立冬中影長一丈，立春中影九尺六寸。祖冲之曰：又臣測景紀曆，窮辨分寸，銅表堅剛，暴潤不動，光晷明潔，纖豪懂然。據大明五年十月十日，影一丈七寸七分半；十一月二十五日，一丈八寸一分太；二十六日，一丈七寸五分强。折取其中，則中天冬至，應在十一月三日，此古人考察晷分，以驗氣候之明證已。

　　《御製數理精蕴》載作立面、平面日晷諸法。其晷面，有時刻線，節氣線。而晷刻之制，於是乎始備。古人推日月行度，皆用平行，其五星爲法甚畧。北齊張子信，始創日月交道，有表裡遲疾，五星見伏，有感召向背之説。明萬曆時，泰西利瑪竇等東來，始發明行星皆繞日東行之義。其説日居空中不動，爲眾行星道之心，五星與地球皆繞日東行，水星距日最近，故其環最小，金星次之，地球又次之，火星又次之，木星又次之，最遠者爲土星。金、水二星之道，在地道環內，人在地面望之，爲附日而行，故有兩伏而無衝日焉。其周天平行，則與日行同。火、木、土三星之道，在地道環外，故有伏有衝。地球繞日，一歲一周，人附地行，故不覺地動，而反如一歲之中，日行繞地一周，即古人所謂乘船以涉水，水去而船不徙矣。人謂日行者，理亦然耳。火星繞於地道環之外，其周長於地周，故其行較遲，約二歲一周天。木星又繞火星道之外，其周更長，其行更遲，十二歲一周天。土星又繞木星道之外，其周極長，其行極遲，二十餘歲一周天。又凡七政之道，實非平圜而合橢圓，故日月距地，時有遠近，名曰高卑，高則行遲，卑則行速，所以遲速生焉。其法曰均數五星，則星距日高卑，所生遲速之外，又有地球行生差，故加減均數極大，致有退留順逆也。

元元本本，不失累黍，非實事求是者不辦。

問：方程術，舊法但列已成圖式，不詳布式之法，學者易形隔閡。且徧考舊式，其下層正負與四元代數所衍得者相反，又其消得之上法下實，非兩正即兩負，於理殊覺未合。今欲擴方程之用，以御《九章》諸題，非神明其術不爲功，盍詳論之？

湯金鑄

方程之法，見於《九章算術》者，殘缺甚多，諸例未備。其後《九章比類》算法統宗諸書，妄增歌訣，立爲膠固之法，謬誤相仍，不可通用，而方程幾失其傳。宣城梅氏疑之，積二十年之思，著《方程論》六卷，發明其理，分類爲四，曰和數，曰較數，曰和較雜，曰和較變，而方程之體具焉。極其數則有帶分，有疊腳，有重審，而方程之用備焉。衍而極之，可以馭雜法，兼測量。方程至此，幾無餘蘊矣。惟其布算之式，尚沿舊法，與今時筆算未甚相宜。且所定正負，又間與四元所得相反，爰謹遵《數理精蘊》，定爲橫列之式，而詳其布算之法，以期適用云爾。試取《九章》原題釋之如左。

今有上禾三秉，中禾二秉，下禾一秉，實三十九斗；上禾二秉，中禾三秉，下禾一秉，實三十四斗；上禾一秉，中禾二秉，下禾三秉，實二十六斗。問：上、中、下禾實一秉，各幾何？

布式之法，先以各色之名與實，自左而右，橫列於上方，乃依題中各段之數，分層注於下方，而定其正負。乃以各行中空位多者移於左行，又以左行不空之層移於上，於是以相連二層左邊兩數爲互乘法，乘畢相消所得，別其正負，接列於式之下方，逐層如是，互乘對減畢。則下方接列之數，必去一色而少一層矣。如是屢乘屢減，至餘一法一實而止，乃如常法求之，較爲省易也。或因此一二兩層下禾數同，則徑相減而下禾必盡，餘不盡者接紀於下方，又以三層下禾三徧乘二層以對減，而列於下方，則下禾必先減盡，而先求得中禾，亦省算法也。前式所定右行諸數之正負，與舊不同，故所餘法實,亦必正負相當,而與舊相反。揆之算理,當如是也,請以四元證之。

如前題立天元一爲上禾一秉之實,地元一爲中禾一秉之實,人元一爲下禾一秉之實,乃三天元二地元加人元得〔算式〕。與其實三十九斗相消,得〔算式〕爲今式,又并二天元三地元一人元得〔算式〕。與其實三十四斗相消,得〔算式〕爲次式,與今式相消得〔算式〕爲右式。又并一天元二地元三人元得〔算式〕,與其實二十六斗相消,得〔算式〕爲後式,與三之次式〔算式〕相消,得〔算式〕爲左式,左右式相消得〔算式〕,上實下法,得九斗四分斗之一,即上禾一秉之實也。乃天地易位求之,或以所得消右式太位,餘四斗四分斗之一,爲地元一之數,即中禾一秉之實也。求下禾類推,凡此所得諸式,雖皆和數,然正負必相當其末次消得之法,實亦正負相當也。然則方程四元與今之代數,皆可一以貫之矣。是故極方程之用,則可以馭雜法,而四元代數爲用更廣。誠能會通而推衍之,可於《九章》諸法包舉靡遺,所謂神而明之,存乎其人耳。

　　方程四元,一以貫之,自覺游刃有餘。

輿地

設險守國論

吳曾英

嘗謂恃險、失險，二者均過。昔者縣竹不守，西蜀云亡；成皋、大峴不守，前趙與南燕覆滅。此有國者所深戒也。九邊險要，無過長城，大道曰關，小道曰口，若偏關、若甯武、若雁門爲外三關，若居庸、若紫荆、若倒馬爲内三關。此外喜峯、古北、獨石以迄張家口、殺虎口，尤稱形勝。王公設險，於斯爲大。況今南北一家，内蒙古五十一旗，外蒙古八十六旗，悉隸典屬，於烏里雅蘇台有將軍，於科布多有參贊，於庫倫有辦事大臣，均守在俄夷之交界。或設鄂博，或設卡倫，或設柳條邊，與西之葱嶺崑岡，東之白山黑水，遙遙鼎峙，嚴密周防，非前代以燕、趙、秦、晉爲邊塞者可比。然今天下大勢，又在水不在陸。自嶺南至遼左，一片汪洋，無復藩籬之限。西國又用輪船電線，呼吸相通，幾似無險可扼。而陰沙暗礁，布滿大洋，其落漈、爛泥尾、萬里長沙、千里石塘等，舟船向不敢近，所可橫行直駛者，止長沙門、沙馬崎頭門，及天堂門、五島門而已。此亦海國形勢，天設之險，以限中外者也。竊謂海疆防守，大局當分三路：粵閩爲一路，吳越爲一路，燕齊爲一路。粵閩最居險要，西國之船，由地中海，駛蘇爾士而浮紅海、印度海，便自亞丁、錫蘭、新嘉坡以抵香港、廈門，粵閩首當其衝，三山、五羊之間，時虞侵軼，所幸虎門、廈門、南澳、海壇等，島嶼環拱，將弁星羅，互相策應於南洋，或可無慮耳。燕齊外障朝鮮，最要莫如登郡，北與旅順對峙，天然門户北洋重鎮，無過於是。倘得大臣統轄三路，復於廟島、皮島、之罘島等處，添設礮臺，層層控扼，天津、牛莊猶處堂奧也。吳越財賦要區，上海一隅，尤四大洲總滙，在通商十四口中，最爲繁劇，非但西國從香港來者，趨之若鶩，近且由大東洋取道日本，從橫濱、神户、長崎，以徑入吳淞，已別開生面。

防禦之謀，云何得已？伏思大江入海之口，斜向東南，而東南島嶼，以陳錢爲要害。由陳錢而洋山、殿前、馬蹟、大衢，恍如驛傳，昔人有言之者矣。前明胡宗憲議設總鎮於陳錢，分哨洋山、馬蹟、大衢，據險而守，以重江浙門户，洵碩畫也。今誠參用其策，創設東洋水師，統轄江浙洋面，兼募漁勇以聯舟會哨，令聲勢上接遼陽，下連嶺嶠，未始非中權扼要思患預防之長策也。至南北海疆之島嶼，地廣而險，如南澳、大奚山，各三四百里，海壇、玉環山，周圍各七百餘里，其他即不甚相類，而一二百里、數十里者，更不可勝數。揆其形勢，正天造地設之郡邑也。乃沿海之沙洲島嶼極多，而懸海之府廳州縣極少，長此廳其荒廢，棄而不守，或永爲逋逃淵藪，或如澳門、香港，被外夷垂涎占據，可慮亦可惜。如就幅員廣狹，悉設郡邑，大者分治數縣，小者合治一縣，俾小民開墾升科，立子孫長久之業，繭絲保障，亦足兵足食良圖也。古人云治險以狹，又云一寸山河一寸金，誠不可忽。況今大海諸山，皆饒魚鹽，財用足以供賦税、裕度支。即使建置之初，不無耗費錢糧，斷不至如西域新疆，歲需協濟。且彼懸海人多强悍，撫而用之，悉洋防勁卒也。沿海地皆回抱，環以扼之，即海國長城也，此其爲利於國家，豈淺鮮哉！

海疆設大臣統轄，自是良策。道光之季，設以大臣如林文忠者，當其任，居中控制，聯絡六省，何至粵戰而浙陷乎？沿海設廳縣，蓋有鑒於香港、澳門而言之。識時務爲俊傑，作者洵無愧。

設險守國論

姚文棟

《大易》一書，所包者廣，坎象爲險，象詞贊歎其文，而曰："王公設險，以守其國。"蓋用天之道，而刑賞之威，莫敢以干犯；因地之利，而河山之固，莫敢以窺伺。此險之用所以大也。顧《程傳》言：尊卑之辨，貴賤之分，明等威，異物采，凡所以杜絕陵僭，限隔上下者，皆體險之用，而特以山河城池爲設險之大端。則所謂因天之道者，吾姑勿論，而所謂因地之利者，蓋可得而言焉。大抵定都邑，守國之本也；分疆域，設險之要也。封建羣侯而不以險與人，所以消內患也；慎守疆圉而不以險與敵，所以禦外患也。如是而已，請申論之。

京師者，建國之根本也。顧中原大勢，西北足以控制東南，東南不足以控制西北，誠不易之論。攷之前古，六朝江左，南宋臨安，皆偏安之局，而前明以一統之朝，定都金陵，乃不再傳而靖難兵起，大統歸燕，東南不振，斯其明驗。夫黃顓以前，形勢非所計，至唐虞夏皆都冀州，其地三面距河，實山川風氣所會，居北方之中，南面而臨天下，處當日而言形勢，無以逾此。後人論建都之地，關中、洛陽，其大較也。然洛陽足以制天下，而守洛必以天下；關中足以制洛陽，而不足以制天下。觀周成王時，鎬京爲西都，而營洛以爲東都，竊歎自古建都盡善，未有如周者。蓋譬之一家，洛陽其堂也，關中其室也。平日無事則室處，貢獻朝會，然後有事於堂，故出足以號令天下，退則距四塞，以形勢臨東諸侯，天下之全勢，已在於此。信乎建都之盡善，未有如周者也。迄後，漢、唐因之都關中，東漢、西晉因之都洛。論者謂中宅天下，不如虎眠天下；虎眠天下，不如挈天下爲瓶。而身抵其口，故洛不如關，關不如薊。夫近世都薊者，元以濱海爲患，明以濱邊爲患，皆不免肩背之憂。惟是盛德之朝，守在四夷，朝鮮奉東藩，遼瀋爲北蔽，然後東南饋運，呼吸吳楚，沿長城而西，控制秦隴，乃所謂挈天下爲瓶而身抵其口者矣。其規制之盡善，蓋惟上古之冀州，周之東西都，乃可同日而語，其餘不足數也。夫建都之地，若冀若洛若關若薊，因時而不同，要其足以臨制天下則同。惟商時都邑，偏近東岱，屢遷而不能安，趙宋都汴，四面平衍，非特不足以守天下，而并不足自爲守。靖康之禍，金人長驅直入，蓋其驗矣。然則守國者，必立其身於可以守天下之地。故曰：定都邑，守國之要也。

夫守國者，既立其身於可以守天下之地，而尤必使天下可以各自爲守，則建置不可不講也。善建置者，以險阻包疆域，不以疆域包險阻。考之《禹貢》所載，河包冀州、濟河包兗之類，大略可知。漢以來畫分郡縣，仍統以州，然中經嬴秦變制，非復夏周之舊。故若魯郡在禹迹爲徐州，而漢屬豫州，陳留在禹迹爲豫州，而晉屬兗州。昔人譏其離析磔裂，至唐有天下，分爲十道，因山川關塞之形勢，頗得上古遺意。以今考之，若河南道，則河海與淮環三面，而函谷距其西；淮南道，則江海淮漢四環之；江南道，則北大江而南五嶺。皆所謂以險阻包疆域者，歷歷可按。宋時分十五路，法唐制而稍改，若殽函爲京西、陝西之界，福建則東南據海，西北據嶺，建置形勢，不甚異於唐，元明代興，已變舊制。昔人謂河南、河北合爲一，而河之險失；江南、江北合爲一，而江之險失；浙東、浙西合爲一，而浙之險失；淮東、淮西、漢南、漢北州縣錯隸，而淮漢之險失。流賊之不可制，蓋由於此。其言雖未必盡然，而要於疆域包險阻之失，蓋有以見其大略矣。夫天下有自然之險阻，皆可因以爲守，故以險阻包疆域，而險阻皆有所用；以疆域包險阻，而險阻無用。則建置之得失，所係鉅矣。故曰：分疆域，設險之要也。

夫守國者，既欲使天下可以各自爲守，而天下之險不以與人者,何也?溯昔三代封建諸侯,名山大澤,不以頒見諸經典,豈天子之自私哉?蓋以弭禍變之起,而使天下共即於安也。故攷之官禮,九州之山澤川浸,並列職方。夫虎牢不入鄭,安得有繻葛之戰?虢略不入晉,安得有河陽之狩?江漢雲夢不入楚,安得有九鼎之問?則知開國時之慮患甚深也。迨後齊擅山海,雄長東藩,秦據殽函,竟代周祚。舍險與人,其失如此,徵之後世:范陽付禄山,唐室幾覆;北平封棣,明祚旁移。惟漢高以潁川形勢險固,徙封韓王信於太原,漢文從賈生之言,而七國之變,不至決裂,其得失類可鑒也。是以先王制地,使小大諸侯,受制於我,爲唇齒之輔,不使之雄據險要,有角立之形。故曰:封建羣侯而不以險與人,所以消內患也。內既固矣,然後可以禦外侮。

夫敵國外患,事所恒有,禦之者亦惟自守而已,自守其險,不以與敵而已。故有其險爲屏障重地,敵得之足以制我全局者。若虢之下陽,韓之成皋,晉得之而滅虢,秦得之而亡韓者也。有其險爲關塞重地,足以抗拒敵人,敵得之則不可復制者,若燕之穆陵關,蜀之摩天嶺,宋之岔河,趙之井陘,劉裕過之而色喜,鄧艾踰之而決勝,金人渡之而相慶,淮陰克之而得志者也。至若吳得州來,兆入郢之舉;秦得河西,有并魏之勢。合此數者觀之,以險與敵,直以國與敵矣。若夫一統之朝,所以禦外患者,惟西北防邊,東南防海。夫以沿海形勢論之,則津沽爲燕薊近口。而登州一郡,陡出東海,北對遼瀋,足以屏蔽津沽。自是而南,則江南之松江,浙之四明、定海,皆爲要害。若閩之台灣,粵之珠崖,皆海外屏障,固防海者,所尤宜加意也。至防邊者,必嚴內外之限。秦漢逐匈奴,據河爲守,唐人守在河外,故尚無邊患。魏晉時,來降之羌胡鮮卑,雜處塞內,迨劉淵發難,羣翟乘機,中原板蕩,至不可問。宋時,契丹逼處塞內,扼三關爲守,已不足恃,又割地與女貞,至於尋釁。此其舍險與敵之失,較之漢唐,所謂毫釐千里者歟?故曰:慎守疆圉而不以險與敵,所以禦外患也。若此者,固其根本,定其形勢,内密其防閑,外嚴其控扼,其大要已舉。然後城郭溝池,巨細畢備,則所謂因地之利,而河山之固,莫敢以窺伺者,其道殆盡於此矣。若夫攻必取,則曰某險宜爭;戰必勝,則曰某險可用。此則策士搶攘之譚,而非承平經國之計。《易》固言守,無取此也。夫在德不在險,古有明徵,從未見廢。刑賞之威,專恃河山之固,而可以守國者,故因地之利。雖設險之大用,使詳於此而略於彼,又豈作《易》之聖人,所以教後世之意哉!

聚米而談,指陳鑿鑿。

問:漢時匈奴游牧所在,當今何地?

吴曾英

漢時北方之國,匈奴爲大。嘗按《漢書》以前游牧諸國,妄以今地名私意測度,誠有不盡符合之處。大抵吉、黑兩省,古穢貉也。薊遼宣大,與北口三廳、承德一府,及内蒙古東西四盟、察哈爾東四旗,古東胡也。太原、平陽之北境,及内蒙古西二盟、察哈爾西四旗,古樓煩也。延榆綏、平慶涇、鞏秦階,古義渠也。蘭夏甯甘凉、肅安鎮,及阿拉善、額吉納、青海,古月氏也。伊犂、烏魯木齊、塔爾巴哈臺,古烏孫也。哈薩克布魯特,及霍罕,古大宛與康居也。惟漠北喀爾喀四路,則自古匈奴之地。其北科布多烏梁海,及俄夷之西伯利部,殆即古之渾廋、屈射、丁靈、鬲昆、薪犂諸國歟?自七國時秦滅義渠,趙逐林胡、樓煩,燕却東胡千餘里,地始與匈奴接。太史公云冠帶戰國七,而三國邊於匈奴,即謂此也。蓋匈奴乘義渠、樓煩有事,渡漠而攘,奪其北境。樓煩之白羊王游牧河南,且爲所役屬。至秦始皇收河南地,因河爲塞,徙罪人以實之。俄而諸侯畔秦,戍邊者亡去,匈奴復稍度河南。亦會冒頓強盛,破滅東胡,西走月氏,南并樓煩之白羊王,而河南復爲匈奴有。至漢文帝時,匈奴夷滅月氏,居以休屠、渾邪兩王,又西擊烏孫,役屬西域三十六國。而匈奴日強,游牧徧於北方,大爲中國患。漢武起而闢之,先逐樓煩於河外,繕秦時故塞,復遣衛青、霍去病連歲擊匈奴。匈奴遠遁,幕南無王庭。東拔朝鮮、穢貊以爲郡,斷匈奴左臂;西降渾邪、休屠兩王,開河西四郡,通西域三十六國,好締烏孫,兵加大宛,威震康居,以斷匈奴右臂。從此漢爲之罷敝,而匈奴亦衰弱矣。

先是,單于之庭,直代雲中,左方王直上谷,右方王直上郡。以今地證之,是其游牧處,已包內外各蒙古,及河隴以西地。建牙之所,在今山西塞外。東西分治,在今直隸、陝西塞外。厥後,匈奴不競,單于益西北,左方兵直雲中,右方直酒泉、燉煌郡,是今甘肅北境,及山陝交界之邊外,爲其東西界限。至薊遼宣大以北,又被鮮卑、烏桓乘虛襲取,非復匈奴游牧矣。至後漢時,南單于款關內附,游牧於塞內及近邊。至西晉時,劉淵以五郡之眾,稱帝平陽,無復以游牧爲事。匈奴前後之形勢,大略如此,然其削平諸部,抗衡中夏,在漢時爲極盛。惜駐牧之何地,史無明文。不似唐突厥、回紇之建牙,詳載在某山某水也。今欲以中外輿地山川,印證漢魏隋唐典籍,爲問漢時匈奴之所游牧,邈焉無可考矣。故今日止可渾而稱之曰北庭,以大漠爲綱領,北匈奴居漠北,南匈奴居漠南。又止可質而言之曰:南匈奴游牧之地,今內蒙古所居是也;北匈奴游牧之地,今外蒙古所居是也。然乎? 不然乎?

嘗怪《史記》《漢書》匈奴傳,戰國以前繁徵諸戎,至戰國末,忽稱匈奴。謂諸戎即匈奴耶? 何不言改名之始非匈奴耶? 何不言吞并之由? 溫公作《通鑑》,斷之曰:戰國之末,匈奴始大,語亦殊顢頇。是篇以漠北四部爲匈奴,本戰國時乘諸戎有事，攘奪漠南，始與中國相接。可見以前本有匈奴，特隔在諸戎之北耳。終古幽室，忽遇明燈，可謂班、馬之功臣矣。

論今南洋各島國

吳曾英

中西關鍵，全在南洋。今欲嚴中國門戶之防，絕外夷覬覦之漸，必自經理南洋始。南洋之東西，諸島環繞，儼然海國長城，殆天造地設之險，以保我中夏者也。漢以後職貢稱臣，共球相屬，南洋從無西夷患。《梁書·天竺傳》稱與安息、大秦在海中交易，不聞設埠也。《唐書·訶陵傳》稱大食畏悉莫之威，不敢加兵，不聞據土也。是時嶺南海閒珍寶山積，中國榷其賦稅，以充斥天府，號為南庫，島國之利，抑亦中國之利也。迨有明中葉，葡萄牙、西班牙、荷蘭接踵西來，葡萄牙據滿剌加、池問，漸及於內地之澳門。西班牙襲取呂宋，荷蘭則攘奪爪哇、三佛齊、蘇門答臘、渟呢、文萊、馬神吉理問諸國地。又從而鼓棹月港，盤踞臺灣，肆擾舟山普渡，雖逾時揚帆西遁，然彼西夷巢穴，已布滿南洋矣。邇來英吉利、法蘭西內侮之始，又以南洋為逆旅，其故何哉？地不與中國毘連密邇，而口岸斜對，西國船用夾板火輪，遞相接應，近者一二日，遠者五六日，徧歷諸島，諸島之達中國，亦復如之。

方今南洋濱海之國，印度全境為所有，即越南、暹羅、緬甸，素隸典屬者，亦皆割地輸金，大受挾制。加以南洋中荒島，如澳大利亞、巴布亞、西里百、摩鹿加，大小無慮數十，彼皆墾闢招徠，日漸富庶，處心積慮，可為寒心。履霜堅冰，其來有自。嘗嘅有明之假以澳門及置呂宋、爪哇諸國於度外者，實與棄大甯、東勝、河套、哈密同一失策。元代好尚武功，史弼之征爪哇，亦不為無見，惜功未立耳。至今日而盤踞有年，欲如鄭氏之驅逐紅毛，固萬不可得。惟西夷迭相強弱，頗有六国縱橫气象。近則称雄西土，盛推德奧，幾與俄美並駕齊驅，英法聞已稍遜。至荷蘭、葡萄牙，於西夷中最爲弱小，西班牙亦非甚大，其橫噬南洋，將來大有變遷，實可預料。即如亞墨利加，本英吉利屬部，自華盛頓起而立國，至今與諸大國抗衡。我未見南洋諸島，中國民人立業者億萬，必無華盛頓其人也。且美之開國，以英人殘虐故，今中國商於南洋，亦多畏苦。今若設官其地，與之立約，不准掊克聚斂，虐我商民，彼不奉約，偕各國公使，執萬國公法，與彼理論。如商民中有雄傑出眾者，授以領事等職，俾審其山川之向背，圖其幅員之廣狹，測量其海道之淺深，并偵探西夷动静以闻。西夷如有勾引東洋，潛謀爲害於中國，中國得而預備，此即漢家隔絕羌胡之微意也。況今器械精良，仿模西法，海疆有事，命將出師，參用夷夏。漢鼂錯有言：以蠻夷攻蠻夷，中國之長技也。於南洋乎何有？

　　漢時匈奴以西域爲南道主人，今時歐洲各國以南洋爲東道主人。西域可通而南洋則否，時勢殊也。然西人於南洋以兵威刦制之而已，未必能服其心，此文經理南洋之策，或亦可備異日之採乎？

晉遷新田論

王履階

安土重遷，自古皆然。然有因國變而遷者，有因人滿而遷者。因國變而遷，地必擇膏腴，爲目前計富强者是也；因人滿而遷，地必擇形勝，土廣人稠，爲長治久安之計者是也。若《左氏》載晉遷新田，則異是。晉東鄰齊鄭，南邇荊楚，西與北介强秦悍翟。其都绛，昔爲翼哀侯國於此，地不廣大也，則勢宜遷；梁山新崩，人懷疑懼，則時可遷。戰奪幸勝，齊服未誠，楚值新喪，有可圖之勢；鄭修舊好，有可進之機。茲而不決於遷，更何待？然則韓厥力排眾議，獨主新田者，何也？太陰之峻，聳其南；絳涑二川，繞其西。大形之險，峙其東南；絳山之鐵，利繞西北。厥土燥剛，厥田孔良，厥民務農桑，厥性質樸而强梁，進則可戰，退則可守，襟山帶水，誠用武之地，洵雄長於翼方。

乃吾獨怪其不於太原者，何與？土非瘠而民自力田，户非貧而性自節用，宜遷一也。其地廣而寬可以畜眾，其區深而奧可以儲糧，宜遷二也。本唐叔故封，奠厥攸居，用能宏宣祖業，宜遷三也。且爲古帝王都，土俗習於勤儉，民情安於質樸，風教固殊，宜遷四也。東扼太行，西阻大河，南控壺關、上黨爲之屏，北倚雁門爲之障，慎守邊圉，包絡河山以稱雄，經略河西，進割肥饒以自廣，以禮樂導之，則篤於仁義，以軍伍令之，則樂於戰鬥，宜遷者五也。

晉先君不居，分土而徙翼城，爲鄰翟也；趙不都闕與而國邯鄲，避秦逼也。然而趙鞅起晉陽之甲，抗范、中行與齊衛之師矣。唐祖起兵，晉陽直據關中，得先發制人矣。李存勗奮跡太原，席卷淮汴，而翦朱梁矣。噫！建國君民，詎可不熟籌地勢哉？惜欒書、士燮輩，計不出此也。彼郇瑕之議，苟圖自全耳，奚足語於斯？

　　說得煞有關係。太原一層，蹊徑忽開，殊有武陵漁人逢桃花林光景。

海運河運議

王履階

海運視河運較捷，實有風濤洶湧之虞；河運視海運爲安，時有乾涸淤凝之患。二者皆有利，亦皆有弊，去其弊，就其利。内河或淤，運歸外海；外海有警，運屬内河。平時河海兼施，或均漕額，或配省分，稽察河防，數百年之成功，數千里之水利，不致疏懈廢弛於一朝。今者外海估運商船，已歷有成效，内河轉運，盍亦仿而行之可乎？蓋嘗俯仰古今，周覽形勝，成京師輔車之勢者莫如山東。山東者，漕運之咽喉，亦京師之屏蔽也。江浙數百萬之粟，繇大江北達清江浦，北自沛徐以抵滄、景二州，幾千有餘里。兗州、泰安之界，大河防溢，南旺流分南北，高下懸殊，即無不逞之徒乘閒竊發，而或阻淤滯，或遇河流波及，或以閘啟閉稽時，運道已憂不快。海道由吳淞口，歷江南巡汛，至日照北，又經登萊二府之濱，而抵天津、海口，計里四千四百有奇，即無狡獪之徒，憑依島嶼，要刼商舟，而或暗沙限之，暗礁觸之，孟婆颶母所在驚人，運道又梗矣。然則將奈何？

　吾聞善用兵者，避敵所長，別出奇兵以攻其不備；善治病者，先袪其外感，而後調榮衛以固其本原。海運者，奇兵也，非正兵也，内河其本原也，決壅濬湮，袪外感也。然而天下無事，無論河運可也，海運亦可；天下有事，無論海運難也，河運更難。知所難而豫求計出萬全，不使仰息他人，在我握操縱之權，始得恃以無恐。考天津一府及山東全省，包絡《禹貢》兗、青、徐三州之域，廣莫平疇，下隰高原，豈必無南數省之宜稻哉！惜無有興水利農田之事，徒令白壤赤埴之區，隴畝荒蕪，有用者棄之不用。誠以南省蓺稻之法，勸諭北方，服稇力田，緩急可資，旱澇有備。縱未能不仰食東南，而南運轉輸，因之漸減。然前人已有議及之者矣。讀《周官·職方氏》之文，恆爲之沈吟，不能去云。

　　天下有事，無論海運難也，河運更難。看似口頭語，他人卻百思不到。彼沾沾焉力主河運，謂可以防變者，讀此當斂舌矣。

海運河運議

李慶恆

國家定鼎燕京，承前明之舊，歲輸東南之粟。令漕卒自至所在州縣支運，輪輓之費，歲率二三倍，行之二百年。道光季年，天子念元元之困，惻然憫之，乃下大臣議復海運，行之至今十載矣。東南瘡痍之後，得以裁浮費，稍稍與民休息。蓋其效已覩，議者猶深謀遠慮，防海道梗塞之患，欲並試河運，請得借箸以籌之。

當元之時，伯顏以河漕繁費，令朱清、張瑄通海道，由劉家港開洋，至撐腳沙轉沙嘴，至三沙、洋子江，過萬里長灘，經清水、黑水二洋，至成山，過劉島，至之罘、沙門二島，放萊州大洋，抵略河口，終元之世獲其利。然漂溺無歲無之，而季世終以不給。明成祖遷都北平，鑒亡元之弊，命疏會通河以輓漕，是時南直隸蘇松常之粟，浙江杭嘉湖之粟，送至淮安；鎮江、廬鳳、淮揚之粟，送至徐州；徐州之粟，山東兗州之粟，送至濟甯。並以裏河船遞送至京師，所謂轉運也，當時民以爲不堪。乃改於淮安、瓜州水次，增加船腳耗米，對船貼兌，與軍領運，謂之兌運，民猶以爲不堪。復改於本府州縣附近水次交兌，而增加漕卒過江腳耗，於是乎定長運。本朝因革損益，知明制之未可輕廢，故不敢惜一時之費，而改二百餘年之舊。然而法久弊滋，漕卒之需索、官司之浮冒、紳民之輕重不齊，蓋至宣宗成皇帝之世，而東南重困矣。河運之改而由海，固其勢不得不然，而亦因以蘇斯民之困也。大抵海道速，旬日可至，輪輓之費又省，效可旦夕覩。然一旦海氛不靖，梗塞阻隔，倉卒不可救，而漂沒覆溺之患猶小。河運雖無此慮，然三四千里，不三月不至，所費既鉅，重爲民生困。二者各弊，是以國家非甚不獲已，不輕言變法，蓋其慎如此。

今海運行二十年，漕大便利，當事者復議，欲復其舊。豈不以朝廷二百年之法，子孫萬世無窮之利，不可以遽廢？且自停運以來，漕卒無所得食，山東、河南諸省盜賊蠭起，十數年而始滅，中原之元氣實傷於此。又以逆夷窺伺畿甸，萬一有變，以舟師截我之糧道，事尤有大可憂者，夫此誠不可不爲之計。然第防海之害，而不知今日河運之未可驟復。即使復之，而亦不能保其有利而無害。蓋河運一復，所費必鉅，所費既鉅，勢不得不取之民間。小民無知，不以爲勢之不得不然，而以爲上仍不恤民之困。至於官吏之藉端加派，而浮冒侵漁之弊，又將不可勝言。夫民者邦之本也，孔子與子貢論政，甯去食而不失民之信，聖人豈爲是迂論哉！誠以無民而有食，不可以立國也。國家承列聖深仁厚澤，漸漬於人心，斬木揭竿之徒，旋起而旋滅，亦以民之固結者深，故根本固而外患不足以搖之。

今東南甫定，又蒙毅皇帝加恩減江南之漕，可謂勤恤民隱矣。使復以河運之故，而小民重受昔日之累，是爲德不卒，甚非有國家者久安長治之策也。然則如之何而可？曰：漕運無得失，漕運之多寡乃其得失。漢初，漕山東粟以給中都，歲止數十萬石，其後則歲六百萬。唐初，歲不過二十萬，其後三歲七百萬。宋初，亦不過數十萬，其後至五百五十萬。夫其後之所以不得不多者，羨卒之太多，冗員之未去，西北之水利未興，不去其不得不多之原，以馴復於不漕自裕之法，區區講目前之得失，抑亦治其標而不知治其本也。爲今之計，亦惟汰羨卒、裁冗員、興水利而已矣。夫國初養旗丁以拱衛京師，比於漢之南北軍，誠得內重外輕之勢。然二百年來，生齒日繁，使皆仰食天庾，必不可以久。今若定以額數，簡其精銳，則爲一軍，其餘並令各尋所業，與漢人等，一轉移間，而國家之省多矣。至於去冗員，則非閉捐例、嚴保舉不可。夫今日外省之官，科目不及異途之半，而京師各官自員郎以下，亦皆可以資入。至保舉之濫，自監司至守令佐雜，更不知幾千百人。此其人即小有技能，然非讀書稽古，又大率躁進之徒，使之踞於民上，不惟虛糜朝廷之廩祿，而亦重以剝小民之脂膏。今若永閉捐例、保舉一途，申連坐之法，令大吏不得濫予，前此捐職保舉人員，在京由各部，在外由督撫，嚴加甄別，除才績卓著者奏留外，餘俱聽其回籍，如是則國家之所省愈多矣。其尤要者則在乎興西北之水利。夫土無瘠沃，水利之興廢，即其瘠沃。今日西北之石田，皆三代膏腴之地，夫誰不知之？而水利終未能興者，以費鉅而任使又難其人也。夫慮其費鉅而無所出，則莫若漸以行之，令地方官得便宜從事，募民修陂塘、築堤岸、墾荒田，而免其起科，小民易於趨利，必踴躍從事，苟得各州縣相率為之，庶力眾而事可辦。若夫任使之人，則在各大吏之實心整頓，嚴其賞罰，一其事權，久其任使，天下豈無鄭國、鄧艾其人者乎？行之有效，然後盡折東南之漕輸銀天府，不特東南之民力以紓，於國計亦永永有賴焉。其與斤斤於海運、河運之得失者，奚可同年而語乎？願以告天下之有心經世者。

　　洞悉利弊，可當名臣奏疏讀。

問：秦所置縣可考者有幾？

鄭興森

　　周初縣大於郡，列國變之，郡大於縣。嘗考秦自置縣甚少，大都仍列國之舊也。猶郡之西河、上郡因乎魏，雲中、雁門、代郡因乎趙，上谷、漁陽、陽右、北平、遼西、遼東因乎燕。西河郡當是秦省，故《漢志》言元朔四年置也。嘉定錢氏以《漢志》證秦三十六郡在《內史》外，最確。而縣之併省，史不具書，其確是秦置者，《內史》之杜鄭、頻陽、甯秦、麗邑，《史記·秦本紀》可證。藍田見《六國年表》及《漢書·地理志》，《志》更舉臨晉、夏陽、廢邱、咸陽。咸陽，秦都也，祁列《年表》，本屬太原，《紀》有義渠，同繫北地。秦地圖書，詳代郡之班氏；陳留風俗，證碭穀之本佀。陝在宏農，考之《秦本紀》而知屬上郡；冀附天水，參以《李廣傳》而知本隴西。上郡高奴，解出文穎；隴西上邽，説本應劭。固陵秦之固始，採之晉灼之言；伊盧漢爲中盧，得於元和之志。武陽之名楊雄，《蜀記》可證；江州之縣華陽，《國志》可憑。綿諸本狄，傳誦匈奴，馬邑成城，記搜干寶。長垣本是更名，無終葢係古國。餘杭得名之由，氏道創置之歲，酈道元《水經注》詳之矣。他若安陽莫考其屬，明氏徒存其名。善縣非華，復見於曹參之傳；蒲未加坂，莫誤會班固之文。此皆不知省於何年者也。至於修武本周，薛瓚之言未當；句章因越，闞駰之志彌詳。燕仍乎魏，以《戰國策》“漢高紀”“曹參世家”證之，可知《志》有南字，因涉班氏自注而衍；陘成仍乎韓，以建元以來《王子侯表》及《田叔傳》索隱證之，知《志》“陸成”之譌，猶“自陘谷”之誤爲“白陸谷”也。武隧因乎趙，以《秦紀》及《六國年表》知之，即《志》之“武隧”也。薊因乎燕，臨淄因乎齊，郢鄢因乎楚，仍其舊名，亦如漢之因秦。然大小不同，秦之蔡陽，實兼漢蔡陽、舂陵之地。甘茂曰：宜陽，大縣也，其實郡。也是其證。若秦縣而不能考其置者，闕疑可也。

　　他卷徵引較夥，元元本本，斷推此作。

書賈誼《請改封諸王疏》後

姚有彬

　　葢有三代之公心美意，而後可行三代之封建。賢不廢仇讐，否不惡同氣，此三代封建之公心也。禄位以制尊卑，慶讓以行黜陟，此三代封建之美意也。若漢始則滅異代之國以畀功臣，繼則滅異姓之王以畀宗室，又繼則滅同姓之王以畀近親。若濞若長，初無功德在民，故不旋踵而隕身墟國，此無公心之弊也。且又封地無制，述職無文，山澤蓄積，不領於天子之大農；五嶽四瀆，不領於天子之祠官。原本已大，末流濫溢，此無美意之弊也。恃骨肉之愛，據膏腴之壤而內無德以居之，上因親以縱之，其不至悖逆顛覆者幾何哉？文帝采誼論以分齊若趙，不能竟誼之言，卒致景有七國之難。迨孝武時，使諸侯王得分戶邑以封子弟，不行黜罰，而其國自析。自此齊分爲七，趙分爲六，梁分爲五，淮南分爲三，長沙燕代，雖有舊名，無南北邊矣。其武帝用主父之謀歟？乃主父用賈誼之謀也。獨怪其作左官律，設附益法，削弱已甚，本根愈微，卒成王莽篡漢之謀，而諸王無能起而救之者。始則縱之何其寬，後則制之又何其嚴也！此固又非誼之所及料也。

意議亦前人所有，而說來更覺痛快淋漓。

詞章

室中十客傳贊 並序

朱逢甲

　　昔樂天之北窗三友，則琴、酒、詩也。《澄懷録》載李建勳之竹軒四友，則《南華》爲心友，竹榻爲夢友，琴爲嶧陽友，磬爲泗濱友也。《排悶集》之草堂四友，則書爲益友，筆爲健友，眼鏡爲明友，草花爲趣友也。張芝階之書齋七友，則如意爲直友，竹榻爲夢友，麈尾爲談友，劍爲俠友，磬爲清友，琴爲音友，酒鎗爲醉友也。顧元慶之山房十友，則石屏爲端友，玉麈爲談友，鷺瓢爲狎友，紫簫爲節友，玉磬爲清友，陶器爲陶友，湘竹爲夢友，鐵如意爲直友，銀潢硯爲默友也。而《悦心集》之室中十客，又多有異同，然各有妙趣，並屬雋言。爰仿前人，擬爲傳贊，隨意所至，隨筆書之，不規規於故步也。

瓶花韻客

　　客花姓，不知其世系。性默而神秀，守口如瓶。有雅人深致，頗饒逸趣。日與之靜對，藹如也。贊曰：來自名園，伴我几席。絶世丰神，風流藴藉。

焦桐談客

　　客焦生，古其心，高其節。其詞旨淡遠，余心契焉。贊曰：漢之焦先不語，而兹之焦生善談。然遇俗人，仍淡然不語；而遇知音，則爲清言，而與談流水高山。

劍俠客

客尚俠，不知其姓氏。其剛直類余，而神鋒太雋。余每以太剛則折戒之，又以韜光斂鍔勗之。蓋余近養浩然之氣，而濟之以謙，矢之以慎，持之以忍，進之以冲和，百鍊鋼將化爲繞指柔矣。贊曰：毋厲乃鋒，毋露爾鋌。一泓秋水，宜善爲藏。《易》不云乎：至柔而動也剛。毋輕用於不平之事，而宜待用於大忠大孝之綱常。

石雋客

客石公，引余爲石交，壽則有而言則無也。狀秀而瘦，喜與支離叟爲友，是殆太古之逸人歟？贊曰：五嶽固奇，一拳亦佳。如書味之雋永，是耶非耶？

硯正客

客之德堅，客之性端。與余爲文字交，實方正人也。故筆頭公、即墨侯、褚先生亦日與之游。贊曰：旨歸無邪，助我不朽。偕之著書，必取端友。

香臭味客

客，佳士也，其馨德如可薰焉。招入芝蘭之室，臭味不差池也。贊曰：鼻觀徐參，心清始聞。蘭言何馨，與客同心。

鐵如意禪客

客爲鐵漢，而印佛心。其參上乘禪，至妙悟處，指揮而天花落焉。贊曰：石既點頭，鐵亦解意。空色色空，同參妙諦。

竹雅客

此君瀟湘人也。斐然有文，而清風介節，高雅可欽。何可一日無此客耶？贊曰：直其節，俗可醫；虛其心，吾可師。此佳客也。請為誦《淇澳》之詩。

枕率直客

客乃真率者，遇余亦真率人也。故坦然不疑，莫逆焉，且忘形焉。我醉欲眠，客亦高臥，同為羲皇上人。噫！無懷氏之民歟？葛天氏之民歟？贊曰：黃粱夢醒，仙乎仙乎！與之蘧蘧，遊心太虛。

茶清客

伯夷乃聖之清者，此客乃客之清者。泉清風清之時，招此清客發清興、引清談，兩腋清風生，而詩亦清矣。贊曰：枯腸既潤，舌本回甘。勞我之渴想兮，喜故人與清風而俱來。

簡淨有味。

周武取士於負薪賦以題為韻

顧　麟

緬遺聞於姬代，溯軼語於金樓。惟英賢之博取，即卑賤以奚羞。器重梗楠，隆棟而風雲有會；價高杞梓，名材而楨榦兼搜。培賢增樹木之思，倍覺衷情若渴；擇士偏負薪之輩，猶虞聞見難周。

昔周武之有天下也，黃鉞宣威，丹書法古。舟蒼兕而雷闐，屋赤烏而火聚。書陳九陛，秘書繙郊寶金枝；樂奏三終，大樂播生開崇禹。而欲登雋才，擢良輔，殱戎而寢虎賁，建學而鳴鼉鼓，則必伸雅懷於苗蕢，聿彰龍受之庥；訪奇士於菰蘆，藉假鷹揚之武。

試觀其取士也，禮重桓熏，情殷旦吐，樂伴夋於姜桐，耿綢繆於杕杜。誰聽穿埔之獄，南國棠甘；疇羈破斧之師，東山瓜苦。名早艷夫一變，贖奚須夫五殺。自昔福綏椔木，七百年祚慶綿延；而今材重翹薪，一二士善徵樂取。

賴聖人聰，惟君子使，以作股肱，以供臂指。曾慶化行薪槱，官人則詩譜樂章。豈其令布薪蒸，大聚則文稽逸史。飫歌沐德，瑞啟宮莪，窳儆陳箴，謀詒水芑。何異兔罝獲雋，想風塵不少奇英；會看驪囿儲材，慶王國克生多士。

今想其得士之盛也，八虞匡治，十亂延譽，史辛箴闕，箕子陳書。閎泰揚鋒於輕呂，唐苟列位於爻閭。負扆銘勳，錫秬而洛還共守；負璜拜賜，坐茅而磻豈終漁。祥符開植梓之庭，皇圖永奠；大隱賸采薇之麓，聖量宏攎。尚期世德作求，幸薪傳兮克紹；勿使後來居上，歎薪積兮相於。

向令地處寒微，心輕枯朽，渺采采於葭湄，任閑閑於桑畝。未廣藻芹兮典，鴻才久辱泥塗；忍虛槐棘清班，鶴俸徒縻升斗。莘野而鼎烹求聖，愧寸心未盡區區；傅巖而版築搜奇，緬盛事徒呼負負。

茲乃求賢孔亟，相士維真，後先迭進，宅俊偕珍。早重棟梁之選，何嫌草莽之臣。纖材而菁菲無遺，下體何妨節取；賢路而芻蕘是采，虛懷弗厭勤詢。遠志堪酬，競羨噓春於小草；和羹有藉，底須別味於勞薪。

我皇上珊網宏開，珠囊靜護，名選璇瓶，才羅玉樹。士輪傾藿之忱，家矢披榛之慕。

朝隆籲俊，休風久洽夫菁莪；野鮮遺賢，長物並收夫堅瓠。會見香流紅硯，依蓬觀而宣毫；豈徒塵洗青衫，向蘭臺而奏賦。

> 題知出處，且能用周事渲染，不徒作《取士於賦薪賦》，自是合作。

周武取士於負薪賦以題爲韻

朱昌鼎

烏流運啟，鴻漸儀脩。菲葑節採，杞梓旁收。卜宅在西灄東涧，立朝盡出類拔尤。宜陸凱之進諫，借周武以陳籌。舞武列千戚之容，基開呼兕；造士肇菁莪之化，谷入鳴驪。何嫌道阻《蒹葭》，悵伊人於水涘；雅合詩歌《杕杜》，致君子於道周。想其革污俗之腥風，應洗兵之時雨，訪範箕賢，拜書尚父。召則南國棠甘，周則東山瓜苦。即此十亂景從，四方無侮。已見拔茅連彙，養重鼎烹；奚須求牧與芻，封徵比户。筐筐載道，在野本少遺賢；械樸官人，有祖泂堪繩武。

乃武王獨廣搜羅，勤握吐，謂楨幹多隱於谿巖，英豪半湮於牧豎。倘使賢少旌招，計虛人樹，其何以揚滯而飛翹，其何以拔十而得五？況且臣居草莽，每粥粥若無能；豈其業託樵蘇，俱碌碌不足數？破造士、選士、進士之例，薪桂齊收；分上士、中士、下士之科，薪槱畢聚。蓋其不失豪傑士者，全在無虛朝暮取。

夫乃歎違時則氣阻英雄，遇主則名成豎子。昔伊尹往聘於莘耕，傅說旁求於胥靡，甯戚以牛口而見知，百里因羊皮而崛起。志伸佐霸，管仲本縲絏之囚；才裕興王，膠鬲習魚鹽之技。惟藻鑒之獨精，斯樗材而足恃。漫説山林徑捷，目笑或遇樵夫；祇因參朮籠儲，心許不遺佳士。

不然，若負薪者，亦惟棲身蓬巷，託迹茅廬，覆蕉夢鹿，拾栗偕狙。乘興而半樵半讀，相時而亦耕亦漁。是即聘無幣帛，招乏弓車。溷軒冕於泥塗，闕奚拜梓；具芻蕘之學問，里只名樗。空教竹劍材良，問披裘其執侶；幸遇草茅禮逮，歌伐木而相於。

又況以孫皓之才，作東吳之后，鼎足已孤，石頭僻守。交州莫得乎重臣，永安方滋乎群醜。抱薪之救徒勞，厝薪之勢難久。尤宜賦駉藿以留賢，歌鹿苹而求友。長材可馭，王樓即達适之儔；大木宜求，喜抗亦閎榮之偶。誠能藉以啟沃心，聯爲左右手，將見前推後挽，百里地亦可奮興；搜谷羅岩，萬丈才奚虞虛負。

惜乎芻言莫採，樹立無因。信萬或之細介，誤何定爲忠臣。縱或封侍芝於凡伍，官平慮於工人，益見仕途之雜，曷由士氣之伸？碩果空存，不省忠言藥石；大材難用，誰清蔽路荊榛。劇憐諫草流傳，獨木終難支厦；卒至降旗飛出，後人莫荷析薪。

方今我聖朝治邁周王，材儲武庫。薪蒸除虞候之司，薪栗憫征人之戍。下至醜類芟除，夷酋攀附，雖由百職之脩明，實賴一人之建樹。竹頭木屑，將材選及精能；舟楫鹽梅，相臣隆其禮遇。士也企彼美於榛苓，溯遺徽於竹素。久已養成遠志，儲出山之用於在山。且將樂效葵忱，移作賦之才以治賦。

氣勢頗得，後路借孫吳事生情，尤見筆意。

擬白香山《贈友》詩

顧　麟

九州一撮土，莫非隸王籍。此外非所有，別之曰夷狄。言語既不通，聲教亦已隔。所以古聖王，羈縻勿使偪。自從漢魏降，異端來佛國。寂滅斁彝倫，其害甚朱翟。迺有尤甚者，晉佛襲其迹。天堂與地獄，以教爲降陟。入者上帝歡，出者魔鬼殛。可憐中下材，強半爲所惑。未聞變於夷，子輿氏所斥。誰能闢其説，待君拯沉溺。王路遵蕩平，爲國去蟊賊。王政貴清肅，浩然水下流。怨謗既不興，諛頌亦所羞。四民貴安静，樂業咸優游。不聞宣尼訓，民惟使可由。處士而橫議，必干豺虎投。何況域外人，而抱杞人憂。中外天壤隔，風教迥不侔。民生與國計，奚啻風馬牛。胡為尸與祝，妄代庖人謀。朝野一有事，刺刺聒不休。是非既倒置，持論更謬悠。此係固非小，王者之所仇。誰解關其口，待君恢壯猷。息邪復距詖，同風冀遐陬。行商務通達，力農期蓋藏。貿遷與蓄積，生計兩不妨。何堪日朘削，碩鼠增惋傷。古者為禁暴，是用設關梁。譏而弗復征，阻隘皆康莊。此風雖已古，民勞汔可康。胡為稅雜項，鹽茶油酒漿。誅求到煢獨，剖析入毫茫。君看分榷處，處處嚴關防。下窮上罕濟，中飽豺與狼。誰為民請命，待君握朝綱。一洗虎口毒，仁風宇內翔。王者治天下，首務厚民生。民生既以厚，禮讓恥不行。乃者薄賦斂，十成減七成。雨露天上施，霑濡及編氓。而胡閭閻中，十室九不贏。世俗尚奢靡，愈侈愈為榮。肴饌必豐腆，衣服務鮮明。春秋值佳日，處處聞歌笙。計其一日費，不敵百日耕。繁華日似甚，凋敝日以萌。誰能革此弊，待君乘鈞衡。庶令衰薄俗，一一返樸誠。劫運將降時，人心日奸偽。農人不務耕，士人反趨利。賈人登龍斷，工人飾窳器。愚者智之弄，弱者強之噬。上帝赫然怒，一一為洗薙。昔歲罷兵戈，孑遺幾無類。父子不相保，夫妻或相棄。美宅付灰燼，良田悉荒廢。餘生漏天網，庶幾知所忌。奈何懲創後，故態復萌恣。侮老而欺貧，先利而後義。忠厚反見嗤，刁澆愈得計。縱司錄惡薄，亦難盡簡記。誰能顯癉彰，待君與國事。庶革此澆風，一返刑措世。

大有作意。

丙子夏季課藝

俞蔭甫先生評閱史學

鍾子勤先生評閱經學

高仲瀛先生評閱掌故之學

劉省庵先生評閱算學

張經甫先生評閱輿地之學

俞蔭甫先生評閱詞章之學

丙子夏課姓名録

經學

超等 第一名：宗汝成，江蘇蘇州府常熟縣學附生

第二名：姚文枏，江蘇松江府上海縣學附生

第三名：朱逢甲，江蘇松江府華亭縣學貢生

第四名：錢國祥，江蘇蘇州府學附生

第五名：王履階，江蘇松江府南滙縣學增生

特等 第一名：李慶恆，江蘇太倉州鎮洋縣學廩生

第二名：李經瑩，江蘇蘇州府元和縣學優附生

壹等 第一名：周桂，江蘇松江府婁縣學增生

第二名：汪晉德，安徽徽州府學廩生

第三名：李經邦，江蘇蘇州府元和縣學附生

第四名：倪成瓚，江蘇松江府南滙縣學附生

第五名：閔曾福，江蘇松江府南滙縣學附生

史學

超等 第一名：朱逢甲

第二名：許壽衡，浙江紹興府山陰縣學附生

第三名：趙引修，浙江紹興府蕭山縣學附生

特等 第一名：艾承禧，江蘇松江府上海縣學附生

第二名：郁晉培，江蘇松江府上海縣學附生

第三名：周桂

壹等 第一名：倪承瓚

第二名:閔曾福

掌故之學

超等 第一名:朱逢甲

第二名:邵如林,江蘇太倉州寶山縣學附生

第三名:郁震培,江蘇松江府上海縣學附生

第四名:陳善道,江蘇松江府上海縣童生

第五名:馮一梅,浙江甯波府慈谿縣學廩貢生

第六名:沈辰猷,浙江杭州府仁和縣學貢生

特等 第一名:郁晉培

第二名:金丙榮,浙江台州府太平縣學貢生

第三名:馮廷和,浙江甯波府慈溪縣學廩生

第四名:胡紹昌,江蘇松江府華亭縣學廩生

第五名:倪承瓚

壹等 第一名:方調元,江南淮安府山陽縣童生

第二名:何四鋼,江蘇松江府奉賢縣學附生

第三名:黃致堯,江蘇太倉州寶山縣學附生

算學

超等 第一名:沈善燕,浙江嘉興府桐鄉縣監生

特等 第一名:鄭興森,浙江湖州府歸安縣學附生

壹等 第一名:方德華,江蘇松江府青浦縣學附生

第二名:宋慶雲,江蘇松江府華亭縣學貢生

第三名:郁晉培

第四名:朱鎮,江蘇松江府華亭縣學貢生

輿地之學

超等 第一名：范本禮，江蘇松江府上海縣學附生

第二名：王履階

第三名：朱逢甲

第四名：丁桂琪，江蘇松江府吳江縣學附生

特等 第一名：倪承瓚

第二名：朱鎮

第三名：李慶恆

壹等 第一名：黃致堯

第二名：錢公藩，江蘇松江府婁縣學貢生

第三名：方調元

詞章之學

超等 第一名：徐琪，浙江乙亥科舉人

第二名：章耒，江蘇松江府婁縣學拔貢生

第三名：朱逢甲

特等 第一名：王光熊，江蘇蘇州府震澤縣學貢生

第二名：馮熙成，江蘇蘇州府昭文縣學增生

第三名：顧麟，江蘇松江府南滙縣舉人

第四名：方調元

第五名：許壽衡

第六名：李允中，江蘇松江府學附生

壹等 第一名：閔曾福

第二名：錢克家，江蘇太倉州童生

第三名：李慶恆

第四名：周桂

第五名：顧文鴻，江蘇松江府學附生

經學

不易、變易、易簡説

宗汝成

不易、變易、易簡之説，其文見於《易緯・乾鑿度》。精奧簡古，未易詮測，鄭注亦未明憭。下文論太易、太初、太始、太素，似指此，姑繹其義。

不易者，太易之未見氣也。《易》謂之太極，老子謂之無，列子所謂萬物渾淪而未相離：視之不見，聽之不聞，循之不得者，無思無爲，寂然不動。由是感而通天下之故，而變易之道著焉。

變易者，太初氣之始，太始形之始，易無形畔，至是有形畔矣。當其未變，谷神不死，是謂元牝。及其既變，元牝之門，天地之根，緜緜不絶，用之不勤。兩儀是分，四象是生，八卦是成，萬彙是萌。能陰能陽，能柔能剛，能短能長，能圓能方，能死能生，能暑能凉，能幽能明，能宮能商，能微能彰，能元能黃，能苦能甘，能羶能香。無知也，無能也，而無不知也，而無不能也。一陰一陽之謂道，陰陽不測之謂神。唯神也故不疾而速，不行而至。知變化之道者，其知神之所爲乎？蓋唯初太始，道立於一，一變而爲七，七變而爲九，此變易之説也。

九者，氣變之究也，乃復變而爲一。一者形變之始，謂之太素，質之始也。由博返約，原始要終，乾升坤降，成位乎中。乾以陽施易，而知坤以陰藏，簡而從易知有親，簡從有功，易簡而天下之理得矣。天下之動，貞夫一矣。乾元善之長，北辰天之樞，抱一爲式，端策揲蓍，居敬行簡，無爲治之。

狀難狀之理，了然於心，沛然於口，絕不依傍陳言。筆趣古茂，猶其餘事。

不易、變易、易簡説

姚文柟

鄭康成依《易緯·乾鑿度》，作《易贊》《易論》云："易一名而含三義，易簡一也，變易二也，不易三也。"按《乾鑿度》曰："易者，易也；變易也，不易也。"鄭於易加一簡字，正以明易也之易，作難易之音。而周簡子竟讀音亦，以爲有無相代，彼此相易，皆是易義。迨孔氏述鄭，據《乾鑿度》不煩不擾之言，以斥周説是矣。惟音既不同，義難合一，於是近人陳氏壽祺，以爲鄭氏易簡之易讀亦音，本陸氏《釋文》。其實漢以前本無四聲之別，長言之則三義皆可去聲讀，短言之則三義皆可入聲讀。至三義聚於一處，則讀之自然略有分別。既以《易緯》之變易、不易短言讀，則上句"易者，易也"，自然是長言讀，要非去、入兩聲，截然此疆爾界之謂也。《公羊傳春秋》："伐者爲客，伐者爲主。"何休上句注曰："伐人者爲客，讀伐，長言之。"下句注曰："見伐者爲主，讀伐，短言之。"孔氏廣森以爲長言若今去聲，短言若今入聲，又引《周禮釋文》劉昌宗讀伐扶廢反爲證，伐之有扶廢反，猶之有以皷反也。何氏恐人讀《傳》不明，故加一字，言伐人者。猶鄭君恐人讀《緯》不明，故加一字，言易簡也。必謂鄭讀三易字無異音，固屬曲説。而必謂若者爲本音，若者爲點發之音，則亦未可以道古矣。

解"易者，易也"句頗有見爲，增改以暢其説。

《周禮》非周公之書説

錢國祥

《周禮》一書，《漢志》謂之周官經。鄭康成以爲周公居攝而作六典之職，謂之周禮，此以《周禮》爲周公之書也。河間獻王得《周官》，而武帝謂末世瀆亂不驗之書，唯唐太宗夜讀之，以爲真聖作，曰："不井田，不封建，而欲行周公之道，不可得也。"謹案：漢、唐兩君之論，大相徑庭，實則各有所見。王伯厚確信《周官》，而云止齋謂以《周禮》爲非聖人之書者，以説之者之過也。然即廢眾説，其果可信爲周公之書乎？王伯厚又引九峰蔡氏云：周公方條治事之官，而未及師保之職，冬官亦闕，首末未備，周公未成之書也。其説近似。蓋周公未成之書，而甚以莽、歆之增竄，故其是非駁雜，大半不倫。信之者不得竟信以爲周公之書，疑之者亦不得全疑其非周公之書也。王伯厚云：嬪御奄寺，飲食酒漿，衣服次舍，器用貨賄，皆領於冢宰；冕弁車旗，宗祝巫史，卜筮瞽侑，皆領於宗伯。此周公相成王格心輔德之法，是可信爲周公之書矣。楊氏椿作《周禮考》，又痛詆《周禮》之謬，謂其掌理貨財，幾於無地不賦，無物不貢，無人不征。雖鹿臺鉅橋，未聞至是，是不能信爲周公之書也。且《大司徒》載師之任土，即孟子所云任土地；遂人之頒萊，即孟子所云闢草萊。孟子以爲民賊，而周公以爲良臣，此必無之理，宜何休以爲六國陰謀之書也。又旬稍縣都，皆無過十二，非耕者九一之制。關市之賦，非譏而不征之法。園廛二十而税一，非廛而不税也。廛布入於泉府，非無夫里之布也。山林川澤有屬禁，非澤染無禁也。諸如此類，皆與孟子所謂文王之政，顯相刺謬，而可信爲周公之書乎？文中子曰："如有用我，執此以往。"程伯子曰："必有《關雎》《麟趾》之意，然後可以行《周官》之法度。"要皆過信，而未深思之耳。

要言不煩，能見其大。

《周禮》非周官之書說

王履階

周家自有《禮》。《左傳》昭二年韓宣子聘魯，見《易象》與《魯春秋》，曰："《周禮》盡在魯。"非別有所謂《周禮》也。其明等威、辨貴賤者曰制，敘官職者曰秩官。《國語》單子所云，周制有之，周之秩官有之者，是專記載者曰志。《左傳》文二年，狼瞫所引《周志》云："勇則害上，不登於明堂。"是今世所傳《周禮》，即《漢書·藝文志》所謂《周官經》六篇者也。其設官分職，绝不類周初之書，必後人習聞周公似有是事，爰雜取耳聞目見之説，掇拾成之。今細案其書，約舉可疑者二。

一則見其失次。獸人、迹人，宜屬山虞。戴人、鼈人，宜屬澤虞。服不、射鳥，宜歸并羅氏。太府、天府，何以分隸冢宰、宗伯？職方、土方、形方，何以不屬司徒？懷方、合方、訓方，何以不屬宗伯？而大行人、小行人、司儀、象胥、掌客、掌交，何以不隸春官，而在秋官？宜胡宏、范浚、魏了翁諸人，詆其無一官完善也。

一以其煩瑣。豆籩、醢醯、亨腊，未可名官；質廛、胥賈、肆稽，不得稱士。戈盾弓矢諸司，自有專藝；夷貉閩蠻諸隸，本是浮奴。炭蜃葛荼，等於下隸；覡巫詛祝，有似狂夫。如是之儔，難以枚舉，何其不憚煩也？男女有別，内言不出，外言不入，有明訓也；外官不過九品，内官不過九御，亦王章也。而乃絲麻枲葛，僅屬女紅；染采縫紩，是惟婦事。以及春橐、女奚之屬，列諸仕版，褻黷甚矣！揆以明訓王章，又何如耶？請證諸春秋之世，如關尹、門尹、工正、坅人、少正，似周制也，何以無之？然猶曰：晉楚齊秦諸國，皆爭雄自大，未必率由舊章。時能秉《周禮》者，獨推魯國。而隧正、褚師、宗人等職，亦無之也，何耶？更證諸古書所紀載，如水師、火師、甸人、舟虞、匠師、司商之見《國語》，工人士、小臣正、梓人、嗇夫之見《儀禮》，左史、右史、師保、疑丞、寄象狄鞮譯之見《小戴記》者，亦並無之。然猶可曰必經後人之追記，失實也。試證諸《尚書》所載，《坶誓》之亞旅、千夫長、百夫長，《洪範》之師尹，《酒誥》之少正，《梓材》之尹旅，是書亦無之。然猶可自解曰：此開國之初，官制猶未定也。若周公作《立政》，其時制已定乎？未定乎？而常伯、常任、準夫、綴衣，又《大誥》之尹氏等職，亦並無之，又何故也？夫農父、圻父、宏父，已信知爲司徒、司馬、司空。《小雅·雨無正》詩所謂三事大夫，漢世之三公皆是。而《立政》所紀之官，果屬《周官》中何職耶？豈定制者如是，所班者如彼耶？亦何怪乎？何休、臨碩、歐蘇輩，疑辨紛紛也。是必孟子以後，處周秦之際，攄懷舊之蓄念，發思古之幽情。即古籍流傳，羼入當時所設而爲之耳。故以《周禮》爲王道之極，不免尊之太高；以《周禮》爲潰亂不經，則亦貶之過甚。

　　南山可移，此案必不可動。觀縷處未能全備，而大體舉矣。發端"非別有所謂《周禮》"一句，尤爲辣筆。

《穀梁春秋》莊七年"昔"字、
定十五年"稷"字解

宗汝成

　　《左氏傳》多古字、古言，《穀梁》亦然。如"昔"與"稷"其最顯者。"昔"與"夕"通，《傳》所謂："日入至於星出，謂之昔。"稷者，昃之叚借。今分釋之。

世之篆"昔"者,多作"舝",此大謬。"舝"與"昔"當分兩字,不當合爲一。上從夶者,《説文》日部:舝,乾肉也,從殘肉。日以晞之,與俎同義。籀文臘從肉,肉非一日可乾也,積久乃乾,故"舝"之引申義爲久。《周語》"厚味實腊毒",《文選·七命》注引賈逵注:腊,久也,周官酒正。

二曰舝酒,鄭注:今之酋久白酒,久之至爲極。《鄭語》"毒之酋舝者",韋昭注:舝,極也,極久則古。《毛詩·那》篇傳"古曰在舝"是也,又由後溯前舝之時,猶始時。《廣雅釋詁》云:舝,始也。

以上皆從久義而引申之,字當從夶作舝。今之"昔"字,或謂從艸從一從日者,亦非。字當上從艸,與日在艸中,爲莝。日見一上爲旦,日在木上爲杲,日在木中爲東,日在木下爲杳。同義當讀爲夕。《説文》夕部:夕,莝也。但莝則日光猶半在艸上,昔則日光全在艸下,將暗未暗之際,而尚未至昏時。昏則《説文》日部,所謂昏從氐省。氐者,下也,是也。《左氏·哀四年》傳"爲一昔之期",《禮記·檀弓》"疇昔之夜",《楚辭·大招》篇"以娛昔只",王逸注引《詩》"樂酒今昔"。今《毛詩·頍弁》篇"昔"作"夕",《管子·小匡》篇"旦夕從事於此",尹知章注:旦昔猶朝夕也。《列子·周穆王》篇"昔昔夢爲國君",張湛注:昔昔,夜夜也。《莊子·天運》篇"則通昔不寐矣",《釋文》:昔,夜也。《廣雅釋詁》:昔,夜也。古樂府《飲馬長城窟行》"遠道不可思,夙昔夢見之",曹植《白馬篇》"宿昔秉良弓,楛矢何參差",猶言朝夕也。六朝樂府有《昔昔鹽》,猶《夕夕引》也。

以上"昔"字,皆當上從艸作莝,訓爲夕。據此則舝、莝斷不可混爲一。然莝雖訓夕,而夕字自有本義。訓初三月出庚方之時,故象形爲月之始明而未滿,從月省,而其義乃著。此莝與夕義同相通也。

至於"稷"爲"昃"之叚借者,《説文》日部曰:昃,日在西方時側也。小徐別出昗字,昃、昗同義。蓋日加午時謂之中,加未謂之昃,加申謂之舖。《易象傳》所謂日中則昃,《説文》食部所謂日加申時,食也。故《公羊・定十五年》何休注云：昃，日西也。《楚語》韋注云：日跌曰昃。《書・無逸正義》云：昃亦名跌，言日蹉跌而下，謂未時也。《太平御覽・天部五》引《纂要》曰：日在未曰昳。《廣雅釋言》：昊，跌也。《玉篇》：昃，日昳也。字亦作側，《儀禮・士喪禮》下篇"日側"，鄭注：側，昳也。謂將過中之時。亦作仄，《逸周書・周祝解》"故日之中也昃"，孔晁注：仄，跌也。其得叚稷爲之者，昃、側同音，稷、側亦然。《史記・田完世家索隱》，引《齊地記》云：齊城西門，因側系水，故曰稷門。又稷從畟聲，《毛詩・良耜》篇傳：畟畟，猶測測也。畟可訓測，則稷亦可訓側矣。《文選・赭白馬賦》注引《尚書中候》云：至於日稷，榮光出河。宋均注：稷，側也。知稷之即昃。若《史記・天官書》"食至日昳爲稷"，漢《費鳳別碑》"乾乾日稷"，《李翕析里橋郙閣頌》"劬勞日稷"，皆其義。而《易象傳》"日中則昃"，《說文》引孟喜本作稷。《書・無逸》"日中昃，不遑暇食"，《成陽靈臺碑》作"日稷不夏"，尤爲明證。

或謂"稷"爲"夕"之叚字，説不可從。《周官・司市職》曰："大市，日昃而市；朝市，朝時而市；夕市，夕時而市。"鄭注：日昃，昳中也。日昃與夕時明分爲二。又《新序・雜事篇》曰"君平旦而聽朝，日昃而退"，其非夕也可知。第《穀梁經》此處"日下稷"，《左氏公羊》作"日下昃"，何注：下昃葢晡時。葢單言昃則昃爲未時，曰下昃則日加申時矣。《太元・應上九》曰"君子應以大稷"，范注：訓稷爲側，而後儒改訓爲日將暮。葢大稷又側於下稷時也。

左右采獲，條貫詳明。足見腹笥之饒，手筆之晰。

《穀梁春秋》莊七年"昔"字、
定十五年"稷"字解

姚文枏

《春秋》莊七年"夏四月,辛卯,夜,恆星不見","夜"字《穀梁》作"昔";定十五年"戊午日下昃,乃克葬","昃"字《穀梁》作"稷"。按"夜"與"昔",古音義同;"昃"與"稷",古本通用。請申證之。

《毛詩古音攷》:夜音裕,昔音錯。《唐韻正》:夜,古羊茹切;昔,古音鵲。《説文》:揜、醋、鍩、厝、斮、磓、錯,皆以昔得聲,今僭字亦與夜同韻。夜、昔古音之同,於此可見。至昔訓爲夜,若《左傳》爲"一昔之期",《莊子》"通昔不寐",以及《管子》《列子》《後漢書·張衡傳》,皆可旁證。

《易·豐彖·傳》"日中則昃",《釋文》:昃,孟作稷。此昃與稷通之確證。若漢《郙閣頌》《費鳳別碑》《靈臺碑》,以及《尚書中候》等以稷爲昃,殆難枚舉。

按三家經多異文,其音義大抵皆通。《穀梁》之獨異者,若"無駭"作"無侅","州吁"作"祝吁","仍叔"作"任叔","獻舞"作"獻武","虢"字、"潧"字之作"郭""蚡"字,"漬"字之作"蕡",皆相通、相近字也。蓋《春秋》本口授,筆之於書,異同固所時有云。

典核不蕪。

達巷黨人考

宗汝成

《史記‧孔子世家》載達巷黨人童子曰"大哉孔子"云云。《漢書‧董仲舒傳》"此無異於達巷黨人，不學而自知也"，孟康曰："人，項橐也。"王應麟謂孟康之説，不知所出，《論語注疏》無之。案孟氏之説，即本《史記》童子字悟出。又《戰國策》《史記‧甘羅傳》並云：項橐七歲爲孔子師。孟或據之，未必別有他證。《漢書‧古今人表》無項橐。《淮南‧脩務訓》《論衡‧實知篇》作項託。《新序‧雜事五》作秦項橐，則以爲秦人。《隸釋‧童子逢盛碑》作后橐，云才亞后橐，當爲模楷。后之通項，猶䖝從后讀項，及講從冓讀港、吼從孔讀唝之例。魯公族有后木，又稱邱氏，亦稱厚氏，則項橐當作后橐爲正，言秦人者非也。《文選》顏延之《皇太子釋奠詩》注引嵇康《高士傳》孔子問項橐曰："居何在？"曰："萬流屋是也。"注曰："言與萬物同流匹也。"據此是項橐，姓名雖屢見，而與孔子問答，祇此一事，然未必即是達巷黨人也。夫孔子遇童子多矣，《孟子》載滄浪孺子，《列子‧湯問篇》載二童子辨日出遠近，又將何以實之？《繹史‧八十六》引《衝波傳》采桑女子教穿九曲珠，豈亦孔子師乎？戰國多無稽之言，《莊子‧徐無鬼篇》黃帝稱牧馬童子爲天師，即此之類。

總之，黨人自黨人，項橐自項橐。項橐決無爲師之事，黨人亦不必果爲童子。疑《史記》童子二字乃衍文矣。

當時既有姓項名橐者，稱爲神童，而達巷黨人，又是童子，則必即其人矣。作者旁徵廣引，而一律掃却。持之有故，言之成理，亦竟無以難之。説經不欲多取雜説，固學者正軌也。

達巷黨人考

姚文枏

《論語》達巷黨人，《何氏集解》引鄭注：但云黨中之人。《朱子集註》云：其人姓名不傳。按《孔子世家》稱達巷黨人童子。《漢書》董仲舒《對策》"此亡異達巷黨人，不學而自知也"，孟康注：人，項橐也。《戰國·秦策》：甘羅曰："項橐七歲，爲孔子師。"橐亦或作託，夫七歲乃童子之證；童子而知聖學之博，又不學自知之證。諸説胸合，若無可疑。

然此數説者，未嘗見諸正典。吾不知甘羅所稱，其果見聞之實乎？抑相承妄説也？《史記》所載，其果確考而詳徵之乎？抑史遷好奇而但襲舊聞也？董生所述，其然乎？其不然乎？俱未可知而欲以轉相附會，信爲確解，此則何氏、朱子所必不取者矣。達巷黨者，《集解》：達巷，黨名，五百家爲黨。《集註》亦云黨名。按《曾子問篇》，孔子曰：昔吾從老聃助葬於巷黨。注云：黨名，或云即達巷黨。亦無證據。當與項橐之説，同存之以備攷。

以疏宕之氣，爲考覈之文，迥非鈔胥伎倆。

達巷黨人考

朱逢甲

《論語》達巷黨人，《注疏》《集註》皆未考其人爲何人。按《史記·孔子世家》云：達巷黨人童子。但言是童子，而未言姓名。《漢書》董仲舒《對策》云："此亡異於達巷黨人，不學而自知。"魏孟康

注：始言其人爲項橐。王伯厚謂孟康之説，不知所出。考昔皇甫謐《高士傳》，亦言達巷黨人，姓項名橐，與孟康説同。又《戰國策》甘羅云："項橐七歲，爲童子師。"其言與《史記》、董《策》、孟注合。又劉向《新序·雜事篇》云："秦項橐七歲爲聖人師。"則意者其後爲秦人歟？《漢碑》作后橐，《童子逄盛碑》云"才亞后橐，當爲師楷"，《淮南子·修務訓》《論衡·實知篇》又並作項託，此皆以音近而字異也。然古書亦未可盡信，此達巷黨人，謂是童子項橐則可，謂爲孔子師則不可；信《史記》、信孟注則可，信《戰國策》甘羅之言則不可。今論其言，"大哉"一語，允爲卓識；而"博學無所成名"一語，直是亂道。謂孔子博學，已非；謂孔子無所成名，尤非。董子謂黨人"不學而自知"，觀其一句道著，一句説錯。其道著者，所謂"自知"也；其説錯者，所謂"不學"也。蓋黨人乃幼慧之童，自恃聰明，未嘗學問，矜其小智，妄評聖人。而神童出語，即閭黨競傳，此聖人所以聞之也。於是即童子所當從事之小學，小學六藝中之射御，諷其先學，婉言見意，宜善會也。闕黨童子並行欲速，孔子使將命以嫻禮儀，達巷童子狂言不學，孔子諷執御以事小學，其善誘正同耳。戰國策士，臆造異説，謂爲聖人師。夫孔子爲萬世師，孰有可爲萬世師之師者？其問禮於老子，問之也，非師之也。謂老子爲孔子師，尚不可，況童子乎？至若《文選注》引嵇康《高士傳》孔子問項橐曰："居何在？"曰："萬流屋。"注曰："與萬物同流匹。"此等語，不甚可曉，文亦闕略不備，當存而不論矣。

詳核而有斷制，大加刮摩，俾成全璧。

范氏馳驅解

朱逢甲

《孟子》"吾爲之範我馳驅",趙注:範,法也。孫奭《音義》云:範我或作范氏,范氏,古之善御者。按《文選》班固《東都賦》"范氏施御",李善注引《括地圖》云:夏德盛,二龍降之,禹使范氏御之以行,經南方。其下即引《孟子》此節,仍作範我,不作范氏。與引《括地圖》云云,文意不貫。此必李注本作范氏,而淺人依今本《孟子》改之也。《左傳·襄二十四年》范宣子曰:昔匄之祖,在夏爲御龍氏。則《括地圖》稱禹使范氏御二龍,殆即范匄之祖御龍氏歟?《後漢書·班固傳》亦載此賦,章懷太子注此句云:范氏,趙之御人也。即引《孟子》"範我"句,并引趙注。其言"趙之御人",殆因趙簡子而誤。其引《孟子》仍用"範我"之本,亦不足以證賦文。章懷此註,殊未可據矣。考《宋書·樂志·君馬篇》云:"願爲范氏驅,雍容步中畿。豈效詭遇子,馳騁趨危機。"此正用《孟子》文。然則東漢晉宋六朝唐人所見《孟子》,固多作范氏者。長興以前書,無刊本傳寫,往往異同。《孟子》有劉熙、綦毋邃、陸善經等注,亦不止趙氏一家之本作範而訓爲法,義理甚長。要之,范氏馳驅,自可兼備一說耳。

　　尚能捃拾古書。特爲整齊其倫貫,芟削其煩冗,而補其所不能道者。

喜、憙説

宗汝成

喜與憙字異而音亦異，世多混之。喜音許里反，樂也。憙音許吏反，好也。

《穀梁·桓六年傳》“陳侯憙獵”，《墨子·魯問篇》“國家憙音湛湎”，《史記·殷本紀》“九侯女不憙淫”，《高祖本紀》“秦人憙”，《漢書·郊祀志》“天子獨心憙其事”，《賈誼傳》“遇之有禮，故羣臣自憙”，《漢泰山都尉孔宙碑》“逢祈字伯憙”，《郃陽令曹全碑陰》“故市掾王尊文憙”。此憙之本字、本義也。

《荀子·堯問篇》“楚莊王以憂，而君以憙”，《趙策》“無憙志而有憂色”，《水經·溪水篇注》“邑豐民安，故曰安憙”。此借憙爲喜也。

《史記·滑稽傳》“齊威王之時喜隱”，《索隱》曰：好也。《漢書·黃霸傳》“喜爲吏”，顏注：愛好也。此借喜爲憙也。

《地理志》“河東郡聞喜”，《漢太尉劉寬碑陰》作“聞憙”，《聞憙長韓仁銘》又作“憙”，《古今人表》“司馬喜”，姚宏本《中山策》作“司馬憙”。此喜、憙互通也。

《説文·人部》：“僖，樂也。”此喜之後出字，因諡號故，故從人。

經傳中喜、憙二字，讀者易混，聊別出之。

至若喜之通饎，通嬉及嘻，又通熙及嫛，非此數也，不具列。

條分縷析，搜考功深。咸之感無心，兑之説無言。憙加心，喜不加心，喜深於憙，亦咸兑之例也。《論語》好之者、樂之者，不亦説乎？不亦樂乎？一憙而一喜也。《孟子》君子欲之，君子樂之，亦一憙而一喜也。前儒未有論及者，予著《穀梁補注》，曾舉其略。

喜、憙説

錢國祥

　　按《説文》喜字解曰："樂也，从壴从口。"憙字解曰："説也，从心从喜，喜亦聲。"喜之與憙，一訓爲樂，一訓爲説。朱子《論語集注》引程子曰"説在心，樂主發散在外"，是有内外之别也。《爾雅·釋詁》："喜，樂也。"《疏》引《説文》不言而説也，則是喜亦有説意。《爾雅》説字作悦，樂也，則似樂與説初無别者。《説文》壴字解曰："陳樂立而上見也，从中从豆。"説之者曰：聞樂則樂，故喜字从壴，樂形于譚笑，故喜字从口。《説文》又云"古文喜从欠，與歡同"，其歡字解曰"喜樂也，从欠雚聲"，欠字解曰"張口气悟也，象气从人上出之形"。此喜之爲樂，專主發散在外者也。喜字从心則爲憙，字亦作憘，心有所喜，於六書會意。此憙之爲説，專主在心者也。毛公《彤弓詩傳》訓喜爲樂，許所本也，喜字可以叚借爲憙。《史記·滑稽傳》"齊威王之時喜隱"，《索隱》云：好也。《漢書·黄霸傳》"喜爲吏"，注"愛好也"。與《漢書·郊祀志》"天子心獨憙其事"，《賈誼傳》"君臣自憙"之憙字同訓，此叚借相通之字也。《説文》愷亦訓樂，惊亦訓樂，知樂之不惟喜也；惛亦訓説，懌亦訓説，知説之不惟憙也。綜而論之，喜者無所箸之詞，憙者有所箸之詞。

　　明辨以皙，引申不窮。

喜、憙説

李慶恆

喜，《集韻》《韻會》：許已切，上聲，收紙韻。憙，《集韻》《韻會》：許既切，去聲，收寘韻。是喜與憙本兩字，故兩聲。《爾雅》《説文》並云喜樂也。《説文》云：憙，説也，又云嗜。憙，欲之也。顏師古《漢書注》：喜下施心，是好憙之意，音許記切。然則喜與憙信非一字矣。按《論語》"好之者不如樂之者"，是好自好，樂自樂，憙既作好字解，即不得與喜同作樂字解。又《論語集注》"説在心，樂主發散在外"，説與樂雖皆從心生，而其淺深有異。又《孟子》稱"君子欲之，所樂不存焉""君子樂之，所性不存焉"，欲與樂之不同，尤顯然易見。而或乃以古書喜、憙通用者甚多，遂疑此二字無甚區別，蓋其考之也不詳。

雖未能博徵《穀梁》《急就》《太（元）[玄]》諸憙字以盡，其説要爲確有見地，能用心思。

史學

魏崔亮停年格論

朱逢甲

北魏崔亮之停年格，與唐裴行儉之長名牓、裴光庭之循資格，大旨相同。在當時劉景安、薛琡、辛雄即非之，齊文襄又改之。雖唐之裴行儉父子嘗祖之，而宋孫洙、葉水心、楊誠齋，金章宗復議之。乃後世卒不能廢之者，何也？則以得失參半也。

夫虞廷交讓，各舉所知，知人則哲，乃能官人。我聞任官惟賢，不聞任官惟年也。年則知而人不知，是不知人而官人也。後人譏吏部爲例部，銓部爲籤部，以資格拘耳。然古人立賢無方，後世選官有法，惟法定而淡泊者無所容其讓，亦熱中者無所用其爭；少俊者雖不克先登，老拙者亦自能後得。雖非善法，尚近無私，可以化爭，故卒莫能廢也。蓋崔亮固不得已而爲之也。

考北魏神龜元年，明帝以崔亮爲吏部尚書，亮立停年格，因其時官員既少，應選者多，亮爲格制，不問士之賢愚，專以停解日月爲斷。又考之《北魏書·崔亮傳》，而知亮有不得已之苦衷焉。蓋是時北魏靈太后令武官得入選爲有司，前尚書李韶照常擢入，眾情嗟怨，羽林新害張彝，銓政甚難，故亮奏立此格，專以停解日月爲斷。雖復官須此人，停日後者終於不得，庸才下品、年月久者，則先擢用，沈滯者皆謂其能。亮之爲此格，緣武官得選有司，人多官少，羽林勢張，故立此格以制之也。此亮不得已之苦衷也。是以繼亮爲吏部尚書者，若甄琛、元修義、城陽王徽，皆利其便已，守而行之也。

然當時亮甥劉景安即以書規亮，略云：朝廷貢秀才，止用其文，不取其理；察孝廉，惟論章句，不及治道；立中正，惟辨士族，不考人才。至於用士之途不博，沙汰之理未精，舅當銓衡，宜改張易調，如何反爲停年格以限之？天下之士，誰復修厲名行？

亮答書略云：昨爲此格，有由而然。千載之後，誰知我哉？古今不同，時宜須異。今日之選，專歸尚書，以一人之鑑，照察天下。劉毅所云，一吏部兩郎中，而欲究竟人物，何異以管窺天而求其博哉？今勳人甚多，又羽林入選，武夫崛起，不解書計，惟可彍弩前驅，指蹤捕噬而已。忽令垂紳乘軒，責以治效，是所謂未曾操刀而使專割。又武人至多，官員至少，設令千人共一官，猶無官可授；況一人望一官，何由不怨哉？吾近面執，不宜使武人入選，請賜其爵、厚其祿，既不見從，是以權立此格，限以停年耳。

觀亮之答書，可知亮不得已而爲此矣。

然《魏書》謂此格賢愚同貫，涇渭無別，魏之失才，實自亮始。當時洛陽令薛琡即上書非之，略云：黎元之命，繫於長史。若選曹惟取年勞，不簡賢否，執簿呼名，一吏足矣。數人而用，何謂銓衡？辛雄又上書非之，略云：自神龜以來，專以停年爲選。士無善惡，歲久先敘；職無劇易，名到授官。執案之吏，以差次日月爲功能；銓衡之人，以簡用老舊爲平直。且庸劣之人，莫不貪鄙，委斗筲以共治之重，託碩鼠以百里之命。二聖明詔，寢而不遵；畫一之法，懸而不用。自此中外之民，相將爲亂。蓋官授不得人，百姓不堪命故也。

以上劉景安、薛琡、辛雄皆以停年格爲非，其言並見於《北魏書》。

又考《北齊書》，文襄始改其格。《文襄帝紀》云：魏自崔亮以後，選人惟以年勞爲制。文襄攝吏部尚書，乃釐改前式，銓擢惟在得人。才名之士，咸被薦擢，文襄改之良是也。乃唐之裴行儉又祖之，而爲長名牓；裴光庭又祖之，而爲循資格。亦以待選人多，爭爲奔競，乃立牓格以限之，亦不得已而爲此法也。《通典》固言行儉以求進者眾,選人漸多,而爲長名牓。《新唐書》固言光庭以士眾趨競,銓品枉撓,而爲循資格也。

夫停年格、長名牓、循資格三者,名異而實同,大同而小異。論其得失,實參半焉。抑新進、拔沈滯,此其得也;混賢愚、無特擢,此其失也。持平而論,得失參半。昔人或稱其能,或謂聖書,此但譽其得,一偏之論也。或訾失人,或譏致亂,此但毀其失,亦一偏之論也。規時勢而論之,奔競之世,宜用此格,以抑奔競;若平治之朝,及軍興之際,皆宜破此格。一則以識拔英賢,同襄上理;一則以超登豪傑,共濟時艱。使平治之朝、軍興之際,拘此格則謬矣;使奔競之世而廢此格,則亂矣。即如裴光庭之仿停年格而作循資格也,正墨敕斜封、名器猥溣之時,以姚宋之賢掌銓,尚且奏罷而尋復。光庭乃仿停年格作循資格以限之,亦不得已之所爲也。未幾,蕭嵩又奏罷其格,而楊國忠掌銓,遂任情廢法,都堂注唱,顛倒人才,而選法大壞,天下大亂矣。此奔競之世,不可廢格之明驗也。

宋則寇萊公不拘格,范文正主循格,杜祁公精於用格,司馬溫公善於輔格,宋之七階選人,皆主年勞而循資格。萊公掌銓,進擢惟其人。吏持例簿進,萊公曰:"誠用例,一胥吏足矣,烏用我爲?"此萊公不拘格也。然未幾呂夷簡當國,進用多私。范文正進《百官圖》於帝前,指其次第曰:如此爲序遷,如此爲不次,如此則公,如此則私。此文正主循格也。杜祁公以銓格苦繁,典銓莫能辨,吏緣爲姦。祁公典銓,令諸曹具格以白,明日,具得本末。躬平注:吏不得與,而稱平,此祁公善用格也。司馬溫公則於格之外,請在位達官人舉所知,此溫公舉賢以輔格也。誠如是也,格如淹賢,則達官可以別舉;格登不肖,則計典又可嚴懲。有輔格之舉,有繼格之糾,而格庶無弊矣乎?

至於平治之朝,誠有英賢,固當如寇萊公之進擢惟人,而不拘格;若軍興之際,尤當如武侯之辟舉公平,而不拘格。武侯治蜀,辟舉俊乂，一本公平。擢李嚴爲犍爲太守，嚴辟楊洪爲功曹，嚴未去犍爲，而武侯已擢洪守蜀郡；洪辟何祗爲書佐，洪尚在蜀郡，而武侯已擢祗守廣漢。夫武侯知賢，即立擢大郡，共濟時艱，曾不移時，何有年例乎？此軍興之際，不可拘格之明驗也。

而宋之孫洙，嘗論格弊而痛非之。其略曰：選舉之法，其失者資格之制。賢才之伏於下，資格閡之也；職業之廢於官，資格牽之也；士之寡廉鮮恥者，爭於資格也；民之困於虐政暴吏，資格之人眾也。萬事之所以抏弊，百吏之所以廢弛，法制之所以頹爛潰決而不之救，皆資格之失也。夫資格之失，始於崔亮，復行於裴光庭。行之前世，不過數十年，故其患不大；今則資格之弊，方且世世遵行矣。雖然，不無小利也，小便也。利之者，惷愚而廢滯者也；便之者，耄老而庸昏者也。而於天下國家固大失也。

葉水心又痛非之。其略曰：甄別有序，黜陟不失者，朝廷之要務也。皆欲用天下之賢者，而不以便其不肖之人。竊怪立法，常爲不肖之地，而消靡其賢才。吏部者朝廷喉舌，尚書、侍郎者天子貴近，與之以甄別天下之柄，而乃立法以付之曰：其資之先後，其祿之厚薄，其闕之多少，一切有法矣。嗚呼！與人以官，賦人以祿，生民之命，制治之本，由此而出矣。奈何舉天下之大柄，而自束縛蔽蒙之，乃爲天下大弊之源乎？

楊誠齋更痛非之，其略曰：吏部之權，不異宰相，亦不異一吏。進退百官，宰相之權；注擬百官，吏部之權。故曰不異宰相。雖然，注擬由法。法宜得者則曰應格，不宜得者則曰不應格。曰應格矣，雖貪者、疲懦者、老耄者、乳臭者、愚無知者、庸無能者皆得之，得者不之愧，與者不之難也。曰不應格矣，雖真賢實能廉潔守志之士，皆不得也。不得者莫之怨，不與者莫之恤也。呼一吏而閱之簿，盡矣，故曰不異一吏。昔晉用山濤爲吏部尚書，中外官員，多所啟拔。宋之蔡廓爲吏部尚書，廓先使人告宰相徐羨之曰：若得行吏部之職則拜，不然則否。羲之答云：黄散以下皆委。廓猶以爲失職，遂不拜。蓋古之吏部，雖黄門散騎，皆由吏部較選，當時吏部，豈止取若今所謂應格哉？願朝廷增重尚書之權，使得察百官能否。縣宰寄百里之命，守貳寄一郡之民，天下州縣居者待者之外，到部注擬者，不過三數百而已。散於三百六旬之日月，一日之注擬，亦無幾爾。一歲之間，不能察三數百人之能否，則其爲尚書亦偶人而已。月計歲計，則州縣得人，豈不十而五六，十而三四哉？或曰：尚書權重，將得行私。是不然。昔陸贄請臺省長官各舉其屬，德宗疑所舉，皆有情故，或受賂者。贄曰：陛下擇相，亦不過擇於臺省長官之中，豈有爲長官而不能舉一二屬吏，爲宰相則可擇千百具僚？其要在於精擇長吏。贄之説盡矣。精擇尚書，而假以與奪之權，得使精擇守貳縣宰，無拘文法，庶天下不才之吏可以汰，而天下之治可以復。

　　案以上孫洙、葉水心、楊誠齋三賢議論，皆痛言格弊，言誠皆是，論微近偏。不知資格固爲有弊，薦舉豈能無弊？自古無不弊之法，法久則弊生。天下固有治人，無治法也。因時用法，或防之，或輔之，庶少弊耳。

　　至金章宗亦以資格爲非，章宗嘗謂宰臣曰：今之用人太拘資格，如何得人？平章張汝霖對曰：不拘資格，所以待非常之材。上曰：崔祐甫爲相，未踰年薦八百人，豈皆非常之材與？案章宗非資格而是薦舉，引崔祐甫事，論亦微偏。夫既不是非常之人，何必薦至八百？使祐甫爲相十年，將薦近萬人。此薦舉近萬人之外，其科第、軍功諸途，復何位置耶？且薦一二非常之人，足以平治。若既爲常人，雖多亦奚爲？是爲濫進而已矣。明制，吏員資格，止於七品，舉人太學，亦復循資，其他試職實授，亦均論年資。惟開國之初，不循資格，任官惟賢耳。明代掌銓，王文端、王忠肅皆留意人才，杜絶請託。李文達頗清闒冗，奏推大員。王端毅襃獎名節，許襄毅持正不阿，張江陵善議秉銓，趙忠毅更登衆正。此皆於循年守格之外，別盡薦賢爲國之心者也。

夫格論停年，得失參半。宜因時參用，或輔或防。拘之者非，廢之者亂。創之者有不得已之苦心，沿之者有不可廢之深意。

議論平正，而考核又詳明。通體文亦有局度。

桑維翰論

朱逢甲

論桑維翰，宜與景延廣並論。延廣太驕，維翰太諂。

延廣“十萬橫磨劍”之語，太驕而固爲挑釁。維翰教石敬瑭父事契丹，而稱臣稱兒、獻地獻金，太諂而亦轉招殃。自常情觀之，則延廣驕而契丹惡之，宜必殺；維翰諂而契丹喜之，宜不殺。乃維翰被殺，而延廣不殺，而轉自殺。契丹之不殺延廣，而先殺維翰，何也？則契丹猶辨忠佞也，猶重忠而惡佞也。此固維翰所不及料也。

綜維翰之始末而論之，方唐主之疑敬瑭也，敬瑭與將佐謀。時維翰僅掌書記，既身爲唐之進士，宜勸之忠唐，而以誠悟主，即忠而被殺，死於忠也，雖死猶生也。維翰即以諫而被殺，亦死忠也，雖死猶生也。乃敬瑭畏死，維翰亦畏死，不勗之忠唐，而教之叛唐，諂事契丹。而臣事父事夫契丹，叛君而結夷。敬瑭從之，而遂篡帝位；維翰行之，而遂登相位。結夷內犯，而唐主死矣。唐之宗室妃嬪以及臣民，死者眾矣。而契丹喜其諂事，遂謂石敬瑭曰：“維翰創業功臣，無大故，勿棄也。”方是時，維翰意得志滿，其心必以爲契丹主厚我德我助我，即有人羞我笑我罵我，人誰能殺我？脫有人曉之曰：“爾必死於契丹，爾必見殺於契丹。”維翰必不信也。

嗚呼！孰知造物忌巧，天道好還？維翰巧於借契丹以殺唐主，天即借契丹以殺其身；維翰巧於借契丹以誣叛殺欲伐契丹之安重

向穹廬屈膝？"凡若此者，皆忠臣而不畏死，不聞皆爲契丹殺也。而維翰之謟事甚於奴婢，猶不免被殺也，悔何及矣！其死也，非死節也，是死謟也。夫謟而死與忠而生，其賢不肖相去何如也？

彼維翰者，巧於謀篡，巧於結夷，巧於弋相；而拙於明理，拙於全身，拙於治心。乃或猶以挑釁禍國責延廣，以睦鄰事大稱維翰，則不論其心而論其迹，不論事之本末而論事之成敗，是尤無識之甚者矣！

以晉比宋，維翰似秦檜，而延廣似武穆。此但論心之忠佞，不論事之成敗。余立論之大旨，爲中國重君臣，爲外夷防挾制，而伸忠臣之氣，以褫奸雄之魄。

惟武穆究賢於延廣，武穆能勝能死，必不至如延廣，被執不死，被囚乃死。維翰更不如秦檜，檜僅請高宗稱構稱臣，尚未令高宗稱兒稱孫。故維翰者不惟唐主之罪人，直秦檜之罪人。且不惟秦檜之罪人，直萬世之罪人。蓋自維翰結契丹內犯，自此滅唐滅晉，至宋而又有靖康之禍，皆自維翰啟之，故曰萬世之罪人也。而尚有立論稱之者，噫！僉矣。嗚呼！若敬瑭者，以契丹得國，亦以契丹亡國；若維翰者，以契丹護身，亦以契丹殺身。所謂以此始者，亦以此終。後之爲士居官者，尚其事君以忠。甯死於忠，弗死於謟，以維翰爲鑒。

　　此篇極有意見。

桑維翰論

趙引修

甚哉！君子之爲己與天下謀，不可不慎之於始也。慎之於始，而終不得其所，斯乃天之所爲，而己得以無愧於天下後世之議。若不然者，非天之所爲，乃自取之過耳。昔桑維翰之爲石晉與己謀也，蓋有以自取其過者耳。始晉高祖之稱帝於河東，由維翰與劉知遠二人贊成之。維翰從高祖以及爲相，百度寖理，人憚其嚴明。維翰固五代間奇才士也，而惜乎謀之不臧，見其利而不見其害，以滅其族而亡其國，是豈勢之必然哉？吾亦謂維翰有以自取之過耳。

何者？當高祖之初立也，懼不得其志，因欲求契丹以爲援。而維翰實主之，使言德光以利，卒成其謀，且稱臣於德光，以父事之，此其失可得而言哉！夫援人竊國，而保其不竊己也，亦已難矣。況契丹之無信，而惟利是視哉！今維翰見其小利，而不計其大害，此殆所謂以漏脯救飢者也。及德光犯京師，遣張彥澤遺書太后，問維翰與景延廣二人，亦欲割利以解兵，脅和而謀成也。而隱帝疑維翰，不使與盟，且諷彥澤圖之，維翰竟死於彥澤之手，晉亦隨以亡。嗟乎！此亦維翰自取之禍矣。

或曰：使隱帝聽維翰，重尋舊好，則維翰不死，隱帝不虜，或者晉祚可延。吾又以爲不然。

方維翰爲高祖初使契丹也，啗之以利，要爲助。則古英雄出於不得已之謀，借資於人者累有之，至稱臣而謂他人父，亦非維翰與晉甘於自卑也。維翰與高祖，實見河東之地，鄰於契丹，料晉終不足以敵契丹也。故卑辭厚利以假其威，而快數年之帝。然晉假契丹之威，以奪人天下，猶狐之假虎威以得獸食也。虎知狐假己威以得食，而保其不起貪食之心，而奪之食，豈不難哉！豈不難哉！故卒以犯京師、虜隱帝、縊維翰終。

蓋古之借資於人者，必其勢不足以制吾，則假之，否則鮮不自貽患。吾故曰：維翰自取之禍也。但維翰之爲晉謀，則終始惟一，危難不避，不可謂不忠。特其見近遺遠，知小利而不知大害，此其所以殺身而取譏於天下後世者也。

吾觀維翰，初以矢志自勵，由儒術進。然其共劉知遠贊成帝業，與古功臣策士等。故其貪污之行皆不論，而論其大。雖然，五代之亂，無完君也。終不可爲天下大道之謀，亦君子道消之日矣。如維翰者，知天下無英明賢豪之主，優游卒歲可也。喜事貪功，卒以禍死，蓋不能慎始之故也。悲夫！

立意正大。

後漢雲臺功臣次序考

艾承禧

功績之大小，名位之前後繫焉。功大者不得獨後，功小者不得獨前。本傳彰彰，豈宜少紊？乃有功績則如此，名位則如彼，有適相間而不相合者。如後漢雲臺功臣之次序，正宜深考焉。

攷漢光武中興，佐命者凡二十八將，論者以爲上應二十八宿。以鄧禹爲首，次吳漢、賈復、耿弇、寇恂、岑彭、馮異、朱祐、祭遵、景丹、蓋延、姚期、耿純、馬武。此十四人，范史分爲上列，蓋橫數之也。下列首馬成，次王梁、陳俊、杜茂、傅俊、堅鐔、王霸、任光、李忠、萬修、邳彤、劉植、臧宮、劉隆，又益以王常、李通、竇融、卓茂，合三十二人。《通鑑》因范史，誤橫數爲直數，因以馬成次鄧禹、王梁次吳漢，《綱目》因之，其間一優一劣，相間以序。如耿弇次於陳俊，寇恂次於杜茂，岑彭次於傅俊，馮異次於堅鐔，次序溷淆，固有大彰明較著者。又如馬成之功，豈能先於吳漢？王梁之德，未必優於賈復。今惟依次序正之，則功績大小、名位前後，俱犁然而有當矣。況諸將之賢否，又有本傳可證哉。

詳明。

史家天文、五行應否有志説

許壽衡

史家《天文志》《五行志》之作，所以占天象、記祲祥，關係鉅矣。或疑所志類天文、陰陽二家者言，非史家專務。且啟後世讖緯、符瑞之書，而不知非也。蓋天文、五行之不可無志也，其説有五。

古史莫善於《尚書》，《尚書·堯典》命羲和司日月星辰、寅賓寅餞，考氣候也；鳥火虛昴，定中星也。《書》固以天文爲第一義矣。舜受堯禪，在璇璣玉衡，以齊七政，《皋陶謨》亦曰撫於五辰，此《天文志》所祖也。《禹謨》六府首言五行。箕子作《洪範》，乃詳陳之，曰雨曰暘曰燠曰寒曰風以徵休咎，曰好風曰好雨以驗星辰。蓋衍《洛書》之數，而實《五行志》所祖也。其説一也。

《尚書》而下史，莫善於《春秋》。《春秋》日食必書，恆星不見必書，星隕如雨、隕石于宋、有星孛入於北斗必書。以及書隕霜不殺草，書六鷁退飛，書地震，書山崩，書大水，書蜮、書蝝之屬，二百四十二年間，不勝枚舉。則史家天文、五行爲應有志乎？爲應無志乎？其説二也。

蓋天垂象，聖人則之。體天立極，對時育物，賞以春夏，刑以秋冬。固《月令》之作，首志天文。如曰日在某宿、昏某宿中、旦某宿中是也。卒志五行，如曰某月行某令，則其應云云是也。是誠敬授人時，恐懼修省之大端。故頒在學宮，以時存肄。史者明禮者也，而謂煌煌正史，可無志乎？其説三也。

古之爲史，編年紀月，以載其事。故凡天文、五行，有關治化者，隨其年月記之。自龍門史出，剙例爲本紀、世家、列傳，以一家之言，成一代之史。則天文、五行，有不能隨年月紀者，《天官書》於是乎作。後世史家，大率以龍門爲宗，天文、五行，安得不有志也？其説四也。

夫《天文志》起於《史記·天官書》，《五行志》始於孟堅，《後漢書》無志，取司馬彪《續漢書》補之。他如陳壽《三國志》，姚思廉《梁書》《陳書》，李百藥《北齊書》，令狐德棻《周書》，皆不志天文、五行，並無他志，世議其非全史。至歐陽公起，一復馬、班之舊，故《唐書》有之。厥後，宋遼金元明史咸宗之。夫歐陽公當代偉人，識力深遠，其志天文、五行，必有所見矣。其説五也。

若以天文、五行非史家專務，則尤不可爲訓。夫史掌文書者也，安在天文、五行之書，非史家所世掌，而天文、五行之志，非史家所宜作耶？至於讖緯、符瑞之謬，乃末流之失，固不足爲天文、五行志病。是安得懲羹吹虀，並廢二志也哉？

　　頗有條理可觀。

掌故

三吳水利説

朱逢甲

言三吳水利者，先辨明三吳之地，而後可言三吳之水。考《水經》以吳興、吳郡、會稽爲三吳。《圖經》以吳興、吳郡、丹陽爲三吳，《通典》同。又《指掌圖》以蘇州、常州、湖州爲三吳。而《讀書紀數略》以蘇州爲東吳，以潤州爲中吳，以湖州爲西吳，則主《圖經》《通典》之説也，潤州即今鎮江也。然諸説不同，似不必偏主一説，今但約言江蘇之水利可矣。正不必兼及浙江，偏主何府也。

今夫言江蘇水利，當先言其水之大者。大者治而小者易治，大害去斯大利興。江蘇東濱海，引諸大水注海，使通利而無淤遏，利田疇而不害田疇，此江蘇水利之大關鍵也。水之大者，一爲黃河，向則入吳而入海，今北徙，不入境，可弗論。大江自岷來，歷數省而入吳境，由狼山口入海，此一大水也。大江於鎮江，分而南流，過蘇、常，匯震澤，是即太湖。合吳淞江、黃浦諸水，由上海之吳淞口入海，此又一大水也。淮水自河南之桐柏山來，入吳境，由淮安清江入海，此又一大水也。夫此大江也，吳淞江也，太湖也，黃浦也，淮水也，乃水之大者。其次若婁江、東江、運河、鹽河、邵伯河、射陽河、黃天蕩、澱山湖、泖湖、瀏河、白茆港之類，亦巨浸也。先此數者，通而利之，弗淤而遏之，使皆速於注海，多濬支港，以利田疇，利有害無，此江蘇水利之大略也。

而規今日之時勢言之，大江暢流，淮水無害，惟東南諸水匯於太湖，而松江居太湖之下流，宜濬松郡諸河，使太湖、吳江之水注海順利,不致阻溢,多濬支港以便引灌田疇,此要策也。昔歸震川撰《三吳水利録》,亦言吳中之水宜專力於松江,松江治而太湖東下暢,利諸水,不勞餘力。與今日水利正合,亦正合《禹貢》"三江既入,震澤底定"之意。蓋吳淞江、婁江、東江之水既入於海,而太湖乃能容而不泛溢,此至理名言,合於今亦合於古。震川生長吳中,故見之確而言之透耳。

至吳淞江、瀏河,明海忠介,國朝蘇撫土國寶、馬祜、慕天顔濬之後,則道光中苏撫陳鑾繼之。而康熙中許給諫承宣,疏濬白茆諸港,請建立石閘,以時啟閉,旱則納來潮,以蓄去水;澇則洩内漲,以遏外潮。尤善法也。

至於江北水利,在修濬五塘,以安淮、揚二郡。潦則瀦蓄,不致泛隄;旱則灌輸,兼可濟運。亦爲要策。

至於揚州下河水利,張鵬翮嘗分南路、中路、北路,三路治之。以興化爲壑,以運河、鹽河、海溝河爲絡,以射陽河爲歸墟,尾閭通而諸水安静矣。

至於運河水利,則史奭之《運河上下游議》盡之矣。而劉文正疏謂運河以壩爲來源,以江海爲去路,歸江多一分之水,即下河多一分之利,尤爲要言不煩。

而論淮安水利,在開潤河,有四利七便。則馮山公《解春集》中,上總漕徐公《開潤河書》,已詳言之。

至於海州水利,在築圩岸。則乾隆十一年,高文定、尹文端皆嘗議奏。十五年,御史胡蛟齡又已疏請行之矣。

若夫疏濬海口,水易注海,而海水有倒灌之虞,田經鹹水即盡荒蕪,則有涵洞可以防倒灌而護田疇。涵洞之制,洞門自外拴,海潮至則海水内衝,洞門自閉;海潮退則河流直走,而洞門自開。門閉則海不得入,而無鹹水以害田;門開則河無所阻,而有支港以達水。此妙法也。此法乾隆中淮南已行,而淮北未行。乾隆七年,漕督顧琮嘗疏請倣行，近咸豐中髮逆之亂，松郡之金山縣鄉間以去隄禦寇，海水倒灌，是年致田盡蕪，則以未倣行此法耳。

江甯水利，在開濬秦淮，雍正七年，鄂文端嘗疏言之。

又三吳沿海地形，高於內田，湖水因阻不得注海，名曰塒身。宋郟亶言水利六失，已首及之。沿海塒身，形如仰盂，水不能洩。自開三十六浦，沿河皆成塒身，形如圍牆，田地荒棄，沿河積水，高出丈外。而腹田旱則無路引水，潦則無門洩水。須兩頭作壩，以積清水，以拒渾潮。旱則瀦而蓄，潦則決而放，周大昭言之詳矣。曹允儒言：塒身自福山、圌山，迤邐常熟、太倉、嘉定，三百餘里。允儒嘗出太倉東門，詣茜涇，如白下七里八岡。昔人謂茜涇比蘇城崑山高丈餘，往年開各涇浦，不過三四尺止。以其地為丈尺，不以水面為丈尺。不問高下而均其淺深，欲水之東注，所謂卻行而求及前人也。此講求三吳水利者，於塒身不可不知，於高下丈尺尤不可不知。庶眾水東注於海，無阻直達耳。錢宮聲有《水勢塒身論》，言之尤詳矣。

至常州水利，則在濬孟瀆諸港，復三椻，疏百瀆，築圍田，濬溝渠。下地懼水齧之，圍田所以防也；高地利水瀦之，溝渠所以蓄也。故農諺曰：種田先岸，種地先溝。高鄉不登，以無溝故；低鄉不登，以無岸故。邵長蘅《青門簏稿》中，有《毗陵水利議》，已暢論及此矣。

至蘇、常之田，有水利而無水害，以有高淳縣東廣通鎮之五堰，即今俗稱所謂東壩是也。創議者為宋之錢公輔，單鍔采其說，著《吳中水利書》。蘇文忠以其書進呈，薦其有水學，而其說不果行。至明永樂中，蘇人吳相五始行之。正統中，周文襄又築之，而禦宣歙、金陵大江諸水，使不灌注蘇、常，自是蘇、常無水患。

今夫言三吳之水利，莫要於蘇、松而言；蘇、松之水利，莫重於太湖、吳淞江。濬其下流，多其支港，使太湖能容，吳淞能注，同歸大海，則水害無而水利興矣。蓋蘇、松地形低下，眾水所歸。不患無水，而患多水；不患水涸，而患水淹。惟濬其下流，多其支港，而太湖不溢，吳淞不遏，水田不淹，歲自豐登，年書大有矣，水害去即水利興矣。

善夫！徐旭旦之《三吳水利議》曰：議水利於三吳，與西北不同；議水利於東南之三吳，與東南各省不同。浙西之田，低於各省；蘇、松之田，又低於浙西。環以太湖，緜亘數百里，達於三江，以入於海，尤東南巨浸也。故治水田者，築而爲圩，捍而爲圍。不患水之不入，而患水之不出；不患水之不足漑田，而患水之反足以害田。古人所以於江之南北，爲縱浦以通其流；又於浦之東西，爲橫塘以疏其勢。使田不受水，則水自有所歸；水有所歸，則水不浸田，而田亦治。蓋天下之田，大概資水以爲饒；三吳之田，大半捍水以爲利。興三吳之水利者，當去三吳之水害，害去而利自興，去三吳之水害者，當分三吳之水勢，勢分而害自去。列澤中匯，瀦而爲湖，無以洩之，勢必乘高而橫溢。故其下流分注，導以入海，既有松江，而又有東北流之婁江，又有東南流之東江。今者微塞，宜擇其便利之處，視江之可濬者濬之，浦之可開者開之。下流既分，則上流自平矣。引湖達江，引江達海，歸宿有地，水不爲害。蓄湖水以漑田，洩田水以入湖。節宣有方，水不爲害，而自爲利。其論最爲透徹。

又俞蘭臺《三江水利萃言》，則謂治太湖、吳淞江尤當治吳江之咽喉。其略曰：今太湖下流水勢，獨有吳淞一江耳。輔吳淞者，有松江之大黃浦、嘉定之劉家港、常熟之白茆港，皆與吳淞爲表裏。明夏原吉以吳淞江下流難開，止開安亭等浦，入劉家、白茆二港，使直注江海。至今黃浦通利，而吳淞江東半截，其勢就湮，然入海處，界上海，依然如故，但細弱耳。此吳淞江所以不可不開也。

郟亶以爲今究水利，必先於江甯治九陽江五堰，治丹陽練湖、宜興滆湖、江陰港浦入海。如此則西北之水，不入太湖爲害。治華亭柘湖、澱山湖，障遏並與開通，達諸港浦。如此則東南之水，不入太湖爲害。仍開浚吳淞江，開常熟之許浦、梅里浦，決無錫之五卸堰，使入揚子江。則水患可息，民田可治。凡此皆不專力於吳淞江，而實所以分殺太湖之水。太湖之水，既有所分，而吳淞江乃能獨承其下流，不至於壅噎不利。此治吳淞江之大略也。

然今又有說。夫太湖由吳淞江以達於海，而吳江縣治，東西南北，實當咽喉之地。治水而不治其咽喉，則必有腹心潰亂之虞。今縣治北有夾浦，南有長橋河及三江、仙槎等六橋，東有龐山等湖，西有梅里諸港，泥沙漲塞，漸成石田。又太湖東南一角，悉爲茭蘆叢生之地。此湖水所以不能急趨於吳淞江以入於海，一遇暴漲則橫潰四出。今欲救治，遷沙村之民，疏淤導滯，使江尾與湖相接之地，不復有所壅遏。如人呼吸食息，不至閉塞其咽喉。此又今日治吳淞江之大略也。此亦確有卓見之言也。

又上海張青珂《平圃遺稿》中有《再陳吳淞江應濬條議》一篇，所言不可不濬三條，其言亦辯。又錢宮聲有《吳淞江論》一篇，取嚴衍之言，與海忠介取深不取闊之意合。

至上海水利，上海褚秋蕚《寶書堂集》中有《滬城水利考》一篇，已言其略。其大旨謂昔則吳淞江闊，黃浦附江入海；今則黃浦爲巨，江附浦入海。故言水利，蘇州專治江，松江治浦而兼治江，上海必略江而專治浦。其言入海也，謂海有三沙，當衝一擊而返，迴入內地，受害在浦口入海處。既欲驅浦以入海，勢不能作壩以斷浦。惟有於浦之兩岸，築土塘以捍其奔突，疏汊港以消其洶涌而已。其言亦可備一說。

至於上海之肇嘉濱水利，上海曹鍔庭《四焉齋集》中有《開肇濱議》一篇，所言六條，皆有實際。

他如元和水利，則沈文慤《歸愚文鈔》中有《元和水利議》一篇，論極精詳。謂上流且疏，下流宜洩。以太湖所受諸水爲上流，以吳淞江、婁江、黃浦、白茆，承注入海者爲下流。謂上流譬咽喉，下流譬尾閭，境內太湖諸水爲腹。咽喉不入，尾閭不通，固病；然使咽喉可入，尾閭可洩，而腹中飽滿，不能承受達下，亦病。其所言五弊、條列四事，皆名言也。

又如常熟水利，則陶貞一《退庵文集》中有《常熟水利説》一篇。蓋取其邑諸生朱玉鉉兄弟之説爲多。大旨謂福山入江近，白茆入海遠，況海鹹江淡，禾苗畏鹹，宜改道由福山入江。又欲修范公隄，析言高鄉、低鄉急務。欲創開十字、丁字、月樣、弓樣等河，以救旱澇。又駁楊循吉之説，欲引低處之水，以刷高處之沙，洩諸六七十里外之海口，譏爲書生不察形勢。此確有所見，初非妄議前人也。

至於婁江水利，沈文愨有《婁江水利考》。謂婁江自蘇郡城東，過唯亭，歷崑山，經太倉，環城南而東，漸達於海。其間最大者曰劉家港，亦曰劉家河。俗云劉即婁，婁者劉也。按文愨謂婁江，即劉家河，今俗又稱爲瀏河。婁與劉、瀏，音近而訛也。文愨以三十六浦既開，海潮互入，湖水之少，不敵海水之多，有壅塞之患，欲於上流多開河港，以殺其怒，引河以灌注於三十六浦之間，庶泥沙不積。其説亦是。

又論劉河水利者，有張丹村《上魏中丞議濬劉河書》。其言劉河故道，吳家墳至十八港僅三里，後改從老虎灣，繚曲約二十餘里。因海潮衝擊，故紆曲以殺其勢。但水道既曲，則海潮逆流而上者固緩，而河水之順流而下者亦緩。緩則沙停，停則河淤。咽喉一哽，上下皆病。今若改歸故道，不但河水建瓴而上，且挑濬三四里，較之二十里，工費已省數萬。其言亦似近理。

至白茆水利，考陶貞一《開白茆議》，謂白茆既開旋塞，終歸無益。不若濬白茆裏河，至北港口，導之北轉，歸於徐六涇以入海。詳言其便利有三，此真善於通變者也。而王東漵《柳南文鈔》中亦有《開白茆議》，又謂開白茆有三害。前明故道闊且深，期洩瀉易也。今既不能洩瀉，闊深何益？莫若於白茆傍塘之田，按畝起夫，照陳碻庵《開江議》，佃户出力，業户出工食。其闊以二丈至丈五尺而後止，其深以四五尺至六七尺而止。但期可通舟楫，可資灌溉。則其工易集，而爲費無多。至既浚之後，又當築壩海口，外以捍濁潮，內以蓄清水，則三害可免。又言入海之道，今徐六涇日塞，潮汐幾阻。而海水轉入滸浦，其流漸深。滸浦本爲四大浦之一，與白茆等。今白茆既塞，即大開滸浦，以當尾閭之洩，是亦因時制宜之一法也。按入海之道，陶貞一既改白茆爲徐六涇，王東漵又改徐六涇爲滸浦，勢屢變則法亦屢變，是真善於變通。言水利者，豈可泥古而執一，動言復故道哉？

然若前人成法，別有深意者，如明耿橘爲常熟令，於白茆海口築壩，不建閘。而築壩殊駭庸聽，乃決壩實有四害，去壩而即致淤。陶貞一《書東鄉築壩議》、吳卓信《論去白茆舊壩説》，言之詳矣。然則成法別有深意者，又不可輕言改變也。

且夫言水利而論有異同者，古今甚多。即如建閘去閘之利害，議者已紛紛矣。考宋之范文正、郟亶、郟喬皆主建閘海口，以禦海潮爲利。而明之張榘，則謂不必用閘。國朝顧起元撰《去劉河七浦新閘議》，則謂吳地平水，不必建閘，并言閘之害有三。而張宸撰《吳淞江建閘議》，又言建閘之利，議置三閘，并言五利。黃與堅撰《劉河建大閘記》，亦言閘有五利。惟分別言之，言閘當置於外，以遏海潮；不可置於內，以阻清水。論較持平，切中事理。按海口之閘，當常閉以禦海潮，不當常啟以通舟楫。曹一士《上陳中丞吳淞閘善後議》，欲於吳淞閘，常閉以遏海潮；於少西金家灣，別建閘以通舟楫。此爲兩得，誠明通之論，而非偏執之言矣。

且夫言江蘇水利，宜上溯聖經，以探其源；再考羣書，以詳其説；更證身歷，以核其真。庶學有本，識不偏，事可行。

上溯聖經者，《禹貢》爲言水利之祖。其言揚州，即今江蘇也。

《禹貢》言"三江既入，震澤底定"，僅二語耳。而後人釋二語、辨三江。《禹貢錐指》所采諸家之説，多至二萬餘言，則以聖經語簡而義宏也。今諸家言濬吳淞江、婁江、黃浦、白茆，引之入海者，僅完得"三江既入"一語；言濬太湖諸水，引注三江者，僅完得"震澤底定"一語耳。探其原而得其意，勝於後賢之書千萬矣。先詳考之，庶學有本矣。

但古聖之書略，後賢之書詳。則歷代言三吳之書，宜進而博考，以廣識見也。《水經》及《注》，詳北略南，於三吳尤略，可置勿論。若宋范文正《上宰相書》，論三吳水利，言修圍、濬河、置閘極精。郟亶言三吳水利，備論六失六得，至言治水以治田爲本，尤爲探本之言。單鍔之《吳中水利書》一卷，以三十年身歷而成書，確有見地，可見施行，蘇文忠爲之奏進。後明之夏原吉、周文襄皆祖其法以奏大功。此宋人言三吳水利之書，可備參考者也。明常熟知縣耿橘撰《吳中水利書》，詳載開河法、築岸法、建閘法，規畫至精至當。姚文灝撰《浙西水利書》，雖書題浙西，然浙西之湖州，即三吳之西吳。書中所言水利，兼及蘇、松、常三府，亦足備參考。歸震川之《三吳水利録》四卷，采前人論七篇，自作論二篇，附以三江圖，謂吳中之水，當專力於松江，尤爲破的之論。又如張内藴、周大韶同撰之《三吳水利書》二十八卷，先列七府總圖，次詳諸水源委，事紀前明，形勢與今多合。以及陳瑚《開江議》之類，此明人言三吳水利之書，亦可備參考者也。又如國朝徐旭旦之《三江水利略》、錢中諧之《三江水利條議》、俞蘭臺之《三江水利萃言》、錢泳之《三吳水利贅言》、沈文愨之《婁江水利考》、史壽平之《淮揚水利考》、褚華之《滬城水利考》，若此之類，皆國朝言三吳水利之書，又可備參考者也。惟博考羣書，斯識不囿於拘墟，法可擇其尤善耳。

然時世每有不同見聞，亦難盡信。泥古則窒，偏執則迂。惟身歷以相參，庶變通而盡利。則親歷爲尤要焉。河督康基田左遷爲太倉牧，濬瀏河口及七鴉浦，復舊閘浦，爲出海之口。閘去海三里，閘門三空，潮來下版，故能蓄清水而拒海潮也。基田旋攝松江府篆，濬華婁、南青諸縣之塘，民皆頌其立法之善。先是，前明青浦令鄭友元議定築浚事例，業主出米，佃戶供役。日久弊生，蠹吏豪強，借以斂錢代役，誅求入橐，不歸實用。疏未及半，即放水，旋淤如故，鄉民慣受其欺。是以每一濬河令出，輒畏縮不前，飾辭懇免。基田習知其弊，嚴行禁止，親宿田間，往來論導，惟各照田出力，不復斂錢。民始曉然信爲實事，甫三月而工竣。是年大旱，而松郡大熟；旋霪雨兼旬，而塘濬不溢。則基田預講水利之功也。道光中濬河功竣，以成案爲書。近來鎮江濬河、吳江濬河、華亭之曹涇濬河，雖其得失不可知，而既或淤或濬，則已與前人所言不同。未可據紙上之空談，謂盡符目前之實事也。

且今言水利，有出於前人所言之外者，可參用新法。今西國濬河機器，較中國之鐵掃帚、渾江龍、犁船，爲尤利用。倘用以開濬，費省時速，事半功倍。況李爵相業已試行，則言江蘇水利，何不亦試行乎？總而言之，博考羣書，乃異無稽之語；加以親歷，更非泥古之言。更博訪而虛衷，庶變通以盡利。且念有治人無治法，擇正人而共事。以此言水利，庶幾有利無害矣乎！

　　博引羣言，折衷至當。知非爲紙上空談者。

西北邊防論

邵如林

天下治已成之亂易，防將成之亂難；止亂於目前易，弭亂於日後難。西北回部反覆，戎狄覬覦。地勢遼闊，則控馭不能周；兵費浩繁，則軍需不能繼。籌防於今日，固難之尤難矣。然戎人狡焉思逞,則陽爲魏絳之和戎,陰設兵備,相機以制伏之。兵餉不足,則法趙充國之屯田,無事則耕,有事則戰,相與持久,以死守之。邊多奸民,則爲范仲淹之靜鎮,撫之以恩信,繩之以刑法,以冀其感化而歸附之。毋輕舉以開兵釁,毋懈弛以生戎心。務使無隙可乘,有備無患。反側者懾我之威,歸附者懷我之德。養其精銳,充其糧儲,一旦財富兵強,戎狄可驅也,匪民可勦也。亂可禁於將成,而并有以善全於日後。全在膺封圻之任者,勞苦其心,堅持其志,則所謂難者不難矣。又何功之不可立,而何敵之不可摧哉!

西南邊防論

邵如林

西南邊事,與西北略殊。山水較險阻,民俗較難治。握其要以圖之,莫如慎守關隘,恩結土司。關隘戒嚴,則鄰國不敢窺伺;土司歸附,則化外皆爲我用。而又嚴行保甲,以緝奸匪;申明鄉約,以化風俗。敵人生釁,則我兼有人和地利,而治外夷之死命;邊圉無事,則民莫不畏威懷德,而境内皆如一家。人材可用,獎拔之以樹干城;愚氓歸誠,收録之勿分畛域。隸我版圖者,即有小釁,總宜撫而不宜勦,待不受撫而勦之,未爲遲也;窺我疆土者,總宜嚴拒而不宜寬縱,若稍縱而至於不可拒,則悔已晚矣。存孔明治蜀之心,行陽明南贛之法,民心不可失,土司先與和,防守須加嚴,機宜貴善審。治邊如此,思過半矣。

今時西北、西南形勢與昔迥殊。諸卷所論,特回防、苗防耳。作者獨見其大,足徵遠識。

剌麻教論

郁震培

爲治之道，惟期民之復於善而已。顧邊地之民與中土異，強悍之性，往往王化遽格者，亦王化不能徧及。苟有不背於理，足以與民爲善，雖屬異端，亦爲盛世所包容而無不可，借其教以馴悍俗，如剌麻教是已。攷蒙古五十一旗，及西北喀爾喀四部，皆宗黃教。黃教者，即今之剌麻教也。剌麻僧出於西藏，教主稱爲達賴剌麻。即蒙古王公等，亦嘗遣人赴藏延請剌麻誦經。其習歷久而不變，邊地崇信其教實深。昔人謂其論輪迴因果報應，與古德神不滅論合；其論刧初形狀、天地眾生日月、種種出生次序，與《樓炭經》合。其書與符印明合，其諷咒與聲明合。漠南漠北之人，未嘗不知之甚悉、信之甚深，其由來久矣。夫北方風氣剛勁，俗皆獷悍，文德與武力，既不足以馴其氣，惟得神道設教之人，以懾其剛猛暴戾之性。庶愚氓習聞因果報應、天道不爽，則化剛爲柔，惕於心而默除暴戾，歸其化而悉入善良。是則剌麻一教，亦以濟聖化之所不及者也。故自古迄今，亦聖王所不禁。識者謂數百年來，沿邊民庶藉以消兵革之禍，而獲生全之樂者，其教亦與有力焉。然則剌麻崇奉佛教，而西北之部落即崇奉剌麻之教以安其俗、以保其生，是亦借其教以撫馭遠人之上策也。

剌麻教馭蒙古爲攻心上策，昔人論之甚詳，文頗得此意。

問：社倉、常平倉、義倉之制，
與今日辦理積穀，孰爲得失？

朱逢甲

《禮記》言耕餘，《周禮》言委積，《管子》言守穀，意主重流。李悝言濟飢，策主平糶，漢之耿壽昌本其遺意，而倉設常平，法至善也。義倉始於長孫，社倉始於朱子，法尤善焉。

若今辦理積穀，竊以地方公事，未嘗與聞。不知其法若何？意旨若何？昔乾隆中，余廷燦《存吾文集》中有《富民篇》，創議積穀，於常平、義倉、社倉之外，別立一法。意主諷諭富民，自積其穀，貯之於家，出入斂散，不得以顆粒與官。自謂根本之計，以佐常平、義倉、社倉之不及。意亦可取。今之辦理積穀，如類是歟？則亦善法也。又道光中，張鐵夫《小安樂窩文集》中有《積穀會議》一篇，謂官爲之計，不如民自爲計。因約同人，爲積穀會，不拘貧富，更簡便而易行，較余存吾之法更善矣。

綜論得失，常平之穀，官主之；義倉、社倉之穀，民主之。官主則易虧空，民主則易稽查。似義倉、社倉之法，更善於常平也。常平在城，糶穀僅及在城；社倉在鄉，糶穀僅及在鄉。兼設則並濟，偏主則偏枯。若余存吾富民積穀之說，則自儲於家。張鐵夫積穀會之說，則即儲其鄉，似更有益無損者也。

然此數者雖皆善法，而法久則弊生。弊以人生，立法之初，正人行之而利溥；行法既久，貪詐行之而弊滋。所謂有治人無治法也。

析言得失，如常平倉，壽昌立法之初，穀賤則增價而糶以利農，穀貴則減價而糶以利民，誠法良意美。故後王安石廢常平倉，行青苗法,司馬溫公爭之曰:凶年飢民所賴者,常平倉錢穀耳。今盡作青苗錢,散青苗錢之害尤小,而壞常平倉之害實大。蓋溫公甚惜其壞此良法,乃法久弊生,常平亦不能無弊。劉般已言侵刻百姓,豪右爲奸,小民不得其平矣。厥後大弊有三:一曰州縣虧空。閱交代摺則有穀,查常平倉則無穀,非以霉爛爲詞,即以虛款列抵。邇者曾文正因某州縣饑荒,命地方官糶常平穀以濟,地方官轉以不成災毋須濟爲詞。其實倉無粒穀,虧空已久矣。且大吏即知其實,相沿已久,歷任積虧,似此者多,何忍遽興大獄?則亦姑置而已。二曰牙儈冒糶。平糶之時,倉既在城遠鄉,老弱婦孺豈能遠糶而沾升斗之惠?沾惠者,城民而已,且城民亦不能盡沾也。道光三年水災,松郡常平倉平糶,婦孺擁擠不前,半爲米商令多人糶去。及官知而給票,令地保散給百姓,地保又以票售米商,弊固防之不勝防也。要惟令親信之人,按户給票,斯無弊耳。三曰采買米貴。既平糶,必買補。而采買之時,無論或有抑勒也,采買既多,米價必驟騰貴,於是貧民食米,未受平糶之恩,轉受米貴之苦矣。然得人而理,則諸弊皆無。常平固善法也。

至義倉得失,隋長孫平立法之初,令當社軍民出粟,共立義倉。約上户一石,中户七斗,小户四斗。即令社司管理,當社飢饉,即以賑給。自此法行,而隋末積儲,可供五十年,則利甚溥也。夫常平主於官,最易虧空;義倉主於民,則易稽查,法似較常平爲尤善。且常平在城,平糶但及城民;義倉在鄉,賑給可及鄉民。二者不可偏廢。故唐宋及元,皆相輔而行也。義倉主義,元趙天麟云:義倉,凡子粒成熟之日,納則計田畝之多寡,出則計口數之多寡。非惟其相賑救,而義風亦行。至國朝乾隆十八年,方敏恪爲直督,奏請設立義倉,進呈《圖説》。計直隸一省,共設義倉一千有五處。德保作《圖説》之序,言行僅十數年,積穀已四十萬石。仁人此舉,其利博哉!敏恪之疏,其略云:積儲爲本計所關,推行惟義倉尤便。鄉村分貯，則斂散可以隨時；典守在民，則吏胥無由滋弊。地近其人，人習其事，良以官之爲民計，不若民之自爲計。故守以民而不守以官，城之專爲備，不如鄉之多爲備。故貯於鄉而不貯於城，其輸之也不勞，其散之也易徧，其操之也不迫，其察之也易周。是以積久而蠹不生，施博而澤可繼。雖有水旱不齊之歲，而無倉皇四出之民。按義倉之益，敏恪此數語盡之矣。考其時之定法，取息計年之上下，歲收八分以上，加一息米；六七分以下免息；五分以下，緩至次年，分別加免。或遇歉歲，即於倉設粥廠，極貧民賑粥，次貧民賑粟。一鄉之貯，足救一鄉之飢。使民知猶積於家，既無胥役之侵擾，亦無往來道路之苦，誠善法也。又考道光三年，陶文毅時爲皖撫，亦曾疏請設立義倉。其大旨謂以本境所積之穀，即散給本境之人。一切出納，聽民自擇殷實老成管理，不經官吏之手，其所立章程十三條，亦多可取。惟謂不必出陳易新，以求滋長，不必春借秋還，以權利息，則恐徒滋朽蠹，似覺稍拘耳。按今蘇、松、太三屬義倉，松江府義倉，在城不在鄉，似法猶未善；蘇、太二屬，亦未見鄉有義倉。至於創立改建，則惟望在上之仁人矣。惟義倉最重者，司事最忌者，官預司事，須殷實者爲之。昔道光中，松郡義倉董事二人，一爲某太史，一爲富室沈氏。太史虧空，沈氏賠補。今沈氏已貧而其姪孫登進士第，人以爲天之報施善人也。至官預則有損無益，昔人已詳言之。此義倉得失之大略也。

至社倉之得失，社倉與義倉，名異而實同，方敏恪已言之。昔長孫平創義倉，言當社立倉，是社倉即義倉也。今義倉間有官預，社倉則盡民主，此稍不同耳。社倉始於朱子，其法盡善盡美。初借常平米六百石，請劉如愚共任賑貸，夏貸冬償。遇歉，蠲息之半；大飢，則盡免蠲之。凡十四年，得息米三千石有奇。以六百石還常平倉，餘米設立社倉，不復收息，每石僅耗米三升。一鄉之中，雖遇凶年，人不乏食，此固較常平之平糶尤善也。其聚其散，皆社長主之，而官不預焉。惟其法善，故陸象山編其法於賑恤書，真西山更仿行之。或謂社倉與青苗法，名異而實同，不知有六異焉。社倉主濟民，青苗主聚斂，異一。社倉僅加耗米，青苗則加重息，異二。社倉給穀，青苗給錢，異三。社倉在鄉，青苗在城，異四。社倉主以鄉人士大夫，青苗主以官吏，異五。社倉則願領，青苗則抑勒，異六。故社倉有利，而青苗有害，此其異同。朱子之《金華社倉記》已自言之。蓋行法在人。朱子行社倉法，所與共事者，劉如愚輩皆正人，行以惻怛忠厚之心，故利溥；安石行青苗法，所與共事者，呂惠卿輩皆小人，以掊克刻薄之心行之，故害大。宜其法相近，而效相遠也。至國朝雍正二年，九卿條議，社倉穀石，民隨民便，州縣官止許稽查，毋許干預。乾隆十五年，岳濬之《社倉與古異同疏》所議十一條，頗爲詳密。然法久弊生，弊不能無。如乾隆三十五年，李湖之《酌定社長章程疏》云：社倉之裨益固多，而辦理社倉之流弊，正復不少。江蘇民情巧僞，事熟弊生。胥吏鄉保，與社正副聯爲一氣，就除弊之科條，轉而爲滋弊之塗境。其所議防弊六條，極其精當。講求社倉者，不可不知也。至晏斯盛之《請分常平爲社倉疏》，意本朱子，似可仿行。而其言曰：立法過密，則累深而益淺；爲程稍寬，雖有弊而益利。此仁人之言，亦深於閱歷之言，誠名言也。雖堯舜之法，行之既久，不能有百利而無一弊。行法者，在權利弊之輕重，弊百利一者弗爲，利百弊一者爲之。苟非其人，雖本《周禮》之法，以安石行之爲青苗，而弊百無一利也；苟得其人，雖類青苗之法，以朱子行之爲社倉，而利百無一弊也。然使今行社倉之法，而用類於安石之人行之，安見有利無弊哉！則行法擇人焉可矣。

今大亂之後，社倉盡廢，似宜舉行。然兵燹之後，元氣未復，勸捐既難，籌款不易。則似宜先仿行張鐵夫之《積穀會議》，所言積穀之法，較爲事簡而易行。夫立法先求簡易，易則易知，簡則易從。若鐵夫所言積穀會，則不拘二三十家、四五十家，成數不拘，樂從不强，耳目既近，侵蝕易知。貧荒酌散，無官司之掣肘，無吏胥之擾煩。且民皆曉然於爲民，又無假公濟私、從中漁利者，似爲有得無失。

至余存吾富民積穀之説，似可行於太平富盛之時，不宜行於亂後困貧之日。江蘇昔稱富庶，今大亂之後，富者多貧，貧者益貧。既鮮巨富，而遽欲試行，恐陽奉陰違，有名無實。即人情而論之，今之所謂殷實者，不過田租所入足敷今歲之用而已。欲其穀入不易銀，不爲自己歲費，積之不動，而備濟他人，恐勢必不行。且萬一牙儈囤户，詭冒富户，公然居奇，則米價必驟貴，民且轉苦之矣，而富户亦受有穀不得濟用之苦。此其説不可行於今日者也。

　　論古今倉儲得失，洞若觀火。立法先求簡易一語，尤爲破的。

論舉孝廉方正

邵如林

嗚呼！國家之取才亦多術矣。三年大比，士皆得以文學進，而猶恐有遺才也。則設拔萃科，縣選一人焉以貢成均，而猶恐懷才者見售、脩行者不彰也。則又設優行科，以取經明行脩之彦。近來校官報優，以歲科考績爲憑，已非朝廷設科本意。而歷逢改元之年，詔奉孝廉方正，所以爲扶翼世教、表式地方計者，至深且厚。直省臣工，宜如何仰體上意，覈實舉行。乃舉之者非其人，或有其人而未必舉，蓋有司之視爲具文者久矣。

子曰："十室之邑，必有忠信。"雖孝如閔曾、廉如夷齊、方正如程朱者，晚近誠難其人，然豈無天性純厚、宗族鄉黨稱孝弟，與夫潔身自好、不預非分之事、不取非義之財，而言規行矩、不敢踰閑蕩檢者乎？是即所謂鐵中錚錚、庸中矯矯者。人習浮僞，彼率天真；人習時趨，彼登古道。上之人不加尊禮，庸俗皆戲侮而揶揄之。誠能舉此應詔，俾人人知內行宜脩、本分宜守，不於士習民風大有裨益乎？

嗟乎！世運至今日，其隄防振作之者，不可少矣。無論閭閻之孝行無聞，甚有謬居於鄉，人皆稱之爲孝廉，而父子析居者。他如寡廉鮮恥、狗苟蠅營，更有忝附衣冠，而市井之不若者。方正不容，邪僻日熾。又有以名士風流自命，而肆無忌憚、敗俗傷風者。國家開孝廉方正科，誠爲末俗頹風，不能戶説以渺論，而特爲之樹其表式，藉以興一而勸百也。今天下之人牧，其孰從而體此意耶？

或曰：如上所謂孝廉方正者，其人類皆性情肫摯，厚重少文，不免拘謹質樸，不適世用耳。然求用世之才，自有科目之士在。其所以舉孝廉方正者，猶是古時鄉舉里選遺意。《書》曰：“表厥宅里，樹之風聲。”蓋將以風勵世俗，而維持名教云爾。

郡縣牧令校官，誠默會斯意，鑒別而薦舉之，以爲四境矜式，吾知天良同具，必有聞風興起，而世道人心蒸蒸日上者。誰謂孝廉方正之科爲虛設哉！

論既明通，詞尤淵雅。

廣儲使才議

馮一梅

春秋時列國兵争，羣雄蠭起。賴二三才辯之臣，通使其間，以息戰伐而全民命。於是向戌弭兵，端木連騎，莫不爲諸侯所倚重。至漢而北患匈奴，西結月氏，遂致數萬里外，使節不絶於道。而博望侯張騫、典屬國蘇武，嘖嘖人口焉。竊謂使才之所以足重，不徒爲兩國求和計,而且爲交兵決勝計也,嘗讀《孫子·用間篇》而知之。孫子云:"明君賢將,所以動而勝人,成功出於眾者,先知也。先知者,不可取於鬼神,不可象於是,不可驗於度,必取於人,知敵之情者也。故用間有五:有因間,有内間,有反間,有死間,有生間。"使臣者,即孫子所謂生間者也。葢敵之强弱虛實,無使臣於其國,未有能知者也;不知其虛實强弱,未有不惟敵是懼者也。然而僅以一二人散布於敵國,未必能盡知敵情也。此使才所以當廣儲也。由此論之,欲得使才,必先求其熟於翻譯,善於鈎距,應對便利,機變不測,善能逐事會心,足以探敵之情實,以之爲使,而并可爲間者,上也;氣節骨鯁,視死如歸,不爲威脅,不爲利餌,能不降身以辱國者,次也;僅能委婉其辭,苟且隱忍,以圖安於目前者,又其次也。得其二次而後,可以與敵和;得其上者而後,可以與敵戰。不此之求而茫然以從事,議和議戰,均無益也。《孫子》又云:"相守數年,以爭一日之勝,而愛爵禄百金,不知敵之情者,不仁之至也。"是和固不可無使才,而戰尤不可無使才也。謹議。

　　確有見地。

算學

假如有大小不等三圓，令三圓周
相切，並切一直線上。知左右兩
圓徑，知兩圓與直線相切之點之
距，求中圓徑

沈善蒸

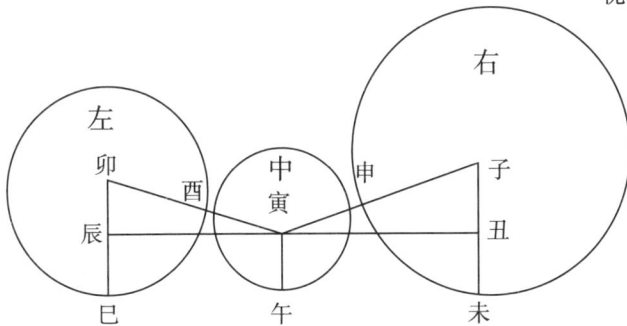

術曰：如圖，子丑寅句股，名爲大句股。卯辰寅句股，名爲小句股。而丑未辰巳均與中圓半徑等，其數皆未知，命以天代之。又右圓半徑子未內，減去天，即是大句子丑。加天，即是大弦子寅。左圓半徑內減去天，即是小句卯辰。加天，即小弦。而大股、小股之和丑辰，即與所知兩圓切直線之點之距相等即未巳。依此理可得代數公式如左。再命右圓半徑爲甲，左圓半徑爲乙，兩圓切直線之點之距爲丙。則大句冪爲 甲二丁二甲天⌊天二，大弦冪爲 甲二⌊二甲天⌊天二，大股冪爲四甲天，小句冪爲 乙二丁二乙天⌊天二，小弦冪爲 乙二⌊二乙天⌊天二，小股冪爲四乙天，大股小股相乘爲

$\sqrt{\text{四甲天}}$ $\sqrt{\text{四乙天}}$，即 $\sqrt{\text{一六甲乙灭天}}$。又丙既爲大小股之和，則 丙二 內必

涵大股羃一、小股羃一。大小股相乘積二，故得 丙二 ，左右各自乘，得

$$\text{丙四}\ulcorner\text{八甲天丙三}\lrcorner\text{一六甲二天二}\ulcorner\text{八乙天丙三}$$
$$\llcorner\text{三二甲乙天二}\lrcorner\text{一六乙二天二}\Big\} =\text{四}(\text{一六甲乙天二})\text{相 消}，$$

得 $\text{丙四}\ulcorner\text{八甲天丙三}\lrcorner\text{一六甲二天二}\ulcorner\text{八乙天丙三}$
$\ulcorner\text{三二甲乙天二}\mid\text{一六乙二天二}\Big\}$ 爲公式，合問。

圖解明晰，布算尤詳。

本弧正切，等於倍弧餘割、餘切之較；本弧餘切，等於倍弧餘割、餘切之和。試作圖以明之

沈善蒸

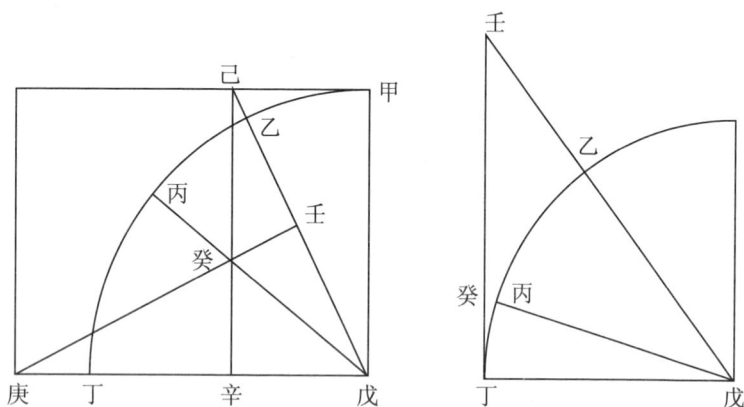

解曰：如圖，甲乙爲本弧，甲乙丙爲倍弧。而戊壬庚形內之諸線諸角，與己壬庚形內之諸線諸角各爲相等。則是甲己、己丙、戊

辛皆爲本弧正切，丙庚、辛庚皆爲倍弧餘切，己庚、戊庚皆爲倍弧餘割。乃本弧正切，等於倍弧餘割、餘切之較之理自明矣。又如後圖，壬戊癸角與戊壬癸角等，壬癸與戊癸等，則是戊癸、壬癸皆爲倍弧餘割，癸丁爲倍弧餘切，壬丁爲本弧餘切。乃本弧餘切，等於倍弧餘割、餘切之和之理亦明矣。

　　圖理甚明，説嫌稍略。

輿地

汶、衛濟運論

范本禮

元都燕京，仰給東南。苦轉運之不便，乃用韓仲暉言，引汶絶濟。自安民山開河至臨清，直接衛河，名會通河，此運河所由昉也。夫古人因水爲利，意亦良美。然失水性之自然，而惟藉人力以制之，後人又用之不得其道。故利之所在，害即隨之。大抵運河淺狹，不能容水。患不在不足，即在有餘。不足則害在運，有餘則害更不止在運。然用汶兼用泗，汶、泗交濟，本無不足；用衛不用漳，漳、衛分流，又無有餘。

古人創制之初，經營措置，何嘗不盡善盡美哉！夫汶之濟運，始於元之畢輔國，而韓仲暉繼之，明之宋禮成之。考畢輔國之引汶入泗也，建金口壩，開金口閘，引泗爲府河至濟甯。又築堽城壩，開堽城閘，引汶由洸河至濟甯。又以濟甯之地，北高南下，恐水之易南而難北也。於是乎建天井閘以遏其南，建開河閘以放其北。其於地形水勢，籌之熟矣。至宋禮用白英之言，改築分水口於南旺，而築壩於戴村，自是專資汶水，已失汶、泗兼用之意。然猶使汶水七分北行，三分南行。故自南旺至臨清，尚不患不足；自南旺上下閘建，而水之北行者少。安山袁家口、戴家廟三閘建，而水之北行者愈少。故南旺以北，水恆苦絀，其獘在損之又損。我朝張清恪公，欲浚府河，改分水口於南旺北。使南旺以南，泗出全力；南旺以北，汶有專功。雖改築分水口，役煩費重，勢所難成。而挑深府河，師畢輔國汶、泗兼用之法，未始非補偏救獘之道也。乃清恪未行以泗助汶之説,而反開以漳合衛之道,則又執一不通之故也。夫古人濟運獨取汶、衛者,良以汶、衛水清,無潰溢淤塞之病耳。泗清故亦可引,漳濁則斷不可用,其勢然也。清恪不知水勢,而好以多爲利,是以引沁入衛。議雖不行,而引漳入衛,卒啟大患。原其引漳之意,不過欲藉漳助衛,豈知衛弱漳強,衛不足以容漳,漳適足以奪衛。貪目前之利,開無窮之害,其斃又在益之又益也。損所不當損與益所不當益,均害也,而益之害大。故河府之濬,可從其緩;而漳河故道之復,當處其先,所謂急則治標也。

顧説者謂漳河正流歸甯晉泊,其支流則至青縣南,由運入海,是漳終不能不入運也。曰:漳至青縣南,減水河即在其東,可以暢行入海,非若臨清至四女寺,經行四百餘里也。漳歸故道獨行,溜勢稍順,非若與衛合之勢盛也。且於入運之處,建立插座。冬春水少,則啟插分漳,以濟汶、衛之窮;夏秋水大,則緊閉插洞,俾漳水自行入海,而漳、衛合流之處,築壩堵塞,如此奚患有餘?至於南旺上下閘,啟閉有法,使水常蓄於北。更以挖河機器,挖通府河,復引汶入泗之道,挖深南旺。使能多容水,水漲盡蓄於南旺,水竭放入北運,如此又奚患不足?

昔人謂治黄無一勞永逸之道,吾謂治運亦然。均調水勢,損益得宜,有治人無治法也。今自黄河北徙,運河情形又爲之一變,汶既不能越黄以濟運,衛又不能自臨清南流,安山以北所以患涸。議者因欲束黄濟運,是蹈徐有貞金龍口之覆轍,必不可行也。考龍灣、魏家灣,皆有滾水壩,原所以洩運河漲水於馬頰、徒駭兩河。今擬於壩下各開水寶門,而於清平縣西、博平縣南,各開蓄水湖,東西見插。運河水漲,開兩湖西插,緊閉東插以蓄水;運河水涸,開兩湖西插及兩水寶門,即以所蓄之水濟運,是所以補不足也。更於戴家廟南、安山閘北,建築堅壩,使黄不得稍混入運,是又所以防有餘也。夫河運之法,至今日而已窮。然於萬無可爲之時,籌一因時制

石爲重源,唐人之以小積石爲積石,其紕繆更不足辨。

　　河源莫詳於《漢書》。唐宋元明諸家,如夢中囈語耳。究其所以然,地遠莫能至,及泥於崑崙二字故也。此文分晰初源、重源,清如列眉。"河源所在,即崑崙所在",尤爲一語破的。

問:北方水利,自元虞集後屢興屢廢,果不可行歟?抑行之未得其道歟?

丁桂琪

　　今夫水之爲物,聚之則爲害,散之則爲利。水害未除,正由水利未興也。故水利之興,自古重之。自元虞集欲于京東濱海之地,築塘捍水,以成稻田,而卒不果行,自後屢興屢廢,未見大效。然北方水利,實屬可行,不得以其屢有興廢,而遂疑其不可行也。請先詳言宜興之道可乎?北方之地,旱則數千里皆成沙磧,潦則數千里皆成巨浪。必雨水調和,乃能成熟。此固未可常恃,所謂天時不可倖也。惟水利興則旱可資以灌溉,潦則別爲蓄洩,乃爲有備無患耳。其宜興一也。

　　國朝定鼎燕京,食貨宜資于畿甸。直隸諸省,乃無轉運之勞。況以國家之全勢,獨仰給于東南一方之粟,豈西北自古爲富强之地,今竟不可生穀以資倉廩乎?惟水利興則粟米日生,即可上供大庚,并今之海運亦可以止,如此則不待哺於東南矣。其宜興二也。

　　東南賦税,較之西北諸省加數倍。唐韓昌黎已謂賦出天下,而江南居九。自明以來,更有增益,蘇松諸府尤重。豈西北之田額皆狹,而東南之田額獨寬?西北之年歲皆歉,而東南之年歲獨豐?西北之民俗皆貧,而東南之民俗獨富?其不均亦太甚矣。惟水利興,則西北賦稅既可漸添，即東南賦稅亦可漸減，民力庶稍甦矣。其宜興三也。

北方惟無溝澮，故河流一有氾濫，民居多蕩析，常有爲魚之慮。水利興則分河流以殺水勢，水患亦可稍息矣。其宜興四也。

北方無溝洫川涂之制，連阡平疇，蕩蕩極望，故游騎得以長驅直進。若水利興，則溝涂可以限戎馬之足。雖無城郭之固，而田野皆爲金湯矣。此亦設險守國之道，其宜興五也。

游民輕去鄉里，易於滋事。水利興則可招之歸農，皆得所依。其宜興六也。

南方民多而田少，北方民少而田多。水利興則可招南方之民，俾耕北方之田，民與田皆可均矣。其宜興七也。

天下不土著之民，多依富户爲佃人。水利興則可募之爲農，即簡其精壯而願爲兵者，使無事爲農，有事爲兵。屯田之政，自無不舉矣。其宜興八也。

招募之額兵，多不土著。水利興而屯政舉，則兵自足，招募之費可省矣。其宜興九也。

水利興則以所出之賦，稍積在倉。庶沿途諸鎮，皆有積儲，或有需用，不待轉移於他處。如遭荒歲，即可爲賑濟之用。其宜興十也。

水利興則倣井田之制，限民受田。而古來養民之政，漸可舉行。且由此民與地，均可倣古比閭族黨之制。而教化漸可興，風俗亦自美矣。其宜興十一也。

水利興則一省中已有三四分水田，以十分有三四之水田，苟勤力其中，雖復天雨不時，亦足補旱田之闕而償其穫。即不足補，而此一半享水利之民，已足以自保，終不至流離失所矣。此其宜興十二也。

由此言之，此方水利，固當急於興而不可廢也。其所以屢興屢廢者,非果不可行也。何以言其可行?蓋中州之地或低窪,則圍田之法可行也。瀕海之地多滷鹹,則支河之說可採也。瀕河之地每沮洳,則芍陂之迹可求也。又聞陝西、河南,故渠廢堰,在在有之。山東諸泉,引之率可成田。而畿輔諸郡,或支河所經,或涓泉自出,皆可以資灌溉。且於水之上流,則可疏渠濬溝,引以灌田。下流多開小河,以洩橫流。其淀之最下者,可留以瀦水,稍高者皆如南人築圩之制。又如高燥之區,平衍之地,天澤不時,非旱即澇,則可廣開溝洫,先度量地勢高卑,尋求水所歸宿。濬河則可以受溝之水,開溝渠則可以受橫潦之水。官道之衝,可設大堤以通行;偏小之村,亦可增卑薄以成徑。而於道旁,可多開溝洫,使接續通流,水由地中行,不占平地。又度低窪處所,多開塘堰以瀦蓄之。夏潦之時,水歸溝塘;亢旱之日,可引灌溉。高者可植麥,低者可植稻。平衍地多,則木棉桑枲,皆可隨宜樹藝。北方水利之可行如此,其所以屢興屢廢者,豈真不可行乎?蓋既由行之未盡得其道,亦由功效略見而即多掣肘,遂以中止。且水田自犁地、浸種、插秧、薅草、灌水,無一息得暇逸。而北人習懶畏勞,但恃天爲生,故易于中廢也。誠仿虞集遺意,北起遼海,南濱清徐,大興水利,如上所言行之,將千里曠土,皆成良田矣。宜特簡曉暢時務、實心任事之人奉行,斯得其人。蓋天下有治人,無治法,惟在人之奉行何如耳。行之果得其人,即非萬全良法,亦可獲益;行之不得其人,即萬全良法,亦難獲利。甚至或藉以便其私,利未興而樊已生。徒荒廢時日,終歸無濟耳。此得人之所以爲要也。果已得其人,則當假以事權,聽其規畫。不以狃故常而阻,不以搖浮議而格。毋聽讒毀,銷任事之心;毋數移易,開諉卸之路。不求速效,但期成功。委任之道如此,而在當其任者,亦當任怨任謗、惟精惟勤,親爲巡督,嚴其賞罰。如此上下交盡其心,水利乃可成耳。水田既成,或撫窮民而給其牛種,或任富室而緩其征科。或選擇健卒,分建屯營;或招集南人,許占戶籍。至招集南人，當給其衣食農具，使以一教十。能墾田百畝以上者，即予爲世業，子弟得寄籍入學。其卓有成效者，倣古孝弟力田科，量授鄉遂都鄙之長。其墾荒無力者，貸以穀，秋成還官，旱潦則免。凡此皆行之之道也。俟果有成績，徧及于北方諸省，行見土成膏腴，地無遺利，徧野皆衣食之資矣。北方水利，不誠大哉！

明白條暢。

問：黃河今由大清河入海，視昔由淮入海，孰便？

王履階

從數百年前，欲挽大河使循故道，而終不可得。一旦適如其議，斯誠千載一時。東北行，其勢順、歸流深，其趨易無事。強之使東南也，議者曰：地勢北高而南下，西峻而東庳，古今不易之道也，東行不若由淮便。執是說也，何以大清河自古迄今，雖有變遷，不及大河十之二三？攷大清河，自東平、東阿而下，至濱利入海，一無阻滯。大河挾沙而行，無不淤之理。淤填恆先在下流，下流少有壅塞，河流不暢。上流之低處，不免決溢矣。然水性利趨下，順其性，無遏抑其性，因其勢而導之，自無不利。嘗謂大河北趨之勢，其便有三。

大河水濁而勢盛，清河流湍而性疾。以大河之濁流得清河，迅埽浮沙，排浪盡驅矣。其便一。

河勢宜直不宜曲。曲則勢紆而流緩，直則勢勁而流急，急則泥沙不及淤。今曹濮至利津，入海水道直向東北，較昔之大河在蘭儀橫絕東南者異。其便二。

河身宜近不宜遠。遠則沿流多，必嫌地形之參錯，流長而勢易殺；近則瞬息已達，通利而氣易旺，旺則洩瀉易，淤沙欲滯而不能。計今日入海，水行約八百里，較昔之自蘭儀至淮入海，水行一千三百餘里，遠近固自昭然。其便三。

此宋景祐元年大河所行之故道。南渡以後，深於治河者，汲汲於挽之使東北流，議爲因利乘便者，爲是故耳。獨是一水不能分流，兩河必至相攘。大河東，恐會通河廢。會通不廢，大河不可得而東行，前人已有慮及之者。爲目前計，惟有堅築其決口之東岸，多其縷隄，遠其遙隄，必有真土填實，離河六七里、八九里不等，隨地之高下以爲定，使河水有所游盪。又於河漕交涉之處，多置斗門，更相迴注。務使河便東流，漕便北向。可會而不相犯，方能相安無事。然而正非易易也，是所甚望於當事者，大興水利於北方矣。

比較今昔情形，利害顯然。末段意更周匝。

擬趙充國《請屯田以制羌人疏》

范本禮

臣奉詔出塞，熟察虜情。竊見羌可以久敝，難以猝破也。羌虜初起，意氣奢盛。我兵遠來，以疲乏之士，嘗方張之寇，脫有碎壞，後不可毀，是以其兵與敵也。湟中地饒，安國棄之，以資羌人，耕牧屯積，豢醜類而長爪牙，歲月於茲矣，是以其糧與敵也。誠鑒二者之失，籌萬全之勝，則莫如罷騎兵、留步兵，屯田湟中。因羌故田，不須墾闢。湟水左右，大河帶之，北有浩亹，不患水少。疏渠圍圩，且夕可集。計臣所部萬人，人二十畝，可田二千頃。一歲所入，五十萬斛以上。以我之糧，食我之兵。羌人進不得戰，退無所資，不過期月，且必瓦解。往者孝武皇帝嘗田渠犂以防匈奴矣，臣愚以爲羌人之患切於匈奴，湟中之地急於渠犂。誠使羌據湟中，則北連匈奴，西結車師，金城以西非復可問。今臣以士馬之眾，奉大漢之靈，進據要地，蓄威觀變，羌胡舉動，纖悉必知。是臣一舉翦北虜之援，通西域之道，解先零罕开之約。國家不折一兵，不費一粟，收四夷之功。千載一時，機不可失。臣充國昧死謹上。

老謀深算，動中機宜。是名將譚兵，非書生說劍。

詞章

屈原婦作糉賦 以"荆人角黍祀靈均"爲韻，有序

徐　琪

　　昔人以竹筒投米，爲糉所由昉，究未明言誰作。惟攷《御覽》引《異苑》之説，始悉其由。然劉郎以餻字無據，不敢輕題。從知食品細微，亦必究其原始。因仿食瓜徵事之意，一韻一解。其體裁則淵源《七發》，庶不與泛擬《楚招》者，同一習見乎。其辭曰：

　　有醉蒲居士，訪於湘隱先生。先生據案方食，盤陳赤瑛。中有玉粒，色澤瑩瑩。起而以箸讓客，味甘且旨，非飴非錫。客噉而詫，欲叩其名。先生笑曰："斯名玉糉，以侑瑶光。非予庖之新供，實古製之早精。吾子博覽群籍，詞壇有聲。今者良覿，幸獲識荆。曷弗效借箸而籌之策，聯食瓜徵事之盟，而究其作者之原始，以垂爲定評乎？"

　　居士曰："吾稽掌故，不一其人。在昔劉裕，定交盧循。饋有益智，命意殊新。范雲使魏，餚核具陳。有黃甘品，以待遠臣。九子徵瑞，美逾錯珍。記詳風土，術異齊民。百索含華，綵絲紛綸。文昌雜録，翰墨彬彬。此皆簡册之可攷也，子亦尋途而問津乎？"

　　先生曰："此後世之沿襲，非肇始之有真也。"

　　居士曰："吾言之誠淺矣。豈未究淵源之學乎？嘗聞三閭大夫，傷於謡諑，投於汨羅，自藏其璞。楚人哀歌，呼之罔覺。思浮杯以營奠，懼波濤之掀撲。實竹筒以投米，塞楝葉之斑駁。詳《齊諧》之續記，早觀書之卓犖。以斯時爲肇端，果誰謂吾言之不確？"

　　先生曰："斯則此時矣，猶未詳其手製之人也。其能免舌鋒之

相角乎？"

居士曰："吾聞宋玉從學於楚，憫屈之亡，招魂無所。露雞臛蠵，紛列鼎俎。膳鳧煎鴻，漁弋波渚。挫糟陳飲，醉以芳醑。稻粱穄麥，香和稷黍。或者作於斯時，即隱其名於餱餭粗籹乎？"

先生曰："宋玉之招，事可枚舉。何至今楚些之篇，初無解糭之語？子莫非附會其詞，等於買璞而得鼠？"

居士曰："吾聞女嬃嬋媛，屈原之姊。蘭蕙同質，冰玉並美。聞屈既放，來歸湘水。喻令自寬，深情靡已。鄉人冀其信從，而因名其地爲秭歸，示不忘於芳軌。昔聶政毀容，而巾幗哀其烈士，繫屈子之沈淪，亦後先之一理。或者動手足之悲，而以菰米波漂，代麥飯一盂以遙祀。"

先生曰："語則親切矣。果見於何書而若此乎？"

居士乃遑遽而請曰："僕也固陋，茅塞久扃。愧無行祕之書，難質大雅之庭。吾子殆有定論，而曷不示吾以典型？"

先生乃斂容而告曰："《御覽》一書，浩乎滄溟。中引《異苑》，清論可聆。乃細君之所遺，發中饋之餘馨。諳生平之食性，餐秋菊於波汀。故味芳而且淡，無粱肉之塵醒。況夫君之素抱，人共醉而獨醒。故裹蒸有紅蓮之稻，而酌神無綠玉之醽。兼丰骨之剛鯁，本不鍛之鶴翎。故物有其圭角，象人意以呈形。投江流之瀁瀁，似灑竹之湘靈。覺斯言爲最允，非臆説之不經。"

居士再拜而謝曰："善哉！情必深於骨肉，誼必厚於天倫。挽鹿車而不果，睇鯨浪以沾巾。殆哀思之感動，故楚人且競渡於江濱。宜其相沿成俗，紛羅於重午之辰。僕也幸聞讜論，如受陶均。免數典而忘之誚，知當食必祭之因。於是洗盞更酌，酒過數巡。重補歲時之記，以效説餅之聲。"

賦有作意，視泛擬楚騷者殊勝。

屈原婦作糭賦 以"荊人角黍祀靈均"爲韻

朱逢甲

《齊諧》説糭，屈子名平。忠魂恐餒，賢婦傷情。餐落英兮尚其歆饗，投角黍兮憫此艱貞。歎幾如柳下之妻，衔悲作誅；痛竟似杞梁之婦，善哭傾城。際今朝目厭龍舟，葉菰絲綵；讓後世眉齊鴻案，裙布釵荊。

昔屈原之投汨羅也，行吟澤畔，披髮江濱。大夫三閭兮放逐，君門萬里兮難陳。望湘水兮湘娥揮淚，夢巫山兮巫女非神。恨他鄭袖爲妃，感腸迴兮乙乙。致我女嬃是姊，亦口詈兮申申。爲遷客而離憂，誰憐楚客？託美人以思慕，王信秦人。

於是屈原婦乃作糭以祭焉。太息江流，豈同月捉？身竟淪胥，世辭溷濁。祝昇銀漢兮神遊，宛向冰壺兮魄濯。要惟包棟，不教龍口饞吞；從此凌波，永免蛾眉謠諑。自古五絲續命，可能果腹招魂；而今一炬阿房，不見鈎心鬭角。

爾乃配以餦餭，形殊粗粆。衣製荷而蘭紉，筒裁竹而米貯。日正端陽，風傳荊楚。慨九泉之飲恨，曾説鳩媒；隔一水以相望，也同牛女。空使荊妻沱若，奠湘渚之椒蘭；可憐鷟子餒而，悲郢宮之禾黍。

向使哲婦同生，斯人不死。如此賢媛，相其夫子。君能一悟而召還，妻助孤忠而爲理。進羞祭祖，有齊可比季蘭；相敬如賓，設享大殊江芊。何至哀歌楚些，秦虎并吞；竟終欺售商於，鬻熊不祀。

而乃蕃葹已拔，薜芷空馨。節逢端午，人苦零丁。波嗟滾滾，影顧亭亭。偕蒲葉而同流，事傳《異苑》；嚼梅花而細讀，哀感《騷經》。弔向濤中，仿製應投賈誼；曲終江上，祭餘不見湘靈。

迄今既欽節婦，更念忠臣。過家兮不聞癸甲，降生兮猶憶庚寅。迥異萊妻之偕隱，非同黔婦之惟貧。送向鯨波，應見食新隱隱；嘗來鸚粒，不聞説餅津津。恨深化鳥之心，滄海難填精衛；歎久葬魚之腹，空江猶祭靈均。

　　賦以反正處見作意。

屈原婦作糉賦 以"荆人角黍祀靈均"爲韻

王光熊

　　繄昔節物兮倏更，月貞皋兮向明。泝湘湄兮弔古，極勞心兮屈平。有婦鬘兮矜潔，佩紉艾兮釵荆。手握粟兮營奠，申椒糈兮尤羹。痛夫君兮緯繡，目眴眴兮泗盈。羌屈原之不長兮，嗟吾生之遘迍。酌湑逝之爲趡兮，竟賚志於江濱。靈修縱其浩蕩兮，自公道之在人。喟忠信之疑謗兮，歲臨淵而致禋。

　　奈蛟螭之猛鷙兮，森爪牙而攫噈。羌螭笑而蚖肆兮，復生前之謠詠。煢獨修余初服兮，忍馳鶩而與之角。感餤芬之惠余兮，余僅臨睨此糈稰。

　　屈婦聞而懷恨兮，步雲中而悗悢。憭吾夫之餒而兮，急稻麥而恆秬。抑熬棄爲餦餭兮，將餌蜜而粗粆。盍搴挫而作糈兮，裹實栗之香黍。謇斯糉之芳烈兮，庶蝮虺其遠徙。剪菰葉之新青兮，绾蕁絲之淺紫。碾紅椒爲屑兮，糅珠明之薏苡。異凍糟與辛鼓兮，疏蠶藘以芳芷。告神靈之孤潔兮，來歆予之明祀。

　　桂欐兮蘭艃，搴菖陽兮暫停。揚枹鼓兮疏緩，陳笙瑟兮清泠。鋪瑶席兮躅净，佐椒漿兮芳馨。羅九子兮百索，眆吾夫兮揚靈。

　　亂曰：朧蠛螣鵠，蒙埃塵兮。腥臑膻酪，替不償兮。惟此異糧，瓊廱均兮。夷耕巢溉，奉盛以申兮。吁嗟吾夫，容與來巡兮！

　　雅潔。

閏端陽詞序

朱逢甲

重午曰端陽。以《易》陽爲君子，陰爲小人。五月一陰生，值姤卦，如小人潛伏，君子惡之。故取月之五數、日之五數，爲陽數，又以五數居一三五七九之中。中者端而正也，故謂之曰端陽，言端正之陽也。此《易》扶陽抑陰之意也。今閏端陽，則陽又端而陽益扶矣。猶之眾正盈朝，後賢又繼起，而小人伏陰，愈不敢逞矣。夫《易》之數，奇數一三五七九爲陽，偶數二四六八十爲陰。故凡日月之奇數、陽數重者，皆爲令節，偶數則不然。如第一月第一日，一之陽數重者爲元旦，三月三日爲上巳，五月五日爲端陽，七月七日爲七夕，九月九日爲重陽，所重者皆陽數也，皆以爲令節也。若夫二月二日、四月四日、六月六日、八月八日、十月十日，所重皆陰數，則皆不以爲令節也，《易》固扶陽而不扶陰也。九月以漢孟喜卦氣言之，值剥卦，羣陰剥孤陽，如眾小人攻一君子，君子尤惡之。故取月之九爲陽數，又日之九爲陽數，兩重之陽，謂之重陽，以寓扶陽抑陰之意。令節有重陽，無重陰；有端陽，無端陰。陽爲君子，陰爲小人，扶陽不扶陰也。且夫端陽、重陽，皆稱陽。乃重陽曰重，而端陽曰端者，一則以五數，端居陽數之中；一則以仲夏，端居正午之位，故曰端陽。又以端居午位，故又曰端午也。今閏端陽，則更符《大易》大人以重離照四方之象。敬抒頌詞，以贊乾元九五，陽位居中，聖天子飛龍在天之治化焉。

清新。

四雲詩有序

許壽衡

四雲本出周嬰《卮林》。特東西南北之説，亦類見於他書。題分四意，自宜使句有來歷，義山獺祭，當無譏於大雅也。

東雲

千呂青雲直，京房《易傳》：東雲青。蓬蓬指一東。《墨子》：蓬蓬白雲，一南一北，一西一東。崇朝齊嶽起，《公羊傳》：不崇朝而徧天下者，惟泰山之雲耳。瑞色釜山籠。郭憲《洞冥記》：東海大明之墟，有釜山，出瑞雲。狀似囷倉大，《金史·太祖纪》：遼道宗時，有五色雲氣，屢出東方，大若二千斛囷倉之狀。時當車馬通。《田家五行》諺云：雲行東，雨無跡，車馬通。醴泉堂角望，光采最融融。《齊書·祥瑞志》：建元三年，華林園醴泉堂東，忽有瑞雲周圓十數丈，高下與景雲樓平，五色藻密，光采映山，徘徊良久。

西雲

西望雲光白，京房《易傳》：西雲白。羅文五色齊。京房《易飛候》：視西方有大雲，五色。非煙連渭北，唐詩：西雲連渭北。不雨自郊西。《易》。舉目天含水，《楚國先賢傳》：天旱，有含水雲従西方起，焚香祝之。關心馬濺泥。《田家五行》諺云：雲行西，馬濺泥，水沒犁。云云香氣集，木母駕飛梯。《呂氏春秋》：雲氣西行，云云然。又《漢武帝內傳》：西王母乘紫雲輦來，雲氣鬱勃，盡爲香氣。

南雲

處暑陰雲出，《易·通卦驗》。司分炎帝符。《洛書》：赤帝起，赤雲扶日。山看朝隋上，《詩》。殿奏日光扶。《玉海》：開元十六年十一月南至，御含元殿受朝，太史入奏黃雲捧日。披得天公絮，唐詩：南雲如披絮。又陶穀《清異録》：秦蜀村民,稱雲爲天公絮。**時行赤道塗**,《雲物考》:南雲行赤道。**尋師南嶽去**,《開山圖》:霍山南嶽,有雲師如鼉,長六寸。**大水漲潭無**。《田家五行》諺云:雲行南,雨潺潺,水漲潭。

北雲

車蓋亭亭似,魏文帝詩:西北有浮雲,亭亭如車蓋。**油然北渚雲**。唐詩:寒深北渚雲。**乍徵三素象**,《修真秘訣》:以立春日北望,有紫、綠、白雲,爲三素飛雲。**疑散五花文**。唐詩:北雲散作五花文。**晒穀天纔好**,《田家五行》諺云:雲行北,雨便足,好晒穀。**籠衣氣不羣**。陸游詩:北雲散氣籠衣袖。**南山遥可接**,宋詩:南山雲接北山雲。**巖壑落繽紛**。陸游詩:北雲落巖壑。

四詩工切。

讀諸子 各五古一首

徐 琪

老子

周室悲衰微,是翁獨矍鑠。洋洋五千言,殆有激而作。後賢多謬解,持論昧所託。謂其流弊開,實肇申韓薄。豈知關治理,亦非騖虛廓。儒道同一源,分途轉穿鑿。先師歎猶龍,問禮推其博。吾遊眾妙門,一字更難著。

莊子

聖學猶江海,支流亦微妙。推波得其瀾,片言俱絶調。卜子老西河,時賢共承教。蒙莊亦流亞,感慨寄吟嘯。河伯嗟望洋,混沌苦鑿竅。詭誕轉奇恣,奔放益孤峭。往古勵儒術,各自通微奧。不立性理名,宗派別周邵。談言有微中,夸大不爲誚。一自繩墨拘,秋水殊俗好。

管子

富强表東海,功利定即墨。霸才多不純,祇以雄其國。經濟乃所長,文章不矜飾。吐屬雜鄙俚,艱深苦難識。莫非争榮名,功高事箸述。獨有事後言,疑非已所出。或者紀遺芬,後人存其質。原本八十六,惜已十篇失。分篇必有意,歲久淆爲一。補亡世所譏,斷章義亦得。定亂貴能臣,聖賢未必黜。否則隆中人,如何慕權術?

晏子

景公繼桓烈,平仲勛巍峩。名雖夷吾並,語實兼中和。諫問上下篇,立論平不頗。霸業有王道,踊貴除其苛。有時近滑稽,未合言語科。壹妾足以治,體制將若何。二桃殺三士,智計奚足多。鄒賢不屑道,獨挹洙泗波。

荀子

高明恃天質,往往忽於學。激爲性惡談,豈必背先覺。脩禮以復天,讀書期卓犖。後儒恣詬厲,辨論互犄角。妄非十二子,韓詩義可駁。善僞亦訓偏,天真戒造作。淵源本闕里,儒宗自卓卓。譬猶一微瑕,不能掩和璞。昌黎歎小疵,千古定評確。

墨子

許行述神農,吳起談兵略。初皆聖賢徒,後乃謬所託。不然禽滑釐,莊周同就學。何緣遽逃儒,中途誤一著。良由亂真處,語亦吐糟粕。偶然昧幾希,岐途遂插腳。孔墨古並稱,孟氏始剗削。雜采奪正色,繁聲亂雅樂。耳目驟一新,能令黃金鑠。中稱子墨子,我疑記者作。立説守師承,門徑從茲落。此君洵高才,惜未聞木鐸。倘挹杏壇春,儒關透重鑰。

韓非子

早年慕儒術,就學荀子門。偶因憤世談,遂成法家言。平情論其長,非不威寓恩。發粟散府財,語亦忠厚存。仁義羞勿道,猶見古誼敦。商君若與較,氣息殊朔溫。不無可疑者,荊山獻玉人。楚王無證驗,莫非蚡冒君。相隔殊久遠,歲非數十春。卞和壽幾何,此語恐失真。李斯宿同學,崛起尤不馴。千秋刻石語,翰墨今猶新。茲篇況平易,治世良足珍。刑鼎古可鑄,聚訟休紛紛。

楊子

長楊諸巨製,文章自殊絕。無端擬聖賢,自此判優劣。雕蟲本故技,聊復變音節。立言雖艱深,祇以文淺説。末篇呼漢公,美新更無別。崇儒貴植品,品躋學俱裂。千秋莽大夫,此恥終不雪。溫公號大儒,人疑阿所悦。殆以尊聖統,未忍付澌滅。不知秦火前,古義此多竊。篇中月幾望,何以西載魄。足訂僞孔誤,經訓資羽翼。此特豹一斑,推究倍精切。悠悠草元亭,古今慕瑰傑。不以人廢言,如食不患噎。

諸子詩,亦見意義。

讀諸子 五古

章　耒

莊子

蒙莊超更超,逍遥天地始。言道至無無,乃啟後儒訾。豈知鴻濛真,惟莊悟厥旨。晉人强效之,拙哉麟變兕。

荀子

孫卿禮樂儒,學問粹然正。性惡語雖偏,其意欲補孟。恃性而廢學,大懼任天命。宋儒襲其意,曰化氣質性。

楊子

雄亦聖人徒,昌黎語非戲。其言醇且精,根道而核義。禄隱身縱累,著書理自至。末頌漢公懿,微哉諷諫意。

　　三詩用意不苟。

墨　子

朱逢甲

孟子闢楊墨,韓子稱孔墨。兩賢大不同,孟子尤卓識。昌黎《讀墨子》,失言言未擇。孔墨相爲用,其論近偏僻。又謂儒墨同,斯言吾不懌。又謂正心同,斯言理不直。兼愛而明鬼,宜爲孟子闢。孔叢《詰墨篇》,與辨嚴詰責。儒家董無心,與墨辨奮筆。《漢志》與《論衡》,述之於簡策。墨子師史角,《吕覽》言詳悉。與孔子同時,宋大夫名翟。或謂後孔子,考猶未明晰。獨怪晏子書,爲墨子羽翼。言墨子聞之,稱譽兩相得。文子師子夏,問墨不問默。墨子《非儒篇》,放膽肆攻擊。其初墨家流,勢熾幾路塞。田俅與隨巢,胡非與史佚。後墨分爲三,其焰亦漸熄。相里與相夫,鄧陵皆邪慝。夷子禽滑釐,墨徒皆可斥。稱巨子聖人,孟子攻之力。昌黎待墨恕,失言良可惜。昔周所謂墨,即漢所爲釋。名異而實同,皆吾道之賊。今有岐又岐,異端淆黑白。竊墨釋緒餘,少變來重譯。

以利誘愚人，惑世而樹敵。一旦釁端開，內應不可測。禍更烈於墨，智士三太息。作詩諷深宮，微詞庶有益。

用筆踔厲風發。

渭橋懷古

王光熊

怕奏陽關曲疊三，雨絲煙柳共愁含。綠波送客難成別，春樹懷人總不堪。從古銷魂惟此水，至今羈旅幾歸驂。茫茫舉世多渾濁，漫與清流味細參。

豫讓橋懷古

三晉豪強寸土湮，一橋名獨屬遺臣。清湍嗚咽忠魂古，秋雨蒼涼碧血新。斫地悲歌悽日月，呼天痛哭感人神。古今恨事同無限，高筑張椎未報秦。

天津橋懷古

嚴城隱約指金墉，風捲河流水自春。關左亂山秋戍火，洛陽古刹暮天鐘。杜鵑血認孤臣淚，羸馬停鞭倦客蹤。斜倚闌干吟側帽，知音從古是難逢。

有佳句。

孟蘇、夔靖叔頌

徐　琪

師襄授琴，葨叔論樂。耄則李聃，幼則項橐。繄此數長，各專一學。獲附尼山，名乃卓卓。誰知聖量，浩如河嶽。聰必兼聽，采不單著。猗歟兩賢，並世而作。薑桂冬辛，芙蓉秋濯。與聃俱友，如鼎之足。染彼素絲，振茲木鐸。惜哉今人，悠悠儉腹。猶龍競稱，《呂覽》未讀。遂令芳德，久隱芒鍔。我稽往籍，驚喜三躍。幽芬載揚，潛光頓灼。願從兩廡，增置一閣。位分左右，靈爽是託。中參老氏，位加蘧玉。師襄諸人，附班獻爵。凡昔聖師，以茲爲鵠。二仲馨香，千秋翟籥。宇宙不改，聖功靡鑠。尋流溯源，是亦先覺。

能以議論行之，頗不板滯。

孟蘇、夔靖叔頌

馮熙成

猗歟先生，人中矯矯。恭己鮮言，士則世表。如何紀載，事蹟弗傳。僅留姓氏，疑聖疑賢。大道無名，上德不德。大音希聲，太素無色。泰山一雲，寥天一星。至高無極，皎皎亭亭。論樂葨宏，知禮老子。一藝成名，匪賅眾美。大哉孔子，萬世之師。爲聖人師，心嚮往之。

簡净。

净君、凉友合傳

章　耒

　　净君者,不知何許人也。或謂與其侶凉友,皆系出竹林。或曰:净君姓毛氏,名彗。性潔净,因自號净君。净君之顯先凉友,少康時已著姓氏。而凉友至周武王時,族始立。净君仕周,掌糞宮室,侍長者柔順有禮。越勾踐嫁嫡女於吳,命净君俱,由是净君之名重列國。初,夙沙氏之族有名野馬者,品污濁,濟以輕浮,好污人,人惡之。付凉友,凉友不能制。净君怒曰:"是欲泥塗我也。"亟掃除,其妻箕氏助之。拘野馬出,投諸濁流。净君爲人直而少文,人鮮與周旋。然往往有拂拭功,人故謂净君爽朗勝凉友。顧凉友之清雅,净君亦不及。

　　凉友在周時既不甚顯,至漢,始與班婕妤同有寵於帝,賜姓曰羅。不半載爲青女所間,屏不用。婕妤因送以詩。凉友既屏,冷落無所事事,匿而藏。未幾,有炎帝之裔貴用事,威勢薰灼,漸逼帝,帝畏甚。婕妤謂帝:"盍召凉友?"凉友至,泠然灑然。帝大悅,復見用。凉友雖日侍帝,時時出與士大夫交,獲書畫盈握。凉友氣滿甚,指揮自得。一日與净君遇,净君謂之曰:"子胡然? 子作法於凉,行見廢矣。"既而果然。

　　凉友名箑,其子孫盛於净君。後分數姓,曰楮氏,曰羽氏,曰葵氏。而净君之後,則分其族曰王氏,曰馬氏,皆能各世其職。

　　論曰:净君之净也,凉友之凉也,毋亦性有所辟,而未知隨時以變乎? 何以時用而時棄也? 或曰:净君清者也,能疾惡;凉友和者也,能引善。二人雖屑屑不甚貴重,或亦伯夷、柳下惠之徒與?

　　清和二字,最切合。

丙子秋季課藝

俞蔭甫先生評閱經學
沈子佩先生評閱史學
高仲瀛先生評閱掌故之學
劉省庵先生評閱算學
張經甫先生評閱輿地之學
俞蔭甫先生評閱詞章之學

丙子秋課姓名録

經學

超等 第一名朱逢甲,江蘇松江府華亭縣學貢生

第二名鄭興森,浙江湖州府歸安縣學附生

第三名汪晉德,安徽徽州府學廩生

特等 第一名王國棟,江蘇蘇州府長洲縣學附生

第二名周桂,江蘇松江府婁縣學增生

第三名趙引修,浙江紹興府蕭山縣學附生

壹等 第一名陳鼎常,江蘇松江府華亭縣學增生

第二名倪承瓚,江蘇松江府南匯縣學附生

第三名秦誠,江蘇松江府奉賢縣學貢生

第四名王槐龍,江蘇太倉州崇明縣舉人

第五名何四鍔,江蘇松江府奉賢縣學增生

第六名唐鴻藻,江蘇松江府華亭縣舉人

第七名周福昌,江蘇松江府華亭縣童生

史學

超等 第一名朱寶青,江蘇常州府宜興縣學優附生

第二名朱逢甲

第三名曹基鏡,江蘇松江府上海縣學附生

第四名姚文枬,江蘇松江府上海縣學附生

第五名艾承禧,江蘇松江府上海縣學附生

第六名秦誠

特等 第一名許壽衡，浙江紹興府山陰縣學附生

第二名王保衡，江蘇松江府南匯縣學廩生

第三名趙引修

第四名姚有彬，江蘇松江府南匯縣舉人

壹等 第一名郁晉培，江蘇松江府上海縣學附生

第二名倪承瓚

第三名朱志，浙江紹興府山陰縣學附生

掌故之學

超等 第一名朱逢甲

第二名姚文棟，江蘇松江府上海縣學附生

第三名王履階，江蘇松江府南匯縣學增生

第四名楊象濟，浙江嘉興府秀水縣舉人

第五名汪晉德

第六名沈祥鳳，江蘇松江府婁縣學廩生

特等 第一名陳善道，江蘇松江府上海縣童生

第二名邵如林，江蘇太倉州寶山縣學附生

第三名潘宗藩，江蘇蘇州府吳縣學貢生

第四名艾承禧

第五名倪澐，江蘇松江府華亭縣學增生

第六名郁晉培

壹等 第一名張亮，江蘇松江府上海縣童生

第二名姚文枬

第三名徐治義，江蘇太倉州鎮洋縣舉人

第四名艾逢午，江蘇松江府上海縣學附生

第五名倪承瓚

第六名葛朝模，江南通州如皋縣學附生

第七名何四鋼，江蘇松江府奉賢縣學附生

第八名黃致堯，江蘇太倉州寶山縣學附生

算學

超等 第一名沈善蒸，浙江嘉興府桐鄉縣監生

特等 第一名沈咸喜，江蘇松江府學優廩生

第二名崔有洲，安徽甯國府太平縣監生

第三名梁安周，江南江甯府江甯縣監生

第四名蔡雲青，江蘇太倉州寶山縣童生

第五行宋慶雲，江蘇松江府華亭縣學恩貢生

第六名宋光洛，江蘇松江府學廩生

第七名方德華，江蘇松江府青浦縣學附生

壹等 第一名蘇紹良，江蘇松江府上海縣學附生

第二名鴻文，江南江甯駐防滿州鑲白旗監生

第三名朱彥臣，江蘇松江府華亭縣童生

輿地之學

超等 第一名華世芳，江蘇常州府金匱縣學附生

第二名王履階

第三名朱逢甲

第四名許壽衡

特等 第一名黃致堯

第二名薛秉彝，江蘇松江府上海縣學附生

第三名周桂

第四名梁炳琦,江西南昌府學廩生

壹等 第一名周福昌

第二名倪承瓚

第三名李慶恆,江蘇太倉州鎮洋縣學廩生

第四名周進,江蘇常州府武進縣學附生

詞章之學

超等 第一名徐琪,浙江乙亥科舉人

第二名沈祥龍,江蘇松江府婁縣學貢生

第三名楊象濟

特等 第一名胡元鼎,浙江紹興府山陰縣學附生

第二名朱逢甲

第三名章耒,江蘇松江府婁縣拔貢生

第四名王維孝,江蘇松江府上海縣學附生

第五名聞錫祐,江蘇太倉州鎮洋縣學附生

壹等 第一名陳曾彪,江蘇太倉州寶山縣學附生

第二名陸宗雲,江蘇太倉州鎮洋縣舉人

第三名王祖齡,江蘇太倉州鎮洋縣學優增生

第四名王保衡,江蘇松江府南匯縣學廩生

第五名倪璪華,江蘇太倉州學增生

第六名文藻,安徽六安州英山縣童生

經學

得臣无家解

朱逢甲

《易·損卦》上九曰："弗損益之，无咎，貞吉。利有攸往，得臣无家。"朱子《本義》云："惠而不費，其惠廣矣，故曰得臣无家。"按朱子以"弗損益之"爲"惠而不費"，即以解"得臣无家"，讀之不甚明晰。

又考《朱子語類》云："得臣有家，其所得也小矣，无家則可見其大。"讀之亦仍未明晰。

考之注疏，王弼《注》云："處損之終，上无所奉，損終反益，居上乘柔，處損之極，尚夫剛德，爲物所歸，故曰得臣。得臣則天下爲一，故无家也。"按王輔嗣以"上无所奉"解"弗損益之"，與朱子異。解"得臣无家"，但言其理，未言取象。

又考程《傳》云："上九則取不行其損爲義，以陽剛居上，若用剛以損削於下，非爲上之道。不損其下而益之，天下孰不服從？從服之眾，无有內外也，故曰得臣无家。得臣謂得人心歸服，无家謂无有遠近內外之限也。"按程子以"不損削下民"解"弗損益之"，與朱子、輔嗣又異，解"得臣无家"亦言理而未言象。

再考眾說。魏王肅《注》云："剛陽居上，羣下共臣，故曰得臣。得臣則萬方一軌，故无家。"按王子雍此說，唐李鼎祚《集解》取之。

又漢谷永云："《易》稱得臣无家，言王者臣天下，无私家也。"按谷子雲此說，惠定宇《本義辨證》取之。

又宋句微云："上九剛德，爲物所歸，雖曰得臣，非己所有，蓋以

151

四海爲家。"按句氏此説,《易折中》嘗取之。

又唐史徵《口訣義》云:"得臣者,謂得臣子而輔君爲政,使天下通而爲一。无家者,光宅天下,不爲私己,以天下爲家。"按史氏此説,解得臣頗明,解无家亦貫,惟亦言理而未言象。

以上四説,與輔嗣、程子、朱子三説大同小異。蓋王肅、王弼、史徵、句微、程子、朱子其説,皆本於漢之谷永也。

惟諸説皆言理而未言象,言象者惟漢虞翻一説。漢虞翻《注》云:"坤爲臣,三變據坤成家人,故曰得臣。動而應三,成既濟則家人壞,故曰无家。"按虞仲翔言取象矣,而又未言義理。且言坤爲臣以解得臣,是也。至言變家人,又變既濟爲家人壞,以此解无家則近於支離穿鑿矣,況於義理何居乎?

今以象數合義理而參之,曰得臣者:《損卦》之六五爲柔中之主,五爲君位,六五則柔而居中也。上九爲剛直之臣,九爲剛德,上爲臣居高位也。柔中之主得剛直之臣,使居高位,故曰得臣。

曰無家者:《損》之上卦爲艮,艮爲門闕,象君之宮闕,即君之家也。庸主每以宮闕爲家,視宮之帑藏若家之私財,以此爲有家,則大誤矣;又以得聚斂之臣爲得臣,則尤大誤矣。不知人主以天下爲家,不以宮闕爲家;以得剛直之臣爲得臣,不以得聚斂之臣爲得臣。今此卦之象,六五柔中之主,得上九剛直之臣,弗剥損下民之財以爲宮闕之財,則轉以弗損而得大益。雖無宮闕之財,幾似人主無家財。而此所謂得臣無家者,得賢輔治,藏富於民,其爲益大矣。

無家之取象:以上卦之艮爲門闕,乃家象。上九變艮成坤,坤爲臣,已成"得臣"之象。艮既變坤,則已無門闕之象矣,是乃無家之象也。君得中臣秉直,上得賢之頌,以天下爲家,其意至深且遠矣。

解極詳贍,且亦有意。

將以公乘馬而歸解

朱逢甲

《左傳·昭公二十五年》云："左師展將以公乘馬而歸。"此展欲與魯昭公單騎歸魯也，隋劉光伯以爲此古人騎馬之始。考杜《注》云"欲與公俱輕歸"，元凱之意，曰"輕歸"者，謂輕騎而歸也。《音義》云："乘，如字，騎馬也。"孔《疏》云："古者服牛乘馬，馬以駕車，不單騎也。至六國之時始有單騎，蘇秦所云車千乘、騎萬匹是也。"《曲禮》云："前有車騎。"《禮記》，漢世書耳。經典無"騎"字也。隋劉光伯謂此"左師展將以公乘馬而歸"，欲共公單騎而歸，此騎馬之漸也。

又王伯厚《困學紀聞》亦云："《左傳》左師展將以昭公乘馬而歸。《公羊傳》齊、魯相遇，以鞍爲几，已有騎之漸。"又姜炳璋《左傳補注》亦云："《公羊傳》齊侯唁公于野井，言以鞍爲几。"與此言乘馬相合，則當時已有乘騎者。按昔人以騎馬爲始於趙武靈王者，固非；或謂子産之乘遽而至爲騎馬之始者，亦非。遽爲驛車，不必解爲驛馬也。劉光伯謂此"展欲以公乘馬而歸"爲騎馬之始，亦尚非。《詩》言"古公亶父，來朝走馬"，此爲騎馬之始。程大昌《雍錄》云："古公走馬，此時已變乘爲騎。"曹之升《摭餘説》云："駕車即不得言走馬。古公走馬，鄭《箋》言辟惡早且疾，孔《疏》言疾走其馬，則太王當日單騎出走，實是馬非車。"按程、曹二説是也，然則可證乘馬始太王，不始左師矣。又王伯厚謂騎兵始戰國，今考春秋時，可證乘騎者甚多。如《左傳》邲之戰，趙旃以良馬二濟其兄與叔父，此二人二騎，騎馬之證一也。《公羊傳》齊景公唁魯昭公，"據鞍爲几"，此景公乘騎，騎馬之證二也。《周禮·大司馬》"師帥執提"，鄭《注》

解"執提"爲"馬上鼓",此乘騎之證三也。又《太公六韜》云:"選騎士之法,取年四十以下、長七尺五寸以上,壯健捷疾、能馳騎轂射者,名曰武騎之士。"此太公已言騎兵,騎馬之證四也。又《禮記·曲禮》云:"前有車騎。"此騎馬之證五也。據此則乘騎不始於戰國,而屢見於春秋,劉光伯謂騎馬始於左師展非也。

考核明塙。

《鴟鴞》刺邠君説

鄭興森

《鴟鴞》小序與《金縢》合,以爲刺邠君者趙邠卿也。按邠君即指成王,未嘗與毛不合,惟以刺爲説則異。或謂此詩諷成王,使之覺悟,究與憂亂之意有別,牽合恐非。"今女下民",《孟子》作"今此下民",是與毛異,疑非《毛詩》也。《詩釋文》云:"桑土",《韓詩》作"杜",按《齊詩》當同。"自土沮漆",《漢書·地理志》引作"自杜",顏《注》云《齊詩》是也,《方言》云東齊謂"根"曰"杜",可證。今作"桑土",是亦非韓、齊《詩》也。然則《孟子》殆用《魯詩》乎?《漢書·杜欽傳》"佩玉晏鳴,《關雎》歎之",臣瓚以爲《魯詩》,可爲此解旁證。他若《魯詩》與毛異者,不勝枚舉。觀趙《注》"刺邠君曾不如此鳥",似與《大學》引《緜蠻》同意。《文選·陳孔璋〈檄吳將校部曲〉》注,引《韓詩》云"鴟鴞所以爱養其子者,適以病之。愛養其子者,謂堅固其窠巢;病之者,謂不知托於大樹茂枝",與趙説相近。存此以備異聞則可,必欲附會毛義則非矣。況趙氏解《詩》多異,毛如以《小弁》爲伯奇之詩,亦猶是爾。

有推波助瀾之妙。

《漢志》"《爾雅》二十篇"
今惟十九篇説

鄭興森

今本《爾雅》與《漢志》篇數不同，説者紛紛。翟灝以爲有《釋禮》一篇，與《釋樂》相隨；《祭名》與《講武》《旌旗》三章，俱非《釋天》類而繫於《釋天》，乃《釋禮》文之殘缺失次者。其説最爲有理，蓋由張揖言想出。張揖云："昔在周公六年，制禮以導天下，著《爾雅》一篇以釋其義。"按張所指者《釋詁》，非《釋禮》也。設有《釋禮》一篇，何揖著《廣雅》，次第悉遵《爾雅》，獨不及《禮》乎？仁和孫氏謂《釋詁》分上下兩篇，以足二十之數，更屬鑿空。或以朱文公有《白虎通》引《親屬記》，即《爾雅·釋親》之語，謂《逸周書·諡法解》文法竟似《爾雅》，疑即逸篇。然無佐證，未之敢信。考《爾雅》逸文，《釋樂》見於《宋書·樂志》，其餘惟有《敘篇》。《毛詩·關雎故訓傳》正義引之云："《釋詁》《釋言》通古今之字，古與今異言也。《釋訓》言形貌也。"如是而已。或疑《敘篇》，郭氏豈應删而不注？安知不由景純不注而散失歟？抑或景純注時先散失之歟？《易》合《序卦》爲十翼，《書》數《書序》爲百篇，下逮《史》《漢》，尚以《自序》爲篇。《史通》云：《晉書》合《敘篇》《目錄》百三十二卷。今《晉書》百三十卷，《目錄》在外，而《叙篇》無存。史既如此，經亦或然，然則《爾雅》所逸者，殆即《敘篇》乎？

分明。

陳質、陳不瞻考

鄭興森

趙注《孟子》多引逸事，如"非禮之禮"注："若禮而非禮，陳質娶婦而長拜之。"又"求全之毀"注："若陳不瞻將赴君難，聞金鼓之聲，失氣而死，欲全其節而反有怯弱之毀。"考董子《五行相勝篇》云，營蕩爲齊司寇，太公問治國之要，曰在仁義而已："仁者愛人，義者尊老。尊老者，妻長而夫拜之。"其事與陳質相類。孫氏《音義》云："'質'亦作'賈'。"賈爲宣王時人，或因齊人有先爲之者而效之耳。

陳不瞻，金壇段氏謂即《左傳》之陳書。哀十一年《傳》云："陳書曰：'此行也，我聞鼓而已，不聞金矣。'"甲戌戰於艾陵，大敗，獲陳書。攷陳書字子占，"占""瞻"同音，竊謂陳不占死於崔氏之難，不應哀十一年尚存。且陳書被獲，非駭死也，段氏牽合非也。《太平御覽》引《韓詩外傳》云："崔杼弒莊公，陳不占東監魚者，聞君難，將往死之。殆則失哺，上車失軾。僕曰：'敵在數百里外，而懼如是，往其有益乎？'陳不占曰：'死君，義也；無勇，私也。'遂驅車至門，聞鼓鐘之音、戰鬬之聲，遂駭而死。"今逸此文。又李注《文選‧長笛賦》引之，與《新序‧義勇篇》文大同。《左》襄二十五年《傳》云，崔杼之難，"申蒯，侍漁者，退謂其宰曰：'爾以帑免，我將死。'其宰曰：'免，是反子之義也。'與之皆死。"或以爲侍漁即東監魚者，申蒯即陳不占。案《漢書‧古今人表》，齊莊時有陳不占與申蒯并列，其非一人明甚。申蒯其人，侍漁者其官，即東監魚者。疑"申""蒯"兩字，傳寫誤爲"東"字。《廣雅‧釋言》："瞻，占也。"是陳不占即陳不瞻，斷爲齊莊時人也。

亦妥。

説"渜""湆"

鄭興森

　　張參《五經文字》云:"渜,從水,下肉,肉汁也。湆,從水,下日,幽溼也。"今經典相承作下字。按《説文》:"湆,幽溼也。"《儀禮音義》引《字林》云:"渜,肉汁也。"《玉篇》《廣韻》同。《廣雅·釋詁一》:"渜,溼也。"又《釋器》"膮"謂之"胵","胵"即"渜"字,似"渜""湆"爲兩字。或謂《説文》奪"渜"字,竊謂不然。《字林》《玉篇》《廣韻》訓釋,多本《説文》,疑《説文》本作"肉汁"也。"溼",幽溼也,疑"湆"字訓解有脱,與"溼"字之訓傳寫誤耳。羅有高云:"經典作'渜',係'㲼'字。音入聲,讀若'液'。"《説文》:"液,汁也。"按今本作"液,津也",《一切經音義》引作"津,潤也",未知羅氏何本。《儀禮·士昏禮》"大羹湆在爨",是"羹"與"湆"有別;《有司徹》"羊肉湆",是"肉"與"湆"亦別。鄭氏於《士昏禮》注云"煮肉汁也",以"煮"釋"在爨","肉汁"釋"羹湆"也。《有司徹》注云"肉在汁中者",明有肉、有汁也。《少牢禮》"又進二豆湆于兩下",注"肉汁也",明惟有肉汁也。《禮記·少儀》"凡羞有湆者,不以齊",注"汁也",羞不獨肉,故第以"汁"釋之,其解精確如是。"湆"皆訓"汁",是古義也,"渜"本後增字。《廣雅》"胵"字無水旁,或專指"肉",不指"肉汁"。"肉""羹"可通稱,《左》隱元年《傳》可證。疑《爾雅》"肉"謂之"羹"、《廣雅》"膮"謂之"胵",猶《爾雅》"宮"謂之"室"、"室"謂之"宮"之例耳。竊謂《説文》"渜"字訓解,當據鄭氏《禮注》及《字林》《玉篇》《廣韻》訂正,無煩滋議也。

　　亦有見。

三事就緒解

汪晉德

《詩·大雅·常武章》"三事就緒",《毛傳》云"爲之立三有事之臣,使就其事業",鄭云"安三農之事,皆就其業"。案毛氏之説屬於臣,鄭氏之説屬於民,意有兩歧,還從《毛傳》爲長。攷《周官》云"三事暨大夫,敬爾有官",三事固屬之臣,即《詩·雨無正章》云"三事大夫,莫肯夙夜",三事亦指有官之人。以此推之,當曰平定其國,去其殄民之臣,爲之別立賢能之士,使立政之三事不至怠棄,然後得以就其緒而不紊。"緒"本訓"業",尤當訓爲"理緒"之"緒",於《詩》義尤切。大抵政事患紊亂,立其賢而治事有人,則提綱挈領,去非就是,如絲之理其緒而無所紊,故曰就也。既有就緒,我軍方可不必久處,正如國家付託得人,無容己身與乎其間。則所謂"三事"者,即《周書·立政篇》所云任人、準夫、牧三事,夫復何疑?若鄭説屬之"三農",其於《詩》意反得其淺。此論三事之實,從毛而不從鄭可也。

從毛自是正解。

史學

論《公孫宏傳贊》武、宣諸名臣

朱寶青

嗚呼，人才之興豈非以其時哉！愚觀漢武奮發有爲，而好大喜功之意多，故能臣倍於良臣。其失也，尚才而流於駁雜。漢宣勵精圖治，而求全責備之心勝，故能臣與良臣參半。其失也，任法而入於刻深。夫上之所取，下之所應也；上之所爲，下之所希也。人才興起如武、宣，而不能與三代比美，豈育才之未得其方與？抑用才之未盡其道與？間讀《漢書》至《平津侯傳贊》，所稱武帝名臣二十七人，宣帝名臣二十四人，竊有感焉。夫武帝雄才大略，用人如不及，求賢一詔，千古歉美。然帝之心不盡見於是也，嘗於語衛青而知之，曰："漢家庶事草創，匈奴交侵，不更制度，後世無法；不出師征討，中國不安。"嗚呼！帝之心可謂盛矣，而其所設施則非也。欲更制度，則阿諛苟容之臣必不可用；欲安中國，則文深小吏、鹽冶賈人不宜任九卿、筦財利。而今觀班氏所述，如嚴、朱、趙、張、桑、卜諸人，何以稱焉？蓋此皆當時所謂能臣也。若仲舒、黯，可云良臣而皆不用。篤行如"二石"，慶又備位宰相，幸用矣，而碌碌無所表見，則良臣又見絀於能臣。況重以帝好大喜功爲心，彼嗜進貪位之徒，有不伺天子之意爲嚮背哉？愚故曰："能臣倍於良臣，其失也，尚才而流於駁雜也。"

宣帝在位，施德於高祖功臣者凡三；迹近寬厚，又起側陋，加意民事。嘗稱曰："庶民所以安其田里而無疾苦愁恨之心者，政平訟理也。與我共此者，其唯良二千石乎！"嗚呼！帝之存心若此。漢代循吏多出於帝世，有以也。惟愚竊有所不解者：以素有德望之大臣，而爲小臣所挾制；以卓著治績之小臣，而爲大臣所不容。廣漢之要斬既成於魏相，而延壽之棄市復成於蕭望之，是何也？蓋帝之治，信賞必罰，綜覈名實，於是小臣得以伺大臣之間，而大臣亦恐爲小臣所乘。觀夫安世之謹身寡過，定國之奉法承流，則帝求全責備之爲可見矣。向令帝非以嚴明爲治，則臣下亦無所用其小智。如黃、王、龔、鄭、召，固可謂良臣；如韓、趙、嚴、張，亦豈必以能臣見哉？愚故曰："能臣與良臣參半，其失也，任法而入於刻深也。"

合而論之，二帝之世，負重望者無如霍光，既能正武帝之終，又能正宣帝之始，庶幾有古大臣風。然班氏譏其不學無術，則當時人才其不能與三代比美可知。降及東漢，《范史》於《左雄傳論》凡稱順帝名臣二十人，桓帝名臣十一人。論者謂其君不及武、宣，而其臣視武、宣之世爲過之。蓋東漢自光武敦崇風節，而人尚道義；西漢自孝武招致才能，而人奮功名。取舍不同，故本末異致也。用才者，宜何所取法哉？

　　讀史有心得處，不傍陳言，自成偉論。《左雄傳論》中臚舉諸臣，即仿前書，《宏傳》亦天然波證也。世宗尚才，中宗任法，而風節道義實遜東京，此言不易。

論《公孫宏傳贊》武、宣諸名臣

曹基鏡

夫一字之褒，榮於華袞；一字之貶，嚴於斧鉞。史家之書法，即可以之論人。故薰蕕不同器，名實不相符。倘以爵位之隆而故從論列，謂是特紀一時人材，不妨儗不於倫也，殊失史家褒貶之義矣。如班固《公孫宏傳贊》武、宣諸名臣，試申論之。

考武帝之世，多方招致，雜進無行，廣侈心者輒登顯要，稱忠賢者每置閒曹。得人雖多，而收效卒鮮。班氏稱漢之得人，於茲爲盛，有未免鋪張過當者。當其時，儒雅無如仲舒，質直無如汲黯。胡氏致堂曰：“使武帝以待公孫宏之位待仲舒，退張湯而使黯居御史大夫之職，則建明救正，豈可勝計？”乃以仲舒次宏，而兒寬亦與焉；以卜式次黯，而湯與趙禹轉取其定令。公孫宏緣飾經術，寬亦無所匡諫，而式以助餉取高官，是足與仲舒、黯並論乎？且如張騫奉使西域，致復事西南夷，其逢君之惡與卜式等，而乃先於忠節之蘇武，豈通論乎？若夫武帝之善，惟付託得人，爲收進賢之益；次惟北靖凶奴，爲後世所賴。則如霍光、日磾之持重，衛青、霍去病之邊功，迥名臣冠也，而乃殿於諸人之後；如李延年，宦者也，桑宏羊，又言利小人也，而乃取其協律、運籌；東方朔因事納忠，高出枚皋上，而乃止取其滑稽。是論列之失當者。若夫篤行、推賢與夫文章、應對、歷數，固皆舉得其人，姑置勿論。

夫所謂名臣者，當論其賢，不當論其位。如狄山面質張湯，孔臧與安國世傳經學，儁不疑進退以禮，均以下位置之。又如疏廣、受之明哲，路溫舒之忠諫，皆宣帝名臣也，乃其論則約略舉之。謂以儒術進者，如蕭望之等；以文章顯者，如劉向等。將相治民如張安世、黃霸等，其人才不似武帝時之雜出，而班論亦略不至鋪張失當。蓋得進而論之，漢代相業，周亞夫以後，幾如備位。自宣帝大司馬、車騎將軍張安世以下，凡諸將相，如魏相上陰陽之奏，丙吉成擁護之功，于定國、杜延年均著寬和。而趙充國之屯田制羌，多爲後世防邊者所取法。若馮奉世之行權，尤有足取其功者。次之惟吏治爲最盛，如龔遂守渤海，尹翁歸化東海，張敞化冀州，皆名著一時。正不獨王成、黃霸、召信臣，足入《循吏傳》也。至於講經石渠、校書天禄、立三經博士，表章雖力，然好申韓、用雜霸，儒術文章，何補國是？惟將相治民過於前代，而人才之偶儻，抑有不如前代者矣。第班氏所論武帝名臣列目繁、取才雜，并因其位爲上下，後儒多有訾議者，故特論之。

自抒所見，議論光明卓犖，可以道古矣。

《五代史》不立《韓通傳》
是第二等文字説

朱寶青

歐公作《五代史》，自謂師法《春秋》。其作《列傳》，具有深意。如仕不及於二代，則各以其國繫之，爲《梁唐晉漢周臣傳》；其餘仕非一國，不可以國繫之者，爲《雜傳》；他若全節之士，入《死節傳》；初無卓然之節，而終以死人之事者，入《死事傳》。蓋史例若是其嚴也。獨周指揮使韓通，忠義懍然，而不爲立傳。劉原父譏之曰：“如此是第二等文字。”斯言也，足正歐公之失矣。解者曰：公蓋爲宋諱也。竊以爲不然。方五季道喪，君臣義絶，朝唐暮晉習爲固。然宋興，猶承其弊。舉朝同聲而通獨抗節不屈，直道之遺於是乎見君子，又奚諱焉？且周之頑民，非殷之忠臣乎？成王、周公作書，稱之爲士，誠重之也。善乎王氏伯厚，引沈約撰《宋書》疑立《袁粲傳》證之於帝事，而深惜公念不及此。是則爲宋諱之説破矣，此不能爲公解者一。

解者又曰：通歷事數朝，入《周臣傳》，則失其實；入《雜臣傳》，則没其忠。不傳正所以傳之也。竊亦以爲不然。《宋史》作《周三臣傳》，其言曰：“智氏之豫讓非與！”嗚呼！是可以窒議者之口矣。考通始從漢祖，後周祖知通謹厚，命之自隨，是通爲周臣亦宜也。通之心乎周，與王彦章之心乎梁近似，而宋祖贈通制詞，有“艱難共嘗，情好尤篤，言念元勳，特加殊寵”云云。嗟乎！以“元勳”字加之通，通其愛之乎？即《宋史》稱通言多忤物，肆威虐，是亦後人文致之詞耳。蘇轍《龍川別志》云："通以親衛戰闕下，敗死。"使通而肆威虐也者，何親衛樂爲之用也？通全家盡節，卓卓無可議。如是，若以歐公之例推之，其入《死節》無疑。《死事》猶非其比，而顧致疑於《周臣傳》與《雜傳》間乎？此不能爲公解者又一。

夫原父好譏議人物，所言時有過當，而以是議歐公，則正《春秋》責備賢者之意，非苟論也。古之良史，如狐、南史，遇事直書，無有隱諱，自是史官第一等。後人既不能，則遇可疑之事，自宜請之於朝，庶幾不悖萬世之公論，而身亦不得罪於時。嘗觀《金史·忠義傳序》云："聖元詔修遼金宋史，史臣議凡例，前代之臣忠於所事者，請書之無諱，朝廷從之。"豈非善善從長，其理有不可沒於人心者與？或曰：公作《唐六臣傳》，意在貶惡，故非五代而亦列於五代。推公是心，如通者，安知非逆知其必傳於後而留以有待也？是説也，或於公之微旨，庶有合焉。

　　歐九疎失處，本不少也。此作筆陣森嚴，詞鋒峻挺，末尾曲留出路，仍以鞭辟前文。

《五代史》不立《韓通傳》
是第二等文字説

朱逢甲

以異代之人，書前代之事，其直筆也易；若當代之人書之，則直筆也難，如歐陽文忠《五代史》不爲韓通立傳是已。趙甌北謂韓通忠義，不爲立傳，爲本朝諱也。按韓通忠則太祖篡矣，此所以爲之諱也。然宋人劉原父、王伯厚、周公謹皆非之。考王伯厚《困學紀聞》云："藝祖《贈韓通中書令制》曰：'易姓受命，王者所以徇至公；

臨難不苟，人臣所以明大節。'大哉王言！表忠義以勵臣節，英主之識遠矣。歐陽公《五代史》不爲韓通立傳，劉原父譏之曰：'如此是第二等文字。'"

又考周公謹《齊東野語》云："焦千之學於歐陽公，一日，造劉貢父，劉問：'《五代史》爲韓膛眼立傳否？'焦默然。劉笑曰：'如是，亦是第二等文字耳。'"又云《唐餘録》者，王皡所撰，"表韓通於《忠義傳》，且冠以國初褒贈之典，新、舊《史》皆所不及"，皡乃王曾之弟。

按太祖之《制》褒忠，王皡之書立傳，大哉王言，卓然信史，自是千秋之公是非。考之《建隆實録》，亦有《韓通附傳》。建隆，太祖年號也。此不泯是非之公者也，乃近世王氏塗曲爲之説曰："歐史不立《韓通傳》，以通歷事数朝，入《周臣傳》，則失其實；入《雜傳》，曷旌其忠？然則不傳，正所以傳之也。"按此説非也。通爲周死，自是周之忠臣，猶之豫讓爲智伯死，即是智伯忠臣，不必再苛論其他矣。爲人臣者，最難一死，苟能一死，大節無虧，他可勿論。韓通能一死，宋太祖褒之；范質欠一死，太宗惜之。此皆賢主之公是非。又如元之余闕能爲元死，危素不能爲元死，此明太祖所以令危素看守余闕廟也。此賢主立千秋臣道之大防，申殺身成仁之正論。若塗之曲説，則偏而苛矣。

且《五代史》有《死節傳》《死事傳》兩例，若通者，正宜入《死事傳》者也。歐陽文忠云："吾於五代，得全節之士三人而已，作《死節傳》；其初無卓然之行，而終以死人之事者，作《死事傳》。"即如塗説，謂通歷事数朝，縱不當入《死節傳》，豈不當入《死事傳》耶？而不立傳何耶？意者《舊五代史》無傳，而文忠修史，仍其舊耶？抑欲立傳，而求之無他事實？其時《唐餘論》《建隆實録》二書未出，無所據依，而不克成傳耶？不然，以文忠之賢、是非之公，未必爲諱而削忠也。

《死節傳》三人，王彦章、裴約、劉仁贍是也。夫文忠嘗作《王彦章畫像記》，又爲立傳，襃忠不遺餘力矣。如劉仁贍者，雖《周世宗實錄》謂其曾作降書，而文忠信爲全節，毅然表忠，入之《死節傳》者，蓋知降書出於副使孫羽，而周世宗復仁贍軍爲忠正軍，曰以旌仁贍之節，知其是全節矣。豈文忠於世宗旌仁贍而表其忠，轉於太祖襃韓通而不表其忠耶？

至《死事傳》十五人，張源德、夏魯奇、姚洪、王思同、張敬達、翟進宗、沈斌、王清、史彥超、孫晟是也，此十人有傳；其餘五人，則馬彥超、宋令詢、李遇、張彥卿、鄭昭業是也，亦以少事實，不立傳。馬僅附於《朱守殷傳》，宋、李、張、鄭四人，僅見於《本紀》。通之不立傳，殆亦猶此。五人雖死事而少事實，故未立傳耳。

不然，昔齊武帝使沈約撰《宋書》，言袁粲自是宋室忠臣，遂立《粲傳》，豈文忠未之知耶，而不以粲例通耶？且晉武帝郵前朝忠臣諸葛瞻、傅僉之後，唐太宗贈前朝忠臣堯君素，宋太祖又追贈韓通矣，乃文忠轉不表章之耶？

《五代史》之後，史之爲前朝忠臣立傳者多矣，如元修《宋史》，則爲文天祥立傳。阿魯圖進《宋史表》云：“瀛國歸朝，吉王航海，齊亡而求王蠋，乃存秉節之臣；楚滅而諭魯公，堪矜守禮之國。”又《金史·忠義傳序》云：“元詔修遼金宋三史，史臣議凡例，前代之臣忠於所事者，請書之無諱。詔從之。”文忠兼才、學、識三長，《五代史》轉不及三史乎？蓋舊《史》無《通傳》，文忠又未得通事實，故姑闕偶遺耳，非爲諱而削忠也。

　　波瀾不竭，卻能步步爲營。

《五代史》不立《韓通傳》
是第二等文字説

曹基鏡

治世尚才能，亂世崇節義，此大較也。乃有前則爲失節臣，后則爲死節士，若録諸《死節傳》，則攜貳反得以倖免；若録諸《雜傳》，則盡忠反失其衰揚。二者皆譏，然功疑惟重，善善從長。如豫讓不死於中行而死於智伯，君子不謂之非忠；列讓於《刺客》而不列於《忠義》，後人猶謂其無當。若韓通之忠於後周，其豫讓之流亞歟？歐公《五代史》不立《通傳》，宜劉原父譏之，謂爲"第二等文字"也。

夫士大夫忠義之氣，至五季殆盡。宋太宗稱范質能循規矩、慎名器，宰輔中無出質右，惟欠世宗一死爲可惜。夫質相後周，受恩宜遠過於通。乃其時，質則逡巡就職，通則慷慨捐軀。《綱目》於范質之卒，去其官爵，而於韓通特書曰："宋贈周韓通爲中書令。"論者謂後周忠節第一人，死事於周，即予其爲周臣亦宜；即録諸周臣《死節傳》，亦無不宜。説者曰：通蓋嘗臣漢、晉、唐矣。若録諸《死節傳》，則掩其歷事各朝之迹，可若何？曰：君子取其大，當略其小。范質亦從後唐入仕，太宗但責欠世宗一死。五季之世，名節蕩然，惟韓通能感世宗之知遇，不惜犯難而折其鋒。所謂碩果之遺，不可多得於末世者。歐公因其有歷事之迹而不録通，其亦《春秋》責備賢者之義歟？嘗攷《五代史》，筆法謹嚴，敘事簡略。如張憲乃莊宗完節之臣，徒以不附伶官，致於冤戮，胡致堂謂其懷忠徇義，蓋賢者也；乃歐《史》不立於《唐臣傳》，又不入於《死節傳》。其餘不立《韓通傳》，均爲疏漏之大者。蓋用《春秋》之法以收人才，其無足論列也多矣；抑不用《春秋》之法以衡歐《史》，其見爲過刻也亦多矣。原父之説，豈無故哉？

以范質相況，筆鋒能透紙背。

《五代史》不立《韓通傳》
是第二等文字説

姚文枏

君子爲名譽而爲善，則其善必不誠；人臣爲利禄而效忠，則其忠必不盡。苟於勢之已去，不忘國士之遇，而卒能犯難以殉其君，此無所爲而爲者，後儒所以美豫讓也。君子善善從長，取其大，不責其小；與其新，不念其舊。核之《春秋》之意，如《五代史》之不傳韓通，固未免"第二等文字"之譏也。

夫歐公之意，以爲通既事唐、晉、漢矣，列諸《節義》則全乎周臣，而没其歷事之劣迹。然而五季之世，割據禪受，詎能激發臣下，俾爲全節之士哉？迨乎宋主入繼，惟通以知遇之恩，計出於必死，死又必知其無益。第世宗以國士遇之，通故以國士報之，犬馬、腹心，本非一致。豫讓之死，胡致堂謂爲忠義士，而可爲委質事人之法，並不責及中行之不死。通之死難，謂之非忠義可乎？

且宋承五季之陋，名節蕩然，操笔削者正宜節取一二，以爲斯世勸也。太祖即位，首贈通爲中書令，所以礪臣節也。故如王皡《唐餘録》，且冠以衰贈之典，表通於《忠義傳》，論者謂新、舊《史》皆所不及。是歐公但得《春秋》之嚴，而未得《春秋》之寬，未見其必有合也。《史記》列豫讓於《刺客》，後人猶或非之；宜原父之譏，歐公無詞以應也。則甚矣作史之難也！

議論、筆力俱到。

李鄴侯論

朱寶青

　　唐李鄴侯歷事四朝，有功社稷。其事業之大者，如肅宗時勸先取范陽，德宗時明太子無罪，前人論之詳矣。惟其生平好爲神仙詭秘之説，前人多疑之而未有論定者。愚以爲事之所有，不必曲爲鄴侯諱；而事之所無，不容厚爲鄴侯誣。《舊唐書》於鄴侯多貶詞，如云“嘗與赤松子、王喬、安期、羨門遊處，故爲代所輕”，又云“德宗雅聞泌長於鬼道，故自外徵逐，以至大用”。《新唐書》非之曰：“《家傳》言泌本居鬼谷，而史臣謬言好鬼道；又著泌數與靈仙接，言舉不經。”其持論可謂允矣。惟愚意《新書》雖加辨正，不無猶承《舊書》之誤。如稱“泌好黃老鬼神説”，固是也；而稱“德宗以奉天事驗，始信時日拘忌，因進用泌，泌亦自有所建明”，殆未必然也。夫鄴侯之好黃老鬼神也，論者以爲功成思退、履滿憂危，張子房奉黃石祠，梅子真爲神仙尉，蓋有託而然。愚謂此未足以盡鄴侯也。自古“君子不名”一節，恆學焉，而得其性之所近，識治如諸葛武侯，而習於申韓之術；盡忠如顏平原，而喜爲浮屠家言。鄴侯所爲，當亦近是。蓋黃老爲兵刑之祖而明於鬼神之故者，不可惑以禍福。此皆鄴侯得力之由。事之所有，而不必曲爲諱者也。考鄴侯生平，以謀議見信，謇直垂聲。史所稱“德宗以奉天事驗，因進用泌，泌亦自有所建明”者，豈非疑其以行身者，爲遇主之地乎？愚以爲史臣亦不之察耳。觀德宗信桑道茂語，謂“建中之亂，乃命當然”，鄴侯對以“君相造命，不當言命”。嗚呼！得大臣之風矣。當日深斥方士之不暇，而謂身自效尤乎哉？鄴侯所建明，可信者若是，而後人猶疑其有非常異議，蓋此皆忌鄴侯者爲之。事之所無，而不容厚誣者也。夫鄴侯爲唐名臣，其棲真養性，乃自處之智；而其不苟合於人主，乃事君之忠。第以《家傳》過於傅會，後人又取以入史，而其真幾不白於天下。愚故取而論之，以爲讀史之一助焉。

論古不激不隨，作文有典有則。以習申韓、喜浮屠爲比例，要言不煩，一篇警處。

李鄴侯論

艾承禧

才不足以參決軍政，智不足以調護宮闈，則庸臣能爲之，何賴相臣？相臣者，視國事如家事，出心力以濟艱難，積真誠以培國本，言足悟主，智足保身。而出處行藏，卒亦不可以測識，如李鄴侯是已。夫大有爲之主，必將有不可召之臣。肅宗即位改元，遽以臣職屈素交，胡致堂謂泌辭右相，無乃心有不可於帝者？由是披榛莽、立朝廷，臣職也；而出則聯轡，寢則對榻，仍友誼也，此其不可測也。既而收復兩京，泌謀居多，功大於魯連、范蠡。然其時，事故繁興，而泌即固請還山，此尤不可測也。及代宗朝，元載專於外，朝恩橫於內，其不能用賢可知，宜其徵之不至也而竟至。既辭相位矣，宜其不就他職也，而代宗密約除載，竟俯就觀察判官之除，此其不可測也。德宗立，晚好鬼神，得一陸贄不能用，非實誠於相泌也。且泌曾辭相於肅、代二朝矣，宜其不復相也，而竟入相而卒於位，此更不可測也。然迹其薦韓滉、保全太子、議復府兵、募戍卒、屯田京西，可謂知相之職業，而君相所以造命，尤足以破德宗之迷。惟輸錢大盈，與不薦陸贄自代，不滿人意。是固不足爲泌責矣，宋祁《傳贊》謂有唐一代之異人，如泌者又豈可以尋常測哉？

根據"異人"二字，而以"不可測"三字爲頰上之毫。意思深長，不落邊際，文筆詳而能潔。

李鄴侯論

秦 誠

天子之治天下，以孝慈爲本；大臣佐天子以治天下，尤以導君於孝慈爲本。三代以來，非無令主，而爲之臣者，每以爵位爲榮、經綸爲急，而於倫常骨肉之間，或引嫌而不言，或言之而不盡。卒之本實先撥，政教安施？惟忠愛之至者，爲能謨猷入告，正君身以正朝廷，正朝廷以正百官，正百官以正萬民。父子之恩誼全，斯上下之紀綱肅，所謂務其大者、遠者也。如唐李鄴侯者，洵無愧矣。鄴侯在開元中，以神童召對，賦碁見志，爲張燕公所欽服。暨事蕭宗，勸令廣平撫軍，以安冢嗣；請上皇還宮，以申孝養。天倫之樂，洩洩融融，誰之策歟？及德宗時，揣帝有易儲意，亟爲匡救。視狄梁公之讜論，如合一轍。毛裏至親，所賴以保全者不少矣。其他釋李林甫之嫌，則示以寬大；止李懷光之赦，則正其典刑；不割地以與吐蕃，則疆場固；卻私獻以還方鎮，則號令嚴。識盧杞之姦，獨持洞鑒；奏郫州之捷，克奮神威，猶餘事耳。鄴侯真人傑也哉！或謂：鄴侯好神仙，迹近詭誕，爲世所譏。似無足重。且既還衡山，何不學子房之從赤松遊？怡養天和，以全高尚。乃復自詣闕，與人家國事，有清風亮節者，固如是耶？烏虖！此其所以異於神仙也。懷忠君愛國之心，目擊時艱，不忍安於山林，聯蹤巢、許，正大臣之公爾忘私，未可以是少之也。

或又謂：薦賢以自代，相臣之終事也。祁奚舉讎舉子，世豔稱之。乃鄴侯柄國時，陸宣公後起有聲，未聞拔擢。即其子繁，才智機警，不聞教以義方、需材爲他日用，任其放恣，構怨於時，卒以賈禍，何也？曰：是豈足爲酇侯累哉？舉爾所知，舉賢才之準也。豈能盡知而盡舉耶？至美惡、清濁，禀之自天，父子兄弟，不相及也。且安知酇侯在時，必無督責耶？以繁之罪罪之，亦近於鍛鍊周內矣。總之，生古人之後，議古人之短，則易；處古人之時，爲古人之事，則難。是以儒者尚論千秋，善善從長，不得以一端累全體。若酇侯者，歷事四君，匡扶社稷，以導君於孝慈爲本，而經濟亦足以副之。古來稱賢宰相者，不是過也。後人謂爲"忠孝神仙"，蓋名稱其實云。

　　持論名通，能見其大。

《逸周書·史記解》皮氏、華氏以下 諸國可考者有幾

朱逢甲

　　《逸周書》第六十一篇《史記解》，周穆王命左史戎夫陳戒，所言諸國名甚多。其可考者，凡二十有七：一曰皮氏，二曰華氏，三曰平林，四曰質沙，五曰三苗，六曰扈氏，七曰義渠，八曰平州，九曰林氏，十曰離戎，十一曰曲集，十二曰愉州，十三曰有巢，十四曰鄶君，十五曰重氏，十六曰共工，十七曰上衡，十八曰南氏，十九曰有果，二十曰畢程，二十一曰陽氏，二十二曰穀平，二十三曰阪泉，二十四曰（元）［玄］都，二十五曰西夏，二十六曰重（耶）［邱］，二十七曰有洛。此二十七國略可考焉。

　　皮氏者，晉孔晁注第曰"古諸侯"，不言國在何地。今考《竹書紀年》夏帝不降三十五年"殷滅皮氏"，即此國也。又言周顯王三十九年"秦取皮氏"，又言隱王（十九）［九］年"城皮氏"，此皮氏滅後，

故國之地也。今按皮氏之國，其地在今山西绛州之河津縣，秦置皮氏縣，《漢·地理志》縣屬平陽郡，宋改爲河津縣，其故城在今河津縣西二里。

華氏者，注亦第曰"古諸侯"。考《路史·國名紀》，有華氏。《六韜》作辛氏。或以爲湯之後，蓋非是。

平林無注。考平林有五：《晉志》《隋志》並有平林縣，屬荆州，此即古平林國地，其故城在今湖北德安府隨州之東北八十里，後漢平林盜起是也；又《唐志》別有平林縣，屬嶺南道，則在今安南國之交州府境；又有西平林縣，見於《宋志》；又有東平林縣、南平林縣，並見於《南齊志》。此四平林，皆非此平林國。

質沙者，注亦第曰"諸侯"。考質沙即夙沙，古諸侯有夙沙氏，帝魁所伐者是也。《世本》云夙沙氏煮海爲鹽。夙沙，黃帝臣也，世爲諸侯。"質沙""夙沙"，音近字異，古書此類甚多。

三苗屢見於《書》，如言"竄三苗""分北三苗""三苗丕敘"。馬融《書注》云："三苗，國名，縉雲氏之後，爲諸侯，號饕餮。"蓋據《左傳》言之。此言三苗之人也，至三苗國之地，杜預《左傳注》則云三苗地闕，不知其處。今考《戰國策》，吳起對魏武侯云："昔三苗之居，左有彭蠡，右有洞庭，文山在其南，衡山在其北。"此明三苗之地也。孔安國《書傳》亦云："三苗之國，右洞庭，左彭蠡，在荒服，去京師二千五百里。"據《國策》、孔《傳》所言，則三苗之地，在今湖南境，而《史記》又云三苗在江淮荆州，則兼及今江南、湖北境矣，此説恐不足據。今湖南之辰、沅諸處多苗，與《國策》、孔《傳》合。而貴州各府尤多，意或有三苗種類。而《地志》僅以貴州之黎平府爲三苗地，非也。又《史記·夏本紀》注引《神異經》，謂三苗即饕餮，脇下有翼，其説荒誕不足信。

扈氏者，注指"夏啟戰甘，滅扈"。按馬融《書注》云："有扈，姒姓之國。"孔《傳》、鄭《注》、王肅、皇甫謐亦並謂與夏同姓。考《國語》，觀射父云："夏有觀扈，恃親不恭。"孔穎達《書疏》云："有扈，啟之兄弟也。"考扈國之地，《漢志》云："鄠，縣古有扈國也。"《釋文》、孔《疏》亦並云鄠縣即有扈國。又《水經注》云："甘水經甘亭、鄠縣，昔夏啟伐有扈，作誓於是亭。"皆可爲證，即今陝西西安府之鄠縣地。

義渠無注。考《竹書紀年》云：殷武乙三十年"周師伐義渠，獲其君以歸"，即此國也。戰國有義渠戎，秦昭王滅之，爲北地。《漢志》義渠道屬北地郡，其故城在今甘肅甯州之西北。《地志》亦云甯州義渠國。

平州無注。考平州國，其地在今汾州介休縣西。《晉志》《宋志》《南齊志》皆有平州縣，屬巴西郡，未知是否。

林氏者，注僅曰"林氏，諸侯"。按《文選·東京賦》"圂林氏之騶虞"，薛綜注"林氏，山名"。李善注引《山海經》"林氏有珍獸，其名騶吾"，"騶吾"即"騶虞"也。《六韜》亦云林氏國出騶虞，然則林氏乃以山名爲國名者。本篇下文又云林氏、上衡氏爭權，其國之地，當與上衡氏相近。或據姓譜，林姓爲殷比干後，其地當即今河南彰德府之林縣，疑未必然。或疑林氏即秦之林邑國，乃古之越裳、今之占城。則地太遠，其説尤非也。

離戎無注。考《竹書紀年》云：周成王三十年"離戎來賓"。沈約注云："離戎，驪山之戎也。爲林氏所伐，告於成王。"沈注即本此篇林氏誅離戎之事。按"離戎"即"驪戎"，"離""驪"音同，古蓋通。驪戎國在今陝西之臨潼縣，《後漢志》云"京兆新豐有驪山"，注云杜預曰"古驪戎國"，韋昭曰"戎居此山"，故號"驪戎"。

曲集、愉州，注皆曰"古諸侯"。考唐州有集州，其即古曲集國之地歟？其地即今四川保甯府之南江縣地。愉州疑即《博物》之愉炯，又疑即今之渝州，"愉""渝"字蓋亦通。《隋志》有渝州，即今四川重慶府地。此篇言愉州伐曲集，二地相近，皆在今四川境，於情事亦合。

有巢氏無注。按《路史·前紀》"有巢氏"，注云"或以爲夏商之間巢國"，蓋上古有巢氏之後，是爲巢伯，嘗朝武王者也。其地，殷爲南巢，周爲巢，漢爲居巢。《書序》鄭《注》云："巢，南方之遠國，殷之諸侯。聞武王伐紂，慕義而來朝。"孔《傳》亦云"殷之諸侯"。《魯語》"桀奔南巢"，韋《注》云："南巢，巢伯之國。今廬江居巢縣是也。"又《左傳》"楚人圍巢"，杜《注》云："巢，吳楚間小國。"《穀梁傳疏》亦云："巢，楚境上小國。"按此國至周穆王時已滅，春秋時興滅繼絶，復爲小國。其地即漢之居巢縣地，唐改爲巢縣，今隸安徽之廬州府，其故城在今巢縣東五里。

鄶君無注。考"鄶國"之"鄶"，《詩·國風》作"檜"。鄭康成《詩譜》云："檜者，古高辛氏火正，祝融之虛。祝融氏名黎，其後八姓，惟妘姓檜者處其地焉。"《大戴禮·帝繫篇》陸終氏第四子曰萊言，是爲云鄶人。"云"即"妘"也，《世本》無此字，"萊言"作"求言"。孔氏廣森《大戴補注》云："《逸周書》重氏所伐者，古鄶國也。周復封萊言之裔於鄶，則《詩》有《檜風》是也。"《詩譜》又云："檜國在《禹貢》豫州外方之北，滎波之南，居溱洧之間，其國北鄰於虢。"按鄶地有二説。《左傳》鄭有鄶城，杜《注》云："鄶城在密縣東北。"又徐廣《史記注》亦云"鄶在密縣"。此一説也。韋昭《國語注》云："鄶，今新鄭也。"又《郡縣志》云："鄶城在鄭州新鄭縣東北三十二里。"朱子《詩集傳》亦云："今之鄭州，即其地也。"此又一説也。有合二説而言之者，《通典》云："密縣，古鄶國，有洧水、溱水。鄭州新鄭縣有溱、洧二水。本鄶國之地，密與新鄭連境也。"又《明一統志》云："新鄭縣，周封檜國，密縣亦鄶國地。"今按鄭州與新鄭縣、密縣連境，西爲密縣，南爲新鄭縣，北爲鄭州，鄶國之地，殆介於此三州縣之間，諸説皆是也。又按此篇所言重氏滅鄶，據《竹書紀年》在帝高辛十六年，遠在周穆王前。而《鄭語》史伯於幽王時，請鄭桓公寄孥於鄶，其後武公卒滅鄶。《水經注》引《紀年》言晉文侯爲鄭克鄶，事在穆王後。意者重氏所滅古鄶國地，在密縣；鄭所滅武王復封之鄶國，地在鄭州新鄭縣歟？

重氏無注。考重氏乃少昊之子，顓頊時南正重之後。在陶唐爲羲仲、羲叔，在周爲重氏諸侯。《書·呂刑》云“乃命重黎”，《史記》云“顓頊命南正重司天，北正黎司地。唐虞之際，重黎之後，使復典之”，《索隱》云“據左氏，重是少昊之子，黎是顓頊之後”。按重之後，陶唐爲羲仲、羲叔；黎之後，陶唐爲和仲、和叔。故孔安國《書傳》云“重即羲，黎即和”，揚子《法言》亦云“重近羲，黎近和也”。在周，則重之後無考，黎之後爲鄶國也。

共工無注。按此言唐氏伐共工，則非上古諸侯，乃即《堯典》之共工也。《堯典》共工，少皞之後，而孔《傳》、鄭《注》並言共工乃官名，非人名者，以《舜典》又言命垂作共工，乃官名之證。此共工則先世居此官，而以官爲氏。故鄭《書注》謂“共工，水官”，其人名未聞。今考共工名“窮奇”或謂名“康囘”者，非也。《書》言共工“靜言庸違”，列於“四凶”。《左傳》言“少皞氏有不才子，靖譖庸囘，謂之窮奇”，亦列於“四凶”，杜《注》云即共工。《書》言“靜言庸違”，《左傳》作“靖譖庸囘”，形近、音近而字異也。或以爲名“康囘”者，《楚辭·天問》云“康囘馮怒”，王逸《注》誤以康囘爲共工之名，不知康囘即庸違。“庸”“康”形近，“違”“囘”音近而字異。如秦《詛楚文》之“康囘無道”，亦即庸違也。共工既居朝列，又受封有國，而列爲諸侯，故爲堯伐也。

上衡氏無注。考上衡，當是伊尹之後。《通志·氏族略》云：“伊尹爲湯阿衡，子孫因以爲氏。”上衡氏當是衡氏之別支，其國之地，或即是《唐志》之衡州，即今衡陽縣地。

南氏無注。考《水經注》引《周書》曰：“南，國名也。南氏有二臣，力均勢敵，競進爭權。君弗能制，南氏用分爲二。”所引即此篇之文。《韓詩敘傳》云：“其地在南陽、南郡之間。”按漢之南陽，即今襄陽；漢之南郡，即今荆州是也。

有果氏者，注云有果亦“國名”，不言其地。按《唐志》有果州，屬山南道。五代亦有果州，其故城在今四川順慶府南充縣北，或即古之有果地歟？

畢程氏無注。考《竹書紀年》云：武乙二十四年“周師伐程，戰于畢，克之”，此程國而兼有畢地，故即以畢程爲氏也。後文王嘗居程，而以其地封其子爲畢公。《大匡解》云“維周王宅程三年”，《孟子》“文王卒於畢郢”，亦作“畢程”。《左傳》云“畢、原、酆、郇，文之昭也”，杜《注》“畢國，在長安縣西北”，此即古畢程氏國地也。

陽氏無注。考陽國，見《春秋》閔二年“齊人遷陽”，杜《注》云“陽，國名”，即此陽氏也。又《戰國策》言“陽侯之波”，《注》引《博物志》云：“陽國侯溺水，因爲大河之神。”此即陽氏之君也。至《廣韻》言“周景王封少子於陽樊，後裔因邑命氏”爲陽氏，非此之陽氏也。

穀平無注。考《晉志》有粟平縣，屬桂林郡，未知即此穀平國否。

阪泉氏無注。考《左傳》《大戴禮》，並言黃帝戰於阪泉，此阪泉氏蓋即蚩尤，炎帝之後也。本文云“徙居至于獨鹿，諸侯畔之”，證以《嘗麥解》：“蚩尤乃逐帝，爭于涿鹿之河。赤帝大懾，乃説于黃帝，執蚩尤，殺之于中冀。”按涿鹿即獨鹿，涿鹿之河即阪泉。《史記·五帝本紀注》所謂阪泉，一名黃帝泉，至涿鹿與涿水合者也，其地在今直隸保定府。

（元）［玄］都無注。考《竹書紀年》帝舜四十二年“元都氏來朝，貢寶玉”，即此（元）［玄］都也。

西夏者，考《書·太甲》曰“惟尹躬先見于西邑夏”，孔傳云“夏都在亳西”，按此即今山西之夏縣，禹舊都也。此篇言唐氏伐西夏，則遠在夏殷以前，其地先爲西夏之國矣。

重邺無注。《漢志》有重邺縣，當即古之重（邺）［邱］國，漢隸平原郡，即今山東濟南府之淄川縣地。

有洛氏無注。按此言成商伐有洛，成商，湯也。考《竹書紀年》帝癸二十一年“商師征有洛，克之”，與此合。有洛氏蓋居洛水之上，因爲國名。猶《書·五子之歌》“畋于有洛之表”，言洛水之表也；亦猶羿遷窮石，曰有窮氏也。

以上二十七國，皆略可見者。尚有二國，曰縣宗，曰續陽，則不可考。謹闕其疑，不敢强説。至此篇稱唐堯曰唐氏，稱成湯爲成商，並與他書異。其餘所稱有虞氏、夏后氏、殷商，則皆指虞、夏、殷之後人也。

此篇之作，在穆王二十四年。《竹書紀年》云“王命左史戎夫作記”，即此《史記解》是。

元元本本，彈見洽聞。

京房、管輅、郭璞論

朱逢甲

漢之京（明君）［君明］，魏之管公明，晉之郭景純，皆深於《易》而精於數，而三人微有不同，京守正而昧時，管守正而過中，郭不正而昧時。管令終而京、郭不令終，君子歎管之倖免。京、郭之自貽，豈精數而難逃數哉？實深《易》而未體《易》也。

夫《易》冠羣經，書成四聖，所以明大道也。其要旨有三：曰正，曰中，曰時。欲人知進退存亡而不失其正，又隨時取中也。聖人體《易》明大道，三人學《易》流小數，致成術數之學。無知者神之，有識者小之。請分論三人。

京房爲焦延壽弟子，深於《易》。所著有《易傳》三卷、《周易章句》十卷、《周易錯卦》八卷、《周易飛候六日七分》八卷、《周易四時候》四卷。又精於數，著有《周易災異》六十六篇、《周易妖占》十三卷、《周易占事》十二卷、《周易守林》三卷、《周易混沌》四卷、《周易委化》四卷、《周易逆刺占》十二卷、《周易積算法雜占條例》一卷，見於《漢志》《七録》《隋志》《通考》。

其《易傳》，漢李固《對策》、《漢書·五行傳》，唐李氏《易解》、孔氏《易疏》、《大衍歷議》皆引之。考《漢書·京房傳》，言房説《易》，分卦直日，以風雨寒温爲候，各有占驗，用之極精。宋楊龜山謂房以卦爻當期，原出《繫辭》，以氣候分爻，本於《易緯稽覽圖》。又孟康、晁説之、林艾軒，皆發明其每卦六日七（日）[分]之旨。近世惠定宇撰《易漢學》，博采眾説，發明納甲、世應、飛伏、游歸、占驗、風雨寒温、蒙氣，詳至二卷。至其數精，故其上封事，自謂言災異未嘗不中。谷永對日食，引房《易占》。郎顗上封事，引京《飛候》。宋胡旦亦謂其有驗。

而劉向論諸家異説，以房爲異。金君卿謂房分卦值日，候風雨寒温，非聖人垂教之意。宋咸謂京房假《易》以行術數，好怪之甚。李清臣謂房爲六日七分之説，自託於《易》，謂之伎術，非聖人之徒。趙汝楳謂房學儕於讖緯，則又均有貶詞焉。

今按房之爲人，數上封事，指陳時政得失。謂上大夫覆陽而上意疑，臣道盛，君不勝。自是守正直言，有合《易》之貞正。然房之時何時乎？時未可以言而言，遂爲石顯譖誅。悲夫！故曰房守正而昧時，於《易》之言時變，尚未深體也。

當延壽傳《易》於房時，即嘆曰："得吾道以亡身者，必京生也。"而房在獄時，嘗謂弟子周廠曰："吾死四十日，客星必入天市，即吾無辜之驗也。"後果如其言。則於數亦誠精矣。

管輅亦深於《易》。所著有《周易通靈訣》二卷、《周易通靈要訣》一卷、《周易林》四卷，見於《隋志》《唐志》。又《世説》載何晏不解《易》中九事，迎管公明共論，公明剖析元旨，九事皆明，又云"善《易》者不言《易》"。又《輅別傳》載與劉邠論注《易》事。輅誠深於《易》者也。

又精於數。天文占相之術，言輒奇中。嘗自歎曰："天與我才明，不與我年壽。恐四十七八間，不見男婚女嫁也。"卒驗。元胡一桂亦謂輅精卦筮，窮極幽微，占吉凶無毫髮爽，射覆説相亦皆神妙。輅誠精於數矣。

然宋趙汝楳謂輅筮卦，乃絶口不及《易》中辭義。明郝敬亦謂輅著占，於《易》理自謂得其源，然此實一人一家之學，於民義物則、至德要道無與焉，聖人所謂隱怪弗爲者也。則又有貶詞焉。

至輅之爲人，守正而過中。如何晏嘗以夢青蠅集鼻爲問，輅告以小心求福之道，輅固甚正也。乃鄧颺嗤以"老生常談"，輅答以"老生見不生，常談見不談"，言雖正而已微峻。至其舅責以言切，輅乃曰："與死人語，何畏！"則剛而不中，言雖正而過中矣。

即論其以相術決何晏、鄧颺必敗，謂皆非遐福，雖驗而語亦太切，雖正而過中。其不被禍，幸免耳。特晏、颺雖位崇附勢，究殊於石顯、王郭之凶燄耳，否則不如京房、郭璞之見殺者幾希。夫人貴守正，尤貴得中。孔子與上大夫言，誾誾如，豈若是耶？與凶暴之陽虎言，諾而不辨，豈若是耶？《易》言中行、中道，豈若是耶？故曰輅守正而過中。

郭璞亦深於《易》而精於數。著有《周易林》四卷、《周易洞林》三卷、《周易新林》九卷、《易立成林》二卷、《周易元義經》一卷、《易斗圖》一卷、《易八卦命録斗内圖》一卷，見於《晉書》《七録》《隋志》《唐志》《宋志》。

考《晉書》言璞師郭公，得《青囊書》九卷，遂洞天文、卜筮之術，撰集占驗六十餘事，名爲《洞林》。又録京房諸家要旨，撰爲《新林》十篇、《卜韻》一篇。按《洞林》之文，今引見於徐堅《初學記》者甚多，驗其占法，無不奇中。所謂"林"者，自爲韻語占决之解，如焦贛《易林》，猶有《左氏傳》繇辭遺意。璞誠精於數矣。

然胡一桂謂璞之《洞林》，斷法用六神，只用卦爻，不假文字，又雜以説相、葬法、行符、壓勝之術，流於技藝，《易》道日以支離卑下矣。則又有貶詞焉。

至璞之爲人，《晉書·郭璞傳》言其貪財好色，實不正甚。如爲太守胡孟康占廬江當敗，乃愛其婢，而散豆作術，復愚以占，得婢而去，此近無賴所爲。又如爲王導占，而斷柏代震厄；爲趙固占，而得物使馬活，皆近索隱行怪所爲。又明知時亂不可仕，而尚以才高位卑，作《客傲》一篇。雖託言樂天，而昧時實甚。雖明知己與桓藜數當遇禍，乃裸身被髮，銜刀設醋，禳之於廁，復何益乎？終不免於雙柏下之死，以不正而昧時也。然其死以忤王敦，人雖不正，死則甚正，君子終有取焉。

且璞著述甚富，《晉書》稱其注《爾雅》，别爲《音義》《圖譜》，又注《三蒼》《方言》《穆天子傳》《山海經》及《楚辭》《子虚上林賦》數萬言。按璞不惟精數，自是才人。如《江賦》《遊仙詩》，至今膾炙人口。而今世所傳《葬書》一卷，題爲璞撰，本傳未言，恐是僞作。即本傳所言《青囊書》，亦言天文、卜筮，不言相地。璞之言葬，僅龍耳致天子、葬母於暨陽兩事，亦仍用筮也。又郭墓有二：一爲璞母墓，即本傳所言璞卜母葬地於暨陽，去水百步，謂當即爲陸是也，在今江陰縣境；一爲璞墓，即《王惲集》所言金山西北大江中，亂石間叢薄爲郭璞墓是也。然璞必以母及己尸葬於水次江中，以神其數，亦非中道。璞雖深於《易》而精於數，究之深《易》而未體《易》，於正、中、時三者，概乎未能行也。古之論三人者，晉王廙謂璞之爻筮，雖京房、管輅不過也，則譽景純。隋王通則謂京房、郭璞古之亂常人，則貶君明、景純太過。宋晁公武則謂京房明於象數，不達於進退，深於《易》，惜非善用其《易》，嚴遵、管輅善用其術而令終，京房、郭璞不善用其術而自斃。此論三人近是。今論三人,斷以三言曰:京守正而昧時,管守正而過中,郭不正而昧時。以三人深《易》,即以《易》斷。

　　分處能詳,合處能斷。線索清楚,波瀾老成。

者孰是？曰：皆是也。此可以《會典》二言斷之，曰："礦旺則開，竭則閉。"文恭以旺而開，恪靖以竭而閉也。

至礦之稅，《會典》云"賦其什一曰礦課"，又云"賦入視出產之眾寡，歲無常數"。按稅之多寡視礦之旺竭，定法本至善也，而後有改為定額者，則礦減即官累矣，官民視開礦為畏途矣。或曰：開采安能保不亂？曰：今之礦甚多，未聞兆亂也。竊見如雲南之他郎、貴州之天旺皆有金礦，雲南多銅礦，貴州多鉛礦，興義有水銀礦，冊亨有雄黃礦，此諸礦久開，未聞兆亂也。又考之《會典》，則礦尤多。《會典》言廣西、雲南、貴州產黃金、白金、赤金、錫、鉛、鐵、水銀、丹砂、雄黃，山西、四川、廣東、湖南亦產赤金、錫、鉛、鐵，湖南亦產水銀、丹砂、雄黃。此諸礦之稅，如仍遵《會典》而不立定額，則亦去弊之一端也。至防私開、漏稅諸弊，則諸處章程已密矣，不具論。

援古證今，而折衷以《會典》，使耳食者無所藉口。

礦稅利弊議

王履階

皋陶之理刑也，不過曰明允；《大學》之理財也，不外乎平治。為國家策治安者，可不明且平哉？故不見所利，獎端自絕，事之見為極利者，皆獎之最深者也。金與鏐鐵銀鏤，貢始虞夏；金玉石錫之禁令，載於《周官》；金冶、銀冶之征榷，起於唐宋兩朝；至礦徒擾民、礦稅病民，明代礦事，獎有不可勝言者。夫金、銀、銅、鉛、錫、鐵，國家之寶也。天地山川蘊積精華之氣，歷千百載而始凝，蓋生有用之財，待人節用，何忍棄置於無用，使隱沒而不彰？礦事可置則置，行之惟在其人也。不設官則相爭，不立稅則無制。稅者，恐民之爭利以為民防也，特不可罔民之利，因以自利其身家者。竊擬以適中之法。宋建炎七年，工部乞依熙甯故事，以金銀坑冶召民采取，自備物料烹煉，官稅十分之二；金大定三年，金銀坑冶許民開采，稅二十分之一。蓋稅以苗衰旺爲準，苗旺視宋，苗衰視金，所謂事舉其中，不見利終無獘者以此。夫礦場之采自民，與采自官，等采也而利獘立見焉；礦稅之徵於民，與民自供於官，等稅也而利獘亦立見。其故何者？民自采取，分段爲限，惟力是求，故其工省；烹煉物料之費，悉心體察，概從簡便，其用亦省。故除稅額正供及一切食用外，家中尚有餘資。若設官監局，水陸舟車夫馬之往來，胥吏之册籍，衙役之奔走傳呼，親隨之侍奉左右，少者數十人，多者不下百餘人，所費不知凡幾。故供之民者，稅雖輕，而課額常裕如；監之官者，稅雖重，課額恆虞不足。總之極繁之事，以至簡之心御之，則庶務安；公家之事，以私家之事行之，則輿情洽。彼桑宏羊、孔僅之稅鹽鐵，行駔儈之事也；唐劉晏、第五琦之爲轉運，操奇贏之術也；明世之以中官監礦事，直害民之政耳。善乎李雯之論鹽政也，計所出之多寡，就竈徵稅，不問所之。夫礦稅猶之鹽課也，宋建炎、金大定之政，固適中之政，李雯之論，亦御繁以簡之意。杜其獘竇，即開利源，制肅令嚴，事無煩擾，則不求利而自無不利，不矯其獘而獘自除矣。

有精當語。

礦稅利弊議

汪晉德

礦冶之盛，實始於宋代。各道置金冶十有一、銀冶十有四，大約天下歲課金萬餘兩、銀二十餘萬兩，未嘗有礦稅病民。後召百姓采取，自備物料烹煉，官收十分之二，其法始一變，亦未嘗民受礦稅之累者。金世宗大定三年，金銀礦冶許民開采，二十分取一爲税，此開采最善之法。明代又變民採爲官開，陝西商縣銀礦八所，福建尤溪縣爐冶四十二座。永樂中分遣官赴湖廣、貴州采辦金銀課，福建歲額增至三萬餘，浙江增至八萬餘，亦尚無礦税病民之處，何則？税輕則利在民，即税重而嚴緝其獎，則利在國者亦利在民。所患者緝私不嚴，則有偷漏之獎；正供不核實而浮收，則有侵漁之獎，此尤利獎之顯者也。大抵礦之設立，官采之則不足，民采之則有餘。且民采而官税之，則有利無獎，若興官采而禁民采，則利不勝獎，此又理勢之較然者也。夫五行百産之精華，本取不盡而用不竭，果其官不禁民之採，税收十之一二而不立定額，惟視礦之盈歉以爲權衡，益見礦課無不足而與民同利、上下相孚矣。則議礦税者，當以民采而官税之爲定法也，又何疑焉？

　　切當。

八旗兵制攷

姚文棟

　　國家龍興之初，初立八旗。八旗兵凡六萬人，合滿洲、蒙古、漢軍爲一。天聰間，分蒙古爲八旗，兵萬六千八百四十。崇德間，又分漢軍爲八旗，兵二萬四千五十。自後歸附日衆，生齒日繁，兵亦日增無定額。順治元年，世祖章皇帝定都燕京，各八旗兵從龍入關者，不下二十萬。其時都統準塔征山東，英王征陝西，豫王征江淮，每路兵各五六萬。而京師宿衛之兵，及內大臣和洛輝留守盛京者，亦各數萬，蓋不啻再倍於從前矣。天下既定，乃別八旗之色，而定其方位，各位於所勝之方：正黃、鑲黃位北方，正白、鑲白位東方，正紅、鑲紅位西方，正藍、鑲藍位南方。位藍於南方者，以藍代黑故也。今攷乾隆、嘉慶來八騎之兵制，大略有二端：曰禁旅，曰駐防。京師禁旅分隸於八都統，八都統者，八旗各一。滿、蒙、漢都統所統曰驍騎營，其隸驍騎營者曰馬甲，馬甲之優者，選以司檔冊；俸餉曰領催；領催、馬甲之外，掌治軍器者曰匠役。凡滿、蒙、漢領催、馬甲，共三萬四千六百二十七；匠役名目不一，有弓匠、鐵匠、鞍匠、鍛匠、銅匠及箭匠、骹頭匠之別，共千三百九十一，皆屬於八都統。其不屬八都統者，曰前鋒營，曰護軍營又有圓明園護軍，別爲營，曰火器營，曰健銳營，各隸於統領及總統大臣，與領侍衛內大臣所屬之親軍皆司宿衛，扈警蹕焉。前鋒、護軍，八旗之精銳，親軍惟上三旗有之；健銳即雲梯兵，亦爲前烽；火器亦即護軍，所屬有礮甲、有烏鎗護軍。統計親軍、前鋒，各千七百七十，護軍萬五千四十五，健銳二千、礮甲、鳥槍護軍六千一百九十五。之萬七千七百十人者，皆滿洲、蒙古兵，漢軍不得與。而漢軍驍騎營所附散設之礮甲三百二十人，籐牌兵八百人，舁鹿角兵二千一百六十八人，亦滿洲、蒙古驍騎營所無。惟步軍營領催步軍二萬一千一百五十人，則合滿、蒙、漢以爲營，與驍騎營同，而別隸於統領。他如虎槍營兵六百人，善撲營勇士三百人，各簡大臣以統之，此八旗禁旅之大略也。八旗兵之駐防在外者，其制與禁旅不同，禁旅滿、蒙、漢各爲營，而駐防則合滿、蒙、漢以爲營也。駐防之地，畿輔凡二十五，東三省各城凡四十四，各省凡二十，新疆等處凡八。大抵受治於城守尉、防守尉，而統之將軍都統及副都統。其新疆之伊犁、烏嚕木齊，則以領隊大臣治之，如城守尉、防守尉之制。東三省盛京、吉林、黑龍江，以及福州、廣州、乍浦，皆於騎、步外別設水師營。吉林、黑龍江，又有火器，亦別爲營。凡駐防畿輔兵八千七百五十八，新疆兵萬五千一百四十，東三省兵三萬五千三百六十，各省兵四萬五千五百四十。此外則有守陵寢、守圍場、守邊門之兵二千九百七十，總計邊腹地駐防兵十萬七百有奇，與禁旅數略相同焉。若夫打牲、游牧之隸八旗者，除吉林三姓城打牲壯丁不編佐領外，黑龍江打牲九十七佐，及察哈爾、呼倫貝爾游牧諸旗領百七十佐領，共兵萬五千有奇。此八旗駐防之大略也。夫開國以來，涵濡休養者二百餘年，八旗佐領丁壯當愈增，而兵則有定額，故嘉慶來《會典》所載，京師滿洲佐領六百八十一，蒙古佐領二百有四，漢軍佐領二百六十六，駐防佐領八百四十，共二千佐領之數，當有壯丁三十萬。駐防佐領之外，又有防禦所轄者，亦不下數萬。而中外禁旅駐防額兵，常不過二十萬人。此外惟養育兵二萬七千有奇，著有定額。計旗人閒散無口糧者，尚不啻十萬有餘。其人不能爲農工商賈，而朝廷又無以給其欲而遂其求，則其事□無資，俯仰皆窘，可意想知也。當事者所當量爲變通，而汲汲然爲謀生計也夫！若夫八旗左右翼之界限，上下包衣之次序，不詳著云。按魏源撰《聖武記》在道光季年，述稱八旗兵二十萬；而咸豐元年，曾文正疏言八騎兵三十五萬。兩人時代甚近，所言各殊，意曾據佐領數言之，而魏舉兵額實數也。謹質所疑於此。

　　語能扼要，迥異鈔胥。

改土歸流説

姚文棟

　　昔人言五帝三王，不沿禮襲樂。今日腹地土司之不可置，亦如封建之不可行。然吾觀雍正時，朝廷經略西南夷，西林相國首創改流之議，由是蜀粵滇黔闢地二三千里，而湖廣四大土司，亦先後呈改土籍，邊省靜謐者百餘年，民到於今猶有頌其賜者。而其時疆吏儒臣如楊文定、張文敏諸人，皆訾改流爲非，欲棄已闢之苗疆，以撓成績，則又何説？鳴呼！此殆書生迂見，非經世遠識也。夫苗民自古逆命，歷代以來，皆爲蠻地。曩蠻酋強盛時，能控制羣苗，有事則

苗從指喉，爲内地患，故籌邊者惟思撫蠻以制苗。明代苗患漸熾，
粤黔楚獞苗嘯聚，而滇蜀多土司尋兵，終明之世，苗患不熄。説者
謂宋以前專主撫綏，則高爵厚賞不屑欲；明以後專主防範，則築哨
屯兵不遏蠻。兩者於治苗之道均無當。至我朝而煙瘴之域，悉成
户口貢賦之區；頑悍之民，悉被衣冠禮義之俗。苟非改土籍爲流
官，何以出苗民於水火，奠邊省於金甌若此哉？盛哉我大清威德
乎！古未有也。在訾改流爲非策者，必謂土司世守苗疆，久已安於
並生，不當輕有改革。然攷土司受職之始，非有不世之勳，而元明
迄今六百餘年，安然坐享不朽之業，無功無德，何以堪此？且此輩
狼子野心，肆行酷虐，苗民田産子女，惟其所欲，草菅人命，如兒戲
然。毋亦世官之流弊，有以啟其驕淫殺奪之心，而尠能由禮耳。治
貴因時變通，不當泥古執一。土司而改革之，誰得謂爲過者？宋祖
有云："臥榻之旁，豈容他人鼾睡？"況使侏㒧異類，深根固蒂，分據郡
縣中，又豈國家久安長治之良策乎？其當改流一也。或者謂夷人
習俗攸殊，流官不諳風土，是仍用以夷治夷之法，是又不然。夷民
種類雖別，而畏威懼法之心，與舍苦就樂之情，則與華民略同。苟
善撫之，誰非赤子？且苗地錢糧極重，有大派、小派諸名目，其歲輪
徭役，較漢民丁糧加多十倍。朘削之苦，莫可名狀。加以土司殘
虐，屠戮不時，飲泣吞聲，無敢與較。故其翹望天日，願如漢民之沾
被皇恩者，千萬人猶一心也。嗟乎！率土之濱，莫非王臣，乃忍令
若輩子孫累葉，永沈淪苦海中乎？是則改流之不可緩者也。或又
謂土官管轄苗民，仍聽流官節制，似在土無異於在流，此又非也。
夫地方牧令將弁，多有利土司蠢懦，留爲魚肉資者，往往爲此言以
惑人。不知土司暴斂，其端肇於流官。流官貪其貨賂土司，藉端剥
取，費一派十。苗民疲於供億，貧則爲盜，其患方長。且流、土既
分，則民、夷隔別，豪強侵侮之，兵役擾害之，鋌鹿走險，激成釁端，
仇殺之風，實起於此。甚至狓猖蠢動，了無顧忌，何嘗非流、土各分

畛域之所致乎？即平時命盜案件，苗犯潛匿寨中，艱於緝捕，流官隱忍了事，視爲故常，是則流官雖擁節制之虛名，而實於事無裨，又不如改流之爲愈也。然則改流奈何？曰：未改之先，當以漸而去之。暴橫者參劾不恕，有故者停襲不補，又擇其賢者薦擢他職，此令狐綯處宦官之法也。既改之後，當漸有以變更之。減賦役以甦其力，興禮教以革其心，又須編聯保甲以靖盜賊，此朱子治邊省之法也。若夫臨近交緬各司，與我土地不相錯雜，城郭不相逼近，其地荒遠特甚，瘴癘尤多，設防兵則恐其染病，運糧米又不免殫財，但須繫屬羈縻，不宜遽有變革，此又諸葛武侯用其渠帥之意也。

原原本本，切實明暢。

改土歸流說

王履階

苗蠻風土，其地險，其俗悍，其人趫健，其兵械銛利。雖有長官土司，惟聽土目發縱指示，不受官司約束。宋元以來，屢動王師，時服時叛，每窺伺中朝官之柔懦廉幹以爲動靜。狃於積習者，謂言語不通，嗜好不同，衣服異制，五味異和，器械異宜，世與吾民雜處，苟中無喜事，自屬耦居無猜，何必臣其民、食其稅，裂其盡郡縣？此區區之地，竟欲改土歸流以爲得哉？且其民專恃劫奪以爲生，日尋仇釁以爲事，貪利忘害，惽不畏死，滇黔粵蜀之民，被其流毒者數百年。有良田而不知耕，有奇材而不知用，有寶藏而不知采取，具性情而不知廉恥，畏兵威而不知感懷，非獨稟質異人也，亦地之形勢使然與？

曰：吾議改土歸流，正爲是數端也。苗疆犬牙相錯，於數省中，惟與四川、雲貴毗連者，獨多膏肥之地。四隅準測，幅員幾及二千里。籍户口,區土地,扼險要,建城池,踞其險,彼失所恃;駐以兵,使有所憚。以地形言,宜改者一。峻嶺矗層霄,箐深窮百里,輪囷大木,生自鴻荒,竹箭琅玕,一望蒼碧,此中土美利也。彼第視爲薪蒸之物,不甚愛惜,苟能節取,則材木不可勝用,宜改者二。天地精英所聚,久則必宣;山川清淑之華,積而必發。苗鐵固推重一時,銅銀備國用,藥餌資養生,他省珍寶視之,彼民泥沙賤之,徵其物產,亦少助庫藏於微芒,宜改者三。至信可格豚魚,盛德可感異物,苗雖頑,同是人耳。人同此心,心同此理,父兄亦知親,長上亦知戴,悉意撫綏,忍自甘化外哉?宜改者四。苗俗雖悍,苗情則直,官吏於正供外,不取絲毫,亦知感戴之不能忘。昔趙翼知鎮遠府,貸穀出入如一,即滿路謳歌,有成效也。能數年潛移默化,詎天良之不發於中哉?宜改者五也。

若夫不改之害,官司之威赫於疆吏,土目之暴甚於官司。上徵一而土目取十取百,下供一而土目先盈十盈百,一年四小派,三年一大派,小計錢而大計兩。苟斂之害,有如是者。殺人者死,常刑也。土民有罪被殺,其親族必輸數十金,謂之墊刀金。其他被冤者不敢伸雪,被刑者剝膚炙骨,慘酷之狀,口不忍言,其刑有如是者。良苗恆爲土目魚肉,而悍苗爲之爪牙,苦役則當之,美差則匿之。國家或大徵召,檄及土司,撥充兵役者,皆良苗、富苗也。而悍苗且糾結奸民,從中生事,其獘端有如是者。喜慶,恆事也。官司與土目有喜慶,民竝竭資財以供之,雖糜費不知惜;民若有事,則官司與土目主持之,竭力承奉而不知顧。甚至土司一取子婦,則土民三載不敢昏,其難言之苦又如是。因其便,除其害,彼狃於積習者,猥曰未爲得也哉?

　　論利害極明。

苗疆屯田説

姚文棟

雍正時西南夷改流，疆吏乃有屯田之議，粵黔滇蜀皆有之。自後湖南、貴州等處，設有苗屯官兵，著爲令典，此苗疆屯田所自昉也。竊嘗論之，軍中餉糧，全資轉運，其出奇制勝者，則有因糧於敵之法。然因糧於敵，不可恃以爲常，而遠地轉餉，曠日勞民，所費必不貲。且恐敵伺微瑕，巧資吾餉，則轉運亦未可全恃。古人乃議於用兵近地，擇一有水可通舟之處建設廠倉，節級運儲其中，以轉達軍所，所謂近地儲餉者也。然此皆就行軍時言之耳，若其無事而謀經久，則必以屯田之説爲不可易。況雲貴地居天末，山多水少，轉餉尤艱。而平西建藩以來，歲需各省協撥，至今沿爲成例，每歲撥銀計須數十萬兩，爲百年計，豈非隱憂？且計雲貴地方數千里，苗疆新闢之地，又二三千里，地廣人稠，生計宜裕，而兩省歲徵錢糧，僅十萬有奇，不如江南吳江一縣。夫雲貴堂堂兩省，其錢糧乃不如他省一縣，而束手仰給於外省之協銀，豈其田皆石田歟？亦地利之有未盡耳？然則民墾之外，苗屯尤當講究也。

難之者曰：苗地山箐深密，田無可耕，瀘水以南，自昔稱爲不毛之地。屯田非策，不可行。苗民性悍而惰，戰鬥是其所長，荷鋤或非所樂，強之使耕，恐變生不測。苗屯非策，亦不可用。

則解之曰：苗地未改流時，土司朘削民膏，富強雄累代，苗民不工不商，苟非出之於田，何以供億其上？即雲貴山多地少，近水既種粳稻，旱高處亦可種雜糧，原無可棄之地利也。且苗民頑悍性成，尤當導之使耕，俾知有利可圖，以柔其氣。倘使游手好閒，非特開其鬥很之習，且恐謀生無資，則流而爲盜。故屯田之説，未嘗不大有益於邊省也。且苗疆屯田，就今而論，較前尤有四利。

昔時民、苗雜處，防範難周，禾黍成熟，輒憂搶割。今則邊氛既靖，屯種之地，一無蹂躪，播植尤易見效。如蜀省東川一府，爲土目盤踞時，膏腴四百里，無人敢墾；自雍正六年改流，而屯田所入，歲收二萬餘石，是其明證，此一利也。

雲南跬步皆山，不通舟楫，田號雷鳴，無灌溉之利，高原遠水之地，多有棄於草萊者。鄂文端公督三省時，大興水利，由是滇之昆明、海口，與黔之磁洞八達，粵之楊林諸河，一一宣流貫行，農田藉資引灌。乾隆初，□言水利有關民食者，皆令及時興修，以期有備無患。自此曠土得沾水利，益可化瘠爲腴，此二利也。

土司聚斂剝民，私橐所徵，百倍歲額，苗民受其擾累，耕種亦無恆心。今既輕減徭賦，俾稍息肩，益可竭力務農，以沐聖世高厚之恩。高宗朝盡豁新疆錢糧，永不徵收，以杜官胥之擾。而屯田養兵之效，隨見於後日，則其時苗民之樂業可想，此三利也。

邊地陰盛陽伏，瘴癘特多，地氣常不得上達，改流以後，慶雲見於南方，占者謂有萬物昭蘇之象。故西南夷靖，而久荒之土，畝收數倍。古州丹江，禾長八尺，穗五六歧，豆大如栗，地力勝於常時，蓋緣陰癘解而山澤之氣上升也，此四利也。

有此四利，而益信苗屯之有益於邊省，且大勝於平時也。倘猶指爲非策，豈通論乎？夫屯田之說，起於西漢時，其時西羌不服，塞下空虛，古人用之以實邊計。其後棗祗行之許下，武侯行之渭南，猶是道也。國家定鼎以來，西北如伊犂、烏嚕木齊、巴里坤諸處，皆有屯田，邊鎮換防戍兵，兼治邊屯。四川則有番屯，而西南雲貴省分，乃有苗屯。凡以裕軍儲，重邊計也。今雲貴臨近交緬，與印度僅隔片土，有逼處之慮，屯儲匱缺，尤爲隱憂。誠即苗屯而講求之，或亦古人實塞下之意歟？

　　詳備。

王會頌有序

楊象濟

國家版圖最廣，聲教遠播，四海之內，悉主悉臣。開基之始，興於東方，遂以聲服中外，遐方率土，重譯來賓，設理藩院以主之，曰内蒙古、外蒙古，爲五十一盟，又別爲東三盟。此外東南洋諸國，安南、暹羅、中山、琉球、孟加臘，皆如前代故事。惟俄羅斯於龍興之初，遠餉火器，世爲兄弟之國。康熙、乾隆兩朝，再遣使臣定界，列於王會，則前古所未見也。聖祖語内蒙古王曰："明人畏爾如虎，我今出師，拊爾之背，繞出河套之後，其奈我何？"皆頓首曰："今中外一家，上何作此驚人之語也？"而蒙古今畏野番，反借我兵以衛之。乾隆時創金瓶掣籤，選用黄教，則萬里之外，悉歸宸斷。聖人旋乾轉坤之妙，真有令人不可思議者。近日六大洲遠國，咸通貢獻互市，而西人又開澳旋、尼加兩路，謂之新天下，則從古言輿地者所不及。然則古聖人智周萬物，凡有血氣，莫不尊親，誠千古未見之局也。謹作頌曰：

惟清應運，撫有萬方。四海來同，罩及要荒。共球輯瑞，窮髮梯航。使鹿使犬，執贄歸王。重譯四至，遂開明堂。重洋臺灣，古所未得。今乃得之，南洋一肘。元之上都，西北之邊。我服青海，絡於祁連。銅柱表界，勒銘燕然。罔不臣服，戴此堯天。聖人曰嘻，我不黷武。來則受之，廓爾率土。章亥所步，悉主悉臣。陸讋水慄，皆爲吾賓。七萬里外，西人最強。互市初成，嗤彼越裳。臣朔珥筆，瞻此鴻儀。聖子神孫，永永繼之。

典雅。

算學

設如句股容圓形，以圓徑作方邊，句仍爲句，另作股、弦成容方形，則容方形之股，必爲容圓形之弦較和，試爲圖解

沈善蒸

解曰：凡句股容圓之圓徑，即弦和較，爲句上股丁弦，則句丁徑爲句丁（句上股丁弦），即弦丁股。又如圖，甲乙丙爲容方之句股，與戊丁丙小句股是同式形，有比例，如丁丙：乙丙＝戊丁：甲乙。且（力）[方]邊即圓徑，而乙丙句即容圓形之句。故方邊爲容圓形之句上股丁弦，丁丙爲容圓形之弦丁股，皆係已知之數；惟甲乙則爲所求數，即命天代之。其比例式可變爲弦丁股（一率）：句（二率）、句上股丁弦（三率）：天（四率），乃以二、三率相乘，得句二上句股丁句弦，一率除之，即列除法于左：法弦丁股，實句二上句股丁句弦，減（丁句弦上句股），餘實句二＝弦二丁股【丁句】；減（上股弦丁股二），餘實弦二丁股弦【上股】；減（弦二丁股弦）○【上弦】。商數即除得數。右除得數相併，得弦上股丁句，即四率天＝弦上股丁句也。夫天既代甲乙，則甲乙＝弦上股丁句是容方形之股，必爲容圓形之弦較和之明徵已。

以代數運乘除，亦簡亦净。

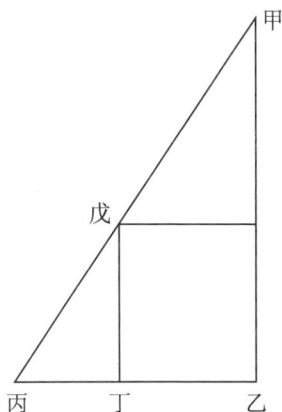

設如句股容圓形，以圓徑作方
邊，句仍爲句，另作股、弦成容方
形，則容方形之股，必爲容圓形
之弦較和，試爲圖解

沈咸喜

如圖，乙丙爲容圓形之句，丁乙爲
股，丁丙爲弦，戊乙爲弦和較，爲圓徑。
甲乙爲容方形之股，即容圓形之弦較
和。甲丙爲弦，乙丙仍爲句，戊己爲方
邊，與戊乙圓徑同。甲乙丙句股與甲戊
己句股爲同式形，可以互爲比例。與丁
乙丙句股爲不同式形，似不可以互爲比
例，而理仍相關者，則以同用乙丙句，而
甲乙丙形之容方邊，即丁乙丙形之弦和
較，甲乙大股亦即丁乙丙形之弦較和。

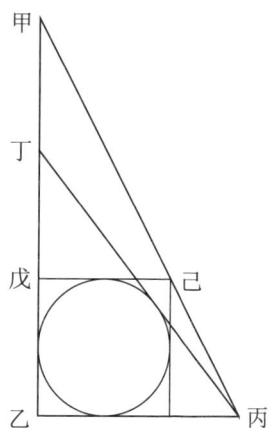

弦和較與弦較和相乘之積，等於容方形之乙丙句與甲戊餘股相乘
之積。故以戊己方邊爲一率，甲戊餘股爲二率，乙丙勾爲三率，求
得四率爲甲乙股，即容圓形之弦較和。設知容方形之句股弦，知本
形方邊即容圓形之圓徑，知容圓形句求股弦，則以甲乙股與戊己方
邊相加、折半，爲容圓形之股；相減、折半，爲容圓形之句弦較。句
加句弦較得弦。又法一率方邊，二率股，三率句，求得四率，即容圓
形之股弦和；如一率股，二率方邊，三率句，求得四率，即容圓形之
股弦較。參互錯綜，而兩形之變態於是乎見。則知甲乙丙形不特

與甲戊己形可以比例，即與丁乙丙形亦可以互相比例矣。

句股和、較之法，頗見嫻熟。

設如長方臺有高，有上廣袤，有下廣袤，求體積。其塹堵、陽馬諸積，截此補彼之理，試作圖以明之

沈善蒸

按長方臺依上面四邊直截下去，則其中爲從立方形一，四傍爲長塹堵形二、短塹堵形二，四隅爲陽馬形四。凡塹堵積得等底等高之立方積之半，陽馬積得等底等高之立方積三之一。故臺體中二段長塹堵

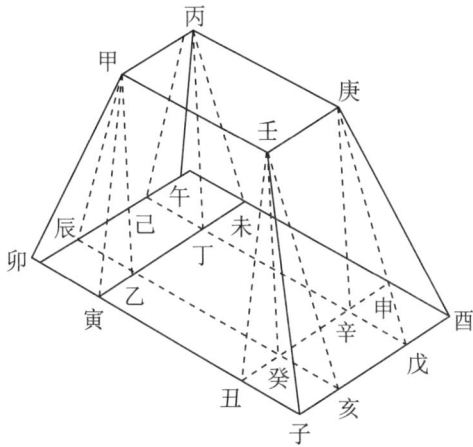

形，却合爲乙癸丑寅冪與高相乘之立方積一；又二段短塹堵形，却合爲乙丁巳辰冪與高相乘之立方積一；又四段陽馬形，合爲乙寅卯辰冪與高相乘之立方積一又三之一。然則全臺積，可以補成辛丑卯巳冪與高相乘之立方積一，乙寅卯辰冪與高相乘之立方積三之一。所以長方臺求積，一法以上廣、上袤相乘，得乙丁辛癸冪；又以上、下廣較折半寅乙與上袤相乘，得乙癸丑寅冪；又以上、下袤較折半辰乙與上廣相乘，得乙丁巳辰冪；又以半上、下袤較與半上、下廣

較相乘,得乙寅卯辰冪。四倍三除之,與前三冪相併,再以高乘之
即得。又法上袤乘上廣,得乙丁辛癸冪一;又下袤乘下廣,得乙丁
辛癸冪一,乙癸丑寅冪二,乙丁巳辰冪二,乙寅卯辰冪四;又上廣乘
下袤,上袤乘下廣,相併折半,得乙丁辛癸冪一,乙癸丑寅冪一,乙
丁巳辰冪一。乃併諸數得乙丁辛癸冪三,乙癸丑寅冪三,乙丁巳辰
冪三,乙寅卯辰冪四。以三除之,得辛丑卯巳與三分乙寅卯辰之一
相併之積,却與臺體補成上下相等形之底等。乃以高乘之,亦得長
方臺體積也。

　　圖解清確。

立圓體積得等高圓桶積三之二,立圓皮積與等高圓桶皮積等。試申其説

沈善蒸

　　按立圓體積與等高
圓桶積相減,餘爲等高圓
錐積。夫圓錐既爲圓桶
積三分之一,則立圓必爲
圓桶積三分之二。若曰:
何以知立圓積與圓桶積
相減,餘爲圓錐積也?
曰:等高圓錐積,即二个
半高圓錐積。其半高圓
錐之剖面形,如圖中辰戊
巳與午戊未也。試將二个半高圓錐一正一倒,二尖相切,與立圓共

置于平面卓上。其錐尖相切處，必與立圓心平。若依卓面平行，任截爲數段如甲乙丙丁，其甲處截開，則立圓之截面半徑甲己，即甲戊己角正弦圓錐之截面半徑甲申，即甲戊己角餘弦甲申與甲戊等，故即餘弦。凡正弦爲半徑之圓冪，與餘弦爲半徑之圓冪，相併等於半徑爲半徑之圓冪；而半徑爲半徑之圓冪，即桶底積。故甲處截開立圓之截面、圓錐之截面，相併等於桶底也。又乙處截開立圓圓錐之截面半徑，即乙戊庚角正弦乙庚餘弦等乙戊之乙酉。故其兩截面相併，亦等於桶底也，其丙丁諸截亦然。若以此理推之，雖截爲千萬截，其截面無有弗與桶底等。是立圓圓錐與圓桶逐段皆等，而其高又等，則體積豈有不等者乎？又按圓桶求體積，以桶皮積乘半徑，折半得體積。立圓求體積，以球皮積乘半徑，三除之得體積。茲既知立圓體積得圓桶積三之二，試以反求之，則可知兩皮積必相等也。

意極新，理極正，發古人所未發，此真不刊之作。

立圓體積得等高圓桶積三之二，立圓皮積與等高圓桶皮積等。試申其説

崔有洲

圓形求積，原生於三角。其求法以圓周線引直爲三角底線，半徑爲中垂線，適成平三角形。立圓亦應以皮積爲底冪，半徑爲中垂線，適成立尖錐形。其求法如循其理，不從捷術，當先求得半皮積爲立尖錐之底冪，次與半徑即中垂線相乘，得數三而一，即得立圓半積。若圓桶體之形，乃似諸平圓所疊成者，其形宛如諸平三角疊成之蒭蕘體。其求積亦宜以皮積爲底，半徑爲中垂線，相乘得數二而一，得諸平三角積，即桶積也。以三而一，二而一互乘，通而約之，則立圓積適得圓桶積三之二也。圓桶既似諸平圓之疊成者，其求皮

積之術，必用全徑爲高乘圓周，乃得皮積，其理固顯。若立圓求皮積，原生於平圓；平圓面積，得立圓皮積四之一，梅勿菴先生言之詳矣。夫平圓求面積，以半周、半徑相乘，則立圓皮積既四倍於平圓面積，是應以全周、全徑相乘，而得立圓皮積也。立圓圓桶既同用全徑乘全圓周而得皮積，故立圓皮積與等高圓桶皮積等也。

> 求立圓體積用三除，因求尖堆積，本應三除也；求圓桶體積用二除，因求諸平三角積，本應二除也。舉此證之兩積比例，已無遁形。作者有此精意，若更能曉暢其說，則尤善矣。

問：平三角兩邊夾一角，舊法以兩邊和爲一率，兩邊較爲二率，半外角正切爲三率，求得四率爲半較角正切。舊圖不甚明晰，能否作新圖以解之？

沈善蒸

解曰：如圖甲乙戊三角形，甲乙邊、甲戊邊爲所知之兩邊，而甲角爲兩邊所夾之角。蓋圖中之甲丙等於甲乙邊，甲丁等於甲戊邊，故乙丁即兩邊之和，丙戊即兩邊之較。凡三角形之三角相併，等於半周，故甲乙丙、甲丙乙兩角相併，即半周內減去所夾角，亦可爲外角。又甲乙丙、甲丙乙二角相等，故其二角皆爲半外角。又外角內減去甲乙戊角，即甲戊乙角再減去甲乙戊角，即三角形乙、戊

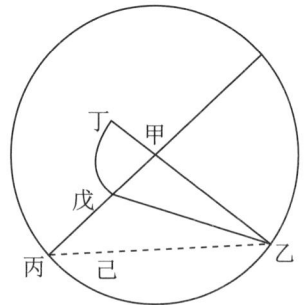

二角之較。名曰較角,兹戊乙己角係半外角内減去甲乙戊角,與全外角内減去兩个甲乙戊角折半無異,故爲半較角。若丁己爲半外角正切,而戊己必爲半較角正切,同是以乙己爲半徑故也。又乙己丁與丙己戊是同式句股形,有比例,所以乙丁兩邊和與丙戊兩邊較比,同於丁己半外角正切與戊己半較角正切比也。

附《數理精藴》所載舊圖:

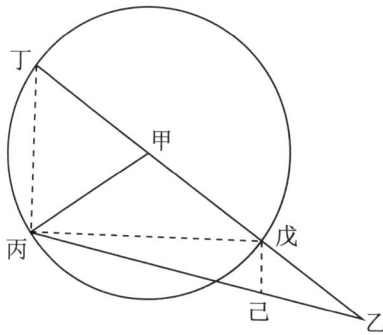

明析簡括,絶無雜糅隱晦之狀。視前人圖説,殆遠過之。

理分中末線,可推廣其法,爲求平圓外切八等邊之用。以圓徑爲首率,令倍中率、加末率與首率等,求得中率即八邊之一。試攄其理而詳其法

沈善蒸

按西人理分中末線,即三率連比例。其全分即首率,大分即中率,小分即末率。爲圓内容十等邊,求邊之用,使中、末率相加,等於首率也。今若推廣其法,令倍中率、加末率與首率等,則首率與

中率，即圓外切八等邊形之圓徑與一邊也，故可爲求平圓外切八等邊之用。試擄其理於下：

如圖，寅卯辰與辰卯巳爲同式大小句股形，其寅卯等子丑，即半徑。辰卯即八邊形之一邊，且卯辰是大句，又是小股，故可以爲三率連比例，以半徑爲首率，求得中率即八邊形之一邊也。又未戌冪等於寅卯冪之倍積，然未戌內減去寅卯與半徑等，所餘申未、酉戌兩段相併，則與卯辰等。是以大股冪倍積，等於大句股和冪；其小股冪倍積，亦必等於小句股和冪也。假命寅卯大股爲天，卯巳小句爲甲，辰卯大句即小股爲乙。今以天干爲代數，故圖中用地支以分別。即得 $二乙^{2}=(乙⊥甲)^{2}$，即 $二乙^{2}=甲^{2}⊥二乙甲⊥乙^{2}$，所以 $乙^{2}=甲^{2}⊥二乙甲$，又 $天^{2}=(天⊥乙)$，即 $二天^{2}=乙^{2}⊥乙天⊥天$，所以 $天^{2}=乙^{2}⊥二乙天$，即 $天^{2}=二乙天⊥甲^{2}⊥二乙甲$。然以 $二乙天⊥甲^{2}⊥二乙甲$ 配成天之方形，其乙天長方形之長，即天之方邊。

所以如圖角亢、氐房爲天，又假令斗角、虛房均等於乙，則角亢、斗牛與女虛、亢房二段，即二乙天。如以二乙天爲角亢房虛危斗磬折形，必多女亢危牛之 $乙^{2}$。故 $二乙天⊥甲^{2}⊥二乙甲$，內減磬折形，其餘必爲 $甲^{2}⊥二乙甲⊥乙^{2}$，即是斗危氐虛面積。而 $(甲^{2}⊥二乙甲⊥乙^{2})$，即 $(乙⊥甲)^{2}$。故氐斗即乙⊥甲，而天即二乙⊥甲。是以知寅卯爲首率，必等於：辰卯爲中率之倍數，與巳卯爲末率相加也。

又解曰：卯辰羃之倍積，等於卯未加未井自乘積。而卯未加未井，即未卯加辰亥，亦即大句股較，故又得$二乙^2＝(天丁乙)^2$式。夫$二乙^2$既等於$(乙丄甲)^2$，又等於$(天丄乙)^2$，則$(天丁乙)^2＝(乙丁甲)^2$，而天丁乙＝乙丄甲，即天＝二乙丄甲，是亦得首率等於倍中率加末率之證也。

再詳其法於下：設如一爲首率，求中率，命中率爲天，則末率爲一丁二天。故$天^2＝(一)(一丁二天)$，即$天^2＝一丁二天$，可化爲$天^2丄二天＝○$。配成正平方，得$天^2丄二天丄一＝一丄一$，即$天^2丄二天丄一＝二$。兩邊各開平方，得天丄一＝一四一四二一三五六，即天＝一四一四二一三五六丁一，亦即中率＝○四一四二一三五六。故得首率＝一○○○○○○○，中率＝○四一四二一三五六，末率＝○一七一五七二八八，即理分中末線之定律也。

　　旁引曲證，頭頭是道。

輿地

沿海形勢論

華世芳

乾隆時提督陳倫炯著《天下沿海形勢録》一篇,島嶼澳港,避風寄椗之所,詳哉言之,無庸勦説。然處處而守之,節節而防之,力亦有所不給。即使力能給,而南與北交馳,夫亦卒莫之暇,以至於困而必屈焉己。竊嘗縱覽形勢,通盤核算,沿海大局,宜分三路:燕齊一路爲北海,江浙一路爲東海,閩廣一路爲南海。

北海有朝鮮以爲之外衛,而登、萊、青三郡突出海外,以成山爲準望。查登州至旅順海面,不及二百里,其間廟列島大小十五座,居民成市,可以避風,可以汲水,南北聯絡,如設驛傳。廟島至陸岸間水道,爲向北必由之路。長山水道,最爲穩便,亦稱寶塔門。隍城之北,爲老鐵山水道,亦可暢行。其餘則石行排列,沈沙横亘,隱險居多。伏思中國之形勢,實無有踰於此者,誠天造地設之門户也。若能多置鐵甲、礮臺,層層控扼,有事之秋,伏水雷以阻船路,則兩京可高枕無憂矣。若直沽、遼河,已入咽喉之地。不禦敵於門外,而徒自封其咽喉,求其有濟也,豈不難哉!

東海之口岸,以揚子江、吴淞口、錢塘江、甬江爲最要,其外則有崇明諸沙、舟山諸山,各相連絡,扼塞要害,亦猶北海之廟列島也。崇明上鎖長江,下扼吴淞,南有高家嘴,北有廖角嘴,勢成犄角,而滬頭、銅沙,重重關鎖。長江分南北二道,而近日洋艘鍼路,必由崇境之南。他若蛇山之東,爲海舶自北來南進江之孔道,亦爲海運自江放洋折北之要津;羊山之西,爲海舶自南來北入江之路。控馭節制之方，於是焉在。舟山前後，島嶼星羅，北連江境，南達閩洋，故定海一隅，爲甯波之門戶，亦崇明之脣齒也。會哨之法，昔人以爲上策，遺法具在，何可廢哉？

南海閩廣最爲衝繁。不特歐洲各國，由地中海逕蘇爾士，浮紅海、印度洋，入孟加臘以直抵廣州內海，而東南洋、小呂宋各島，大半爲歐洲屬國。一旦有事，軍火糧餉，轉輪如意，捩柁北向，閩廣首當其衝。故南澳一鎮，爲天南重地，番舶必經之途，島夷必爭之窟，實閩廣兩省之門戶也。廣州則虎門、香山左右拱抱，泉州以金門爲右臂，漳州以廈門爲咽喉，福清以海壇爲屏障，形勢所在，不可忽也。然竊謂今日南海之形勢，則又不在沿海而在臺灣。臺灣者孤懸海中，南鄰呂宋，本荷蘭舊地，廣土沃野，最利開墾，五金礦藏，多未發洩，外夷垂涎已久。使異日者荷蘭援莪羅斯之例，而妄行占據，是亦未可知之事也。爲今之計，莫如廣行開墾以收天地自然之利，則所以息窺伺而樹屏蔽者，尤今日南洋之一大關係也。

方今萬里澄波，涉重洋如平地，然而未雨綢繆，有備無患。故略論其大者要者，而其他之瑣瑣者，概不剌於篇。

指陳形勢，正如聚米畫沙。臺地一層所慮，極是綢繆未雨，所謂上兵伐謀也。

沿海形勢論

朱逢甲

論沿海之形勢，審險要，有天險，有地險，有人險。夫天險如山東、江南之沿海多鐵板沙，福建沿海多暗礁，廣東沿海多暗礁、沉沙，舟觸即敗。故舟入必由海口，不必沿海盡防，此天設之險以衛中國也。地險或有山可扼，或有淺可阻，或有地可犄角，此地險也。

人險則地絕無險,既爲要口,或伏水雷,或築礮臺,或守以鐵甲船,此人設之險也。審形勢而設險,斯天下之沿海,皆安如磐石、固於金湯矣。論中國之地,東南瀕海,凡一萬有餘里。瀕海之省七,東北曰奉天,曰直隸;正東曰山東,曰江南,曰浙江;東南曰福建,正南曰廣東是也。七省中通商之海口,則奉天之牛莊,順天之天津,山東之燕臺,江南之上海,浙江之甯波,福建之廈門、汕頭、臺灣,廣東之香港、澳門、瓊州是也。其形勢莫要於天津、上海,以天津密邇神京,上海關重財賦也。

夫天津距京師僅二百四十里耳,今移李爵相駐鎮,是足爲長城之寄,而天津之外蔽則奉天之旅順、山東之登州是也。旅順、登州隔海相對,爲舟往天津所必經。固守此二地而相爲犄角,斯天津安而牛莊亦安矣。而進論此二地之前蔽,則燕臺、成山是也。燕臺則山崎海中,成山則山崎海角。成山乃北海第一重門户,燕臺爲北海第二重門户,登州、旅順爲第三重門户,必重重扼險,堅守此三重,斯天津、牛莊安而神京更安矣。

江南形勢,首以上海爲要口。夫國家財賦,全恃東南;東南財賦,莫重蘇松,而蘇松以上海爲要口。昔髮逆之亂,蹂躪十餘省,江南陷甚多,而上海乃瀕海一邑耳,嚴兵固守,以税供餉,卒底蕩平。亦足見居形勝而豐財賦,爲江南之重地矣。而上海之吳淞口爲防海要口,有心者尤注意焉,馬蹟山、洋山其外蔽也。崇明地居海中,可以遥爲聲應,由海入江之口,歸重福山、狼山;而海中之海門廳地,其外蔽也。

浙江通商之口在甯波,而定海、舟山、金塘山皆在海中,亦防海要地。由海而入錢塘江,則白塔山與赭龕二山可扼。溫州之口近將通商,海中之玉環廳地,實爲要地。其他諸島如大門山、小門山、黄犬嶼、霓嶴山之類,亦要地也。

福建通商之口在廈門,海澄爲内守之要口,金門爲外海之形勝，而福州省會之口，尤當扼要守之。若海中之海壇，尤要害也。臺灣爲懸海重地，澎湖、鹿耳門爲險要門户焉。

廣東通商之口爲香港、澳門，近又增瓊州。論省垣之外口，虎門、香山爲要害，澳門、新安爲前蔽。至潮州之口，則南澳、澄海二地皆在海中，足相犄角。瓊州地在海中，實爲雷州之蔽。而雷州之徐聞縣與瓊州隔海相對，足並扼守，亦據形勝焉。

論近之沿海形勢，此其大略也。至於沿海，尚多可守之諸地諸島，則不及備詳焉。若夫奉天之東爲高麗，廣東之西爲越南，東海之東爲日本、琉球諸國，雖與沿海相對，而皆恭順，故不泛及，第論輪舟可入之海口形勢而已。至前人談沿海形勢者，如陳倫炯之《天下沿海形勢錄》，其所言形勢，專爲海寇而言。今則所當思患豫防者，不僅海寇矣。故不摭拾其陳言，而別爲之説。然而論形勢、審險要，雖險不足恃也，更須精求守險之法，則莫若水雷、礮臺、鐵甲船諸法矣。然而徒法亦不足恃也，則尤在乎人。或曰：方今修和柔遠，乃論形勢而談守險，近於無病而呻。然范文正有言："爲今之策，以和好爲權宜，戰守爲實務旨哉。"斯言且能戰而後能守，能戰而後能和，若不能守、不能戰，則和亦恐不足恃矣。且和即能久而守亦何妨？《易》曰"思患而豫防之"，此聖人之言也。其三復之也夫！

借箸而籌，瞭如指掌。

擬新譯美人《防海新論》序

華世芳

自明季倭寇東南，畺臣始講求防海之法。其一切沿海衝要、戰守經略，胡氏言之綦詳。然今昔之形勢不同，防禦之章程亦異。苟使膠乎成法，莫與變通，終未足以言萬全之策、制勝之師也。況西人互市以來，東南番舶鱗萃，以其精於製造，嫻於駕馭，狡焉竊發，礮猛船堅，更非常冦盜可比。則誠哉師夷之長技以制夷，尤今日疆臣之要務，所宜講求者也。布國武人希理哈所著《防海新論》二十卷，紀南北花旗交戰時，大抵撮取軍中文報之作，而希理哈又以己意論次焉。花旗，故瀕海國也。故書中所論造船、演礮、營堡及水雷之法，於今日防海之事，大有裨益。而希理哈當日又親在南邦，水陸之形勢、攻守之經畫，見聞既廣，閱歷尤多。閱歷多則利弊明，故其於攔阻船路，一篇之中三致意焉，則尤與唐荆川禦賊上策"當截之於海外"之旨相發明。抑余更有說者：

昔人每謂戰器不如戰地，戰地不如戰人，以南邦人心之固，效死不去，而物力之充斥、地勢之險要，又足以輔之，宜若可守矣。卒之北軍闖入，餘燼難收，無救於危者，何哉？夫亦以工程技藝非其所習，而北人器械日精，鐵甲之船、田雞之礮，徒循舊法，萬不足以禦之。雖有良材勝地，徒拱手而授諸人。然則居今日而談兵，其亦可幡然變計，實事求是，固知人與地當重，尤知戰器之非可輕。

已而論者猶狃於故見，謂技巧非我所尚，富強可以坐致。其亦未明夫"窮則變，變則通"之妙用而已。兵法曰"知己知彼"，讀此書，可以知彼矣。

擬新譯英人《海道圖說》序

華世芳

國家幅員緜亘，東南瀕海爲疆，閩廣居民，多恃航海爲生計。蓋其習乎水土，熟乎趨避，用能出入重洋，如履平地。但一切操舟御風之術，與夫沙礁島澳之形勢，皆得自師傳而深之以閱歷，非有成書可考。陳資齋《海國聞見録》所載《沿海横圖》，最稱善本，然僅綜述大勢，而海道之經由曲折，亦有所不詳。自西人周歷大地，越七萬里而通乎中國，帆檣所至，沿海形勢，靡不周測而詳繪之。記羅經之方向，測經緯之度分，礁石沙線，如數螺紋。近年海疆多故，防禦所資，尤以海道為要務，故非徒行旅所經，抑亦經國之略也。

英國金約翰所輯《海道圖説》十五卷，為其國人往來中國，記咸豐、同治間所經水道，自粤省沿海，至盛京鴨緑江口，兼及日本各島。末坿《長江圖説》一卷，凡夫島嶼之羅布，港澳之縱横，沙石之隱現，以及風潮之速率，出入之法程，靡不備載，誠航海之指南鍼也。顧書中所記地名，間與中圖不合，蓋是編係西船駛行時所記，有本於中圖者，有訪諸各方土人者，餘則隨意命名，取諸識別，或以人名，或以船名，其體例類然。

懷遠王君譯既成，其同一地而中圖所有名者，即以中名釋之；其西圖所傳誤者，即以中圖正之；其無義可譯者，即以中國之字寫西國之音。而中國沿海、内地，概所略云。凡為總圖一，分圖十二。邊幅寬廣，册不能容，另鋟銅版與原書相輔而行。圖所不能達者，以説明之；説所不能盡者，以圖顯之：法甚善也。但海中沙渚，日長月消，近日甯波洋新見之礁，又出乎此書之外。而長江故道或通或塞，亦遞有變更。惟在留心水道者，或徵諸目見，或訪諸舵師，證以原圖，而條舉其沿革，別為一編，坿於簡末，則尤是書之功臣，而讀是書者所不可不知也。

両序亲切不浮。

問:春秋晉韓地與古韓國是一是二

華世芳

　　左氏僖公十年《傳》"敗於韓",杜《注》云晉地;十五年《傳》"戰於韓原",二十四年《傳》"邢晉應韓",杜氏均不注其所在,蓋謂即十年之韓地也。舊説謂平王時,晉文侯滅韓,即其地爲韓萬采邑,亦曰韓原。在今同州韓城縣,縣南二十里爲古韓國。説《詩·韓奕》者,亦以爲韓國在此。近儒始據王肅、王符、酈道元、《魏書·地形志》等説,謂古韓國在今順天府固安縣,其言甚辯。於是遷就其説者,或謂始封在韓城,至宣王時徙封於固安;或謂失於北而遷於西。

　　其實韓有兩國,固無可疑。失於北而遷於西,是爲定論。然其西遷之地,要在山西境内,而非韓城也。竊謂昔人之謂韓國在韓城者,以隋置韓城而附會;而隋之析夏陽置韓城也,又以其地有梁山而附會。若康成之《箋》,但注梁山所在,韓則祇云姬姓之國,並未謂在夏陽也。然晉之韓地,以時代考之,以文義考之,亦非今韓城地。按今韓城縣爲古少梁地,此時尚屬秦。文十年晉伐秦取少梁,始入於晉,此不合者一也。《傳》文始曰涉河,謂秦伯之軍渡河而東也;繼曰及韓,又曰寇深矣。則秦軍已深入晉地,而韓原之當在河東可知,此不合者二也。《地理考實》據《姓氏書》"晉滅韓,曲沃并晉,韓萬復采韓原",謂"當在今山西河津、萬全之間",則韓原者即西遷之韓國也。

　　要之韓與韓原自是一地,晉韓地與西遷之韓國則爲一地,晉韓地與始封之韓國則爲二地。而韓城之地,概不相涉云。

　　分韓國爲二地,較分晉地爲二韓省卻許多筆墨。

《禹貢》以山川定疆界説

王履階

郡縣有廢置，陵谷有升沈，土石有消長，古今之變不可勝窮。禹奠高山大川以標各州疆界，使人易見易知，雖地勢有變遷，後人猶得推尋故迹。則分疆畫界之始，不得不急爲表識也。三代下講輿地者，必推《前漢書·地理志》，然詳於境内山川，略於邊圉。杜氏《通典》、《元和郡縣志》、《太平寰宇記》，則四至八到，詳列各州縣下。世之論者，謂其土斷之分明，直邁班固《地理志》、唐《括地志》而上。孰知其體例之精善，遠祖《書》之《禹貢》者乎？《禹貢》惟冀州不識山川界域，尊帝都也。餘則以山定界者荆，以川定界者兗、揚、雝三州，以山川定界者青、徐、豫、梁四州。然界以山亦界以川，界以川亦界以山，且山之外，不盡界以是山；川之外，不盡界以是川。而《禹》書未及備舉者，非闕略也，史臣珥筆，其體使然也。九州中惟兗境不載山，地形最卑下，爲眾水所歸趨，故冀與豫、雝之交界可定。而冀、兗之分界，定而未可輕言定。蓋黄河之水，悍流奔放，越千餘載而始見遷移，其後或延入兗之腹，甚而蔓及徐、揚。青、徐二州則界以沛，亦環繞乎兗之東南。沛水見伏不常，盈涸莫定，其水之横決，不下於大河，故疆界惟兗州最難。徐、揚二州固以淮水界，至大河奪淮以入海，水勢改矣，而徐、揚分境如故也。冀之西界固以河，考龍門而南，繞崋山，貫底柱，經析城，歷王屋而抵太行，雖以水而究不止於水，所謂"界以川亦以山"也。

雝州亦界以川，而南則不以川而界以山。自西傾、朱圉、鳥鼠至太崋，而太崋之西、鳥鼠之東，非間以終南惆物而誰？此山之界乎梁、雝間者。熊耳、荆山、内方諸山，此山之界乎荆、豫間者。荆州南北固界以山，衡嶽以南，第曰衡陽，不言所止，大抵盡嶺嶠耳。梁雖界崒山，而崒山實東界豫、西北界雝，不止一州。黑水界梁之西南，岷江又界梁之東南，亦不止一黑水，所謂"山之外不盡界以是山，川之外不盡界以是川者"以此。

水患莫大於河，水性莫決於沛。河自過洚水而東北入海，洚之水道，猶可迹河之故道，皆冀與兗分界者。沛水東流至陶邱菏水，界乎兗、豫，東北會汶，界乎兗、徐，北東入海，南青北兗，竝界以沛。考導河、導沇經文，不待言所歷之州，其界已自憭然，所謂"雖有變遷，猶能尋其故迹者"以此。

是皆包絡乎東西，迴繞乎南北，前後相證，彼此相參，脈絡分明，簡而不略，未可拘一隅之見，惟静觀者自得之耳。吾知禹當日者，隨山濬川，神遊目想，具胸中之邱壑，運以經天緯地之才，和順從容，行所無事，懷襄之天下，克底於平成，非神聖之經綸，曷能効斯懋績？不然，《盤誥》何以言"纘禹舊服"，《立政》何以言"陟禹之迹"，《呂刑》何以言"禹平水土，主名山川"？"主名"云者，非是山、是水未有其名，而名之自我也，實以是山、是水標識以爲疆界，更有以之主一州之川瀆、主一州之山鎮者也。《周禮·職方氏》以山川浸澤分隸各州，著四正、四隅，不著分界。彼《周禮》者，曾足繩武禹功哉？

　　筆意老確。

海疆互市議

王履階

以道義交者可數世，以氣節交者終身不變，以勢利交者不數年而已變。以利市交者不終日，而中已數變。互市者，以利市交者也。設立市官，權其出入，操縱自如，我足以制勝於人，不爲人所制；斷不容人獨擅其利，而我失其權。利之所在，人爭趨之，況在海疆與外夷交易哉！

或謂：外夷多珍奇之物，乘此可以招來，子尚何疑於是？

曰：否，不然。國家以賢人君子爲寶，封疆大臣以循良廉吏爲寶，農夫野老以孝子順孫爲寶。中國人民服習古先聖王之教化，葢數千百年於茲矣。崇禮教，敦信義，不貴難得之物，不求難致之貨。其布帛取堅結，勝於彼之纖薄也；器用取堅牢，勝於彼之輕脆也，備物取適用且耐久，勝於彼之但取適觀也。彼所擅者，惟機器耳。然璿璣玉衡，見於《虞書》，及周文王之靈臺、魯之觀臺，是其遺制，不特後世之渾天儀也，則器機未爲獨步已。且機器大都以煤火之氣力運之，其標布、哆呢、嗶嘰之屬，無不鼓以火力，不煩人工，人嘆其輕靈，我憎其苦窳。彼所售之玩物，皆經屢修屢壞，工力雖省，而終不如中華之牢固，非以火器使然乎？計中國與外夷互市各海口，如牛莊、天津、燕臺、滬城、甯波以及福建、廣東，內地則揚州、鎮江、九江、漢口各地，今又將以廣東之瓊州、四川之重慶，與雲南之近安南、緬甸地方等處，胥欲設埠通商。幾於環鋼乎輪郭，橫貫乎腹心，中國版圖，渾淪包舉。雖有智勇兼全之士、節義忠臣，收拾深囊而無所用其力，是奚爲哉？其意甚叵測也。不見夫明朝茶馬司之設，非以互市乎？良馬、藥材、香品，中朝所賴也；茶葉、大黃，外夷之寶也。滇川以藥，山陝以馬，以其所有，易其所無，宜各得其所，相安無事。乃始則進以驕騰，繼則售以瘠羸，後即乘間竊發，甯夏三衛以東數千里間，吏民不得安堵者數十載。雖官吏奉行不善，以澆薄之物，先售其欺，究之夷性頑殘，即使始終如一，難保其不變也。稽之前代已如彼，按之近今又如此，然何必汲汲於互市爲哉？

將如句踐之豢吳乎？徵貢則惟命，徵朝則惟命，徵師以從亦惟命，俄而入其國矣，旋而敗於笠澤矣，旋而侵楚以相誤矣，未幾而姑蘇走糜鹿矣，百計誅求，終入越王股掌之中。將如李唐待突厥乎？以藉資之力，自恃戎馬精強，始則索幣，旋即要盟，又思割地，不轉瞬而兵至渭橋，身已就戮。抑將如趙宋之於遼、金乎？宋以偶然挫辱，議輸歲幣，一旦得志，竟肆貪婪，兵逼澶淵，幾爲宋戮；後見西夏不靖，乘人之危，挾制宋君臣，而歲幣又增二十萬。宋何其愚，遼何其狡！而數年而遼卒滅於宋、金之手。金又甚於遼也，以凶悍之徒，臨屠弱之宋；以方張之冠，摧久敝之師。至稱臣增幣，若惟所欲爲，未幾滅於宋、元。進之銳者，氣易衰；帆之順者，船易覆。

今日之外夷，安知不爲昔日之吳與突厥諸國乎？然則今之計奈何？曰：互市不許則已，許則必行，權必操之在我，慎毋受制於人。物取其精詳，無賴乎纖巧也；器取其完固，無事乎新奇也。有妨害於民生者禁，有耗費乎日用者禁。而且整肅官方，無過卑亦無過亢；圖維國計，無過重亦不過輕。彼以華，我以樸；彼以詐，我以誠。市以義，非以利，中朝之所以異於外夷者，其以此也夫！

　　議論甚正。

海疆互市議

黄致堯

沿海地方，爲各國通商之處，往來貿易，百貨流通，固爲富國利民之計。中華疆土，七省濱海，海禁既開，初定五口通商，後逐漸推廣，商賈之麕集於各口岸者，日盛一日。如牛莊、天津、燕臺、漢口、九江、鎮江、上海、甯波、福州、淡水、大口、廈門以及汕頭、廣東、瓊州等處，各有行棧，水陸輻輳，懋遷有無，行商坐賈，並獲其利。出口貨以絲、茶、棉花爲大宗，絲業盛而蠶桑之利興，茶業旺而植茶之利厚，花市興而木棉之銷場亦暢。較之本地賣買，豈不利市三倍哉？進口以洋貨爲大宗，洋槍、火藥、弹子俱是外洋運來，輪船、夾板船始自西商購買，今且仿其式而製造之，上海機器局、福州船政局已大有成效。輪船運糧，駛行迅速，無風濤之險，無牽挽之勞與耗折之費。前用西商船隻，似奪沙船、衛船之利，今招商局自行運送，水師、舵工，不盡借助於西人；客商、貨販，半由招商局裝載。贏餘之利，大有起色。此皆互市之益也。

然而一利興，一弊起。五方之言語不同，各國之性情不一，市儈舞弊，商人被其累矣；行棧受虧，行旅蒙其害矣；輪船行各海口，而舟師、船戶失其利矣。而且海隅之遼廓，內地之僻遠，常有無知愚民，未諳條約，以小事而釀成大患。內而總理衙門，外及封疆大臣，每以中外交涉事務，動多掣肘。有心人常抱杞人之憂也。

然此皆不必過慮也。朝廷輯睦鄰封，自多經濟。結之以信義，示之以大度，威儀以攝其粗俚之風，和厚以馴其剛强之性，歷年條約，便宜行事，彼此允洽，然後施行。不必强彼所難，彼亦不能獨得其利。各關卡立定稅則，不能偷漏；進口、出口，以關票爲憑，違例之物，不能夾帶；市價貴賤，商人自相議定，然後拍賣；繳銀、出貨，一以信義爲主。誰敢肆其伎倆哉？即或稍有牴牾，則有地方官與領事謴譯官會同判斷。曲在吾民，自應照例懲辦；曲在於彼，則萬國公法，彰彰具在，領事官亦不能庇護其商民也。況同文舘、廣方言舘、水雷局，皆講求實藝，蒸蒸日上。凡天文、地理、醫學、算學、格致、製造之書，皆譯以華文，留心肄習，將電線、火車、開鑛一切事務，逐漸舉行，且不難駕乎西人之上矣。而海疆互市，何必過慮哉！

持論平正通達。

書陳亮《上孝宗皇帝書》後

朱逢甲

同甫才甚奇，氣甚鋭。其上孝宗四書，都計萬餘言，大旨主戰，意在復讐。論極正、文極超，誠奇士奇文也。惜孝宗初即位，復讐之志甚堅；自張浚符離之敗，而意漸移、氣漸怯矣。故書上不報，事皆未行。雖大臣忌之，亦人主難之也。考前三書上於醇熙四年，時宿將謀臣如張浚、吳璘、虞允文已卒，則主戰更難，似不得易言戰；第四書上於十五年，意在請太子統軍駐建業，而孝宗内禪之意已決，故事亦未行也。

夫人臣進説於君，宜恭肅而微婉，庶言易入而事易行。所惜同甫之書，略有驕矜之氣，間有嫚罵之詞，如以公卿將相爲凡下，以今世才臣爲狂惑，以天下之士爲齷齪。則未能得君，先犯衆怒，況又斥趙忠定、刺朱文公乎！

書中請開府荆襄，自負奇策。不知忠定於高宗時，已上言經營中原，自荆襄始，請屯重兵於襄陽矣。忠定於張浚，將相協和，故能危而復安，乃同甫以一書生，追斥舊時賢相，設同甫與忠定同時爲將相，其能協和乎？

書中暗刺朱子，謂"自以爲得誠意正心之學，乃風痺不知痛癢之人"。夫同甫意在主戰復讐，自負言人所不敢言，抑知主戰復讐，朱子已屢言之乎？孝宗隆興元年，朱子入對，即言"君父之讐不共戴天，今日所當爲者，非戰無以復讐，非守無以制勝"。醇熙十五年，朱子疏陳六事，言當修明軍政；又疏陳十事，言當修政事以攘夷狄。孝宗乾道元年赦文云："前事俱捐，不念乎薄物細故。"朱子即致書陳正獻云："卑辭厚幣，乞憐於仇讐之戎狄，令於天下曰：'前之薄物細故，吾已捐之。'孰有大於祖宗陵廟之讐，而忍以薄物細故捐之？"言尤痛切，尚得謂爲"風痹不知痛癢"乎？

第二書言"左右窺意向，而大權移"，具見直言，然朱子亦已言之。是年求直言，朱子上書言："陛下所與親密謀議，不過一二近習之臣，交通賄賂，勢成威立，莫大之禍，必至之憂，近在旦夕。"其痛切更過於同甫，尚謂其"風痹不知痛癢"乎？

且賢相如忠定，純儒如朱子，同甫猶斥之刺之。使孝宗舉國以聽，不知同甫將與何等人共事其君，將尚有賢於忠定、朱子者乎？恐其以賢爲不賢，必至以不賢爲賢。而新進喜事之徒，進又一安石矣。第三書專言變法，可見其端也。噫！安石變法於太平之時，已致亂；脫同甫再變於已亂之後，必立亡。内斥諸賢，外挑强敵，謂必能安，不敢信矣，宜孝宗之不報也。伏讀《欽定四庫提要》云"使其得志，未必不如趙括、馬謖，狂躁僨轅"，以其易言兵也。至第三書，中言"變通之道，有可以復開數百年之基，不敢洩之大臣之前"，亦非夫誠爲數百年治平之道，何妨告之大臣，告之人主，告之天下？何必祕之靳之，若密謀詭計，召見則言，不召見則不言哉！

綜同甫之爲人爲文，皆似賈長沙，其遇賢主而終不得志亦如之。然晚舉進士，光宗親擢第一，不負其文矣。使同甫善自用其才，深之以涵養而進之以中和，於戰事臨事而懼，好謀而成，不敢易言，則不惟才人，而更爲偉人韓、范之儔矣。

此作痛快淋漓得未曾有。

閩江諸源考

許壽衡

閩省之水，閩江最大。其源發於西北，向東南流以入海。考北源二：

一出建甯之浦城，曰南浦溪。由府東北向西南流，會新溪，臨江溪。

一出建甯之崇安，曰崇溪。崇溪東、西二溪合流，會九曲溪、建溪。至府治西北曰交溪，與南浦溪下流合，會松溪。南流至延平府，入劍溪。劍溪，即劍津也。

西源三：在西近南者，出汀州府，曰西溪，合淮溪、文川溪。東流至延平府，曰清溪，合燕溪、安定溪。曰沙溪，又曰太史溪，至府治西南與富屯溪合。

在西近北者，出邵武府，曰富屯溪，南流經延平府，會金溪。曰順陽溪，與太史溪會。

在西正中者曰金溪。金溪上源曰甯溪，出邵武府，合均溪、古溪、梅溪。東流至延平府，會源溪、龍池溪，入富屯溪。

西三源與北二源，會於延平府治西南。至劍津向東南流至福州府，曰閩江，合同仁溪、瀨溪、梅溪、雙溪，入於海；又有尤溪，出永春州，會龍溪，北流至延平府界，入閩江；又有雙溪，亦出永春州，東流至福州府界，會三斗溪、穴利溪，入閩江，同入於海。蓋閩地負山面海，建甯、邵武、延平、福州及永春、汀州之水，胥由閩江入海，故眾小溪合爲一大溪，眾大溪合爲一江。兹考其大溪著名者，小溪不勝縷舉，亦不贅云。

脈絡分明。

詞章

克敵弓賦 以"克敵之弓，亦名神臂"爲韻，有序

徐　琪

　　《山堂肆考》載："有人以神臂弓舊樣獻韓太尉，太尉令如其制度，製以進御，賜名克敵弓。"《續名臣言行録》亦云："紹興初，韓世忠造克敵弓，射二百四十餘步，又名'神臂弓'。"攷之《曲洧舊聞》："神臂弓，蓋熙甯初百姓李定造，中貴張若水以獻。其實弩也，以㯳爲身，檀爲弰，鐵爲鎗鐙，銅爲機，麻索繫扎，絲爲弦。上命於玉津園試之，射二百四十步有畸，入榆半笴，有司鋸榆呈上，曰：'此利器也。'詔依樣製造。至今用之。"《筆談》亦謂："熙甯中，李定獻偏架弩，似弓而施幹鐙。拒地而張之，射三百步，能洞札，謂之'神臂弓'。"《羣書考索》亦有神臂弓名，韓氏所仿，殆即祖此。若《治安藥石》云："一蹺蹬弩：牙裏一尺八寸五分，葫蘆頭四寸，木檐長五尺八寸。一名'馬黃'，一名'克敵'，一名'破的'，一名'一滴油'。張憲伏之於中林，時俊用之於射狐關。一神臂弩：牙裏一尺八寸，葫蘆頭四寸，鐙三寸，樁長二尺三寸，角檐長四尺五寸。"則"克敵"與"神臂"，又似二物。然紀文達作《灤陽續録》，亦稱"宋代有神臂弓，實巨弩也。立於地而踏其機，可三百步外貫鐵甲，亦曰'克敵弓'。洪容齋試詞科，有《克敵弓銘》即此"。文達好古不妄者，知"神臂"即"克敵"矣。文達又謂"宋軍拒金，多倚此爲利器。或敗不能攜，則碎之，防敵得其機輪仿製。元世祖始得其式，曾用以制勝。至明乃不得其傳，惟《永樂大典》尚全載其圖。然其機輪一事一圖，但有短長寬窄之度與牝牡凹凸之形，無一全圖。擬鈎摹其樣，使西洋人料

理”，以劉文正言而止。是弓製尚存，特未探索而試造之，故世不一見耳。竊思近日崇尚西法，以火器爲武備先，而一切機制，均在講求。若以此弓依製而成，其克敵之用，當有勝尋常關鍵之巧者，因仿古人“答客難”之體，爲辭以賦之曰：

客有負有機制之弓，詡夫火攻之力，難於東土主人曰：吾聞軒轅作砲以宣威，吕望制銃以討賊。范蠡創蜚石之法，而延壽得其傳；李密有將軍之名，而一清詳其式。此特搆始之權輿，猶非精微之極則，然已足決勝於孤軍，銘勳於絶國。若夫張吉發鴛鴦之銃，而走霧飛煙；《埤雅》載震天之雷，而動智穿臆；曾銑置漫砲而圓轉如圜，佛郎駛神機而昬分羅刻，以及單梢四柱之迴環，連二攢三之反側，則又有敵必隳，無攻弗克。今吾皆武庫雜陳，而百司分職，子但甲胄是張，旌旗是植，而無此利器以摧堅，何以妙元樞於不測？吾恐子勝算莫操，而無可自矜其奇特。

主人喟然太息，起而應之曰：噫嘻異哉！子殆未覩滄瀛之浩渺，而徒炫其蹏涔之涓滴也。吾豈無武備以樹績哉？昔庖羲氏之有天下也，弦木爲弓，其用無敵，詳太白之《陰經》，有遺篇而可覓。少昊生般而製益精，青陽主星而姓乃錫，堯舜則取象於睽，倕和則各爭其的，皆足埽絶漠之橦槍，靖邊城之鋒鏑。然而無機械之設施，無關鍵之觸激，子或疑制作未良，而微芒莫析。吾試舉一絶技以相衡，諒亦可破千重之劍壁。

獨不見韓太尉之留遺乎？在昔軍門晨啟，杯酒夕釃，客攜一具，彄弣立施。其物不紾不昔，亦枲亦絲，形分凹凸，器別雄雌，轉則有軸，啟則非匙，架以偏而滿引，鐙以踏而外馳，綜臂張、蹶張之全力，勝谿子、牀子以竝支，長四尺五寸而不盡，射二百餘步而有奇，怳六材之備美，似九合以成規，綠沈在前而莫擬，白間相向而無詞。《攷工》之所不載，《爾雅》之所未知。曲張對之而喜躍，罣通撫之而驚疑。太尉乃摩挲再四，練習移時，欲稽往籍，研而究之。

有識者曰：是名神臂，用贊豐功，實爲巨弩，亦號強弓。當熙甯之初載，有李定之豪雄，因中貴以進御，曾入獻於深宮，臨玉津之勝地，射榆斡而中空，嘉奇器之創見，沛溫旨而綦隆。幸今日之快覩，子曷不仿其遺製，而垂示無窮？太尉乃呼軍校、命良工，屢爲身以植幹，檀作弰以分箭，鐙采菾賓之鐵，機藏首山之銅，兕角承檐而堅栗，象齒緣柱以玲瓏，儼步前人之轍，冀達宸聽之聰。拜手稽首，曰臣世忠，敢獻薄技，以佐軍戎。

思陵覿之而大喜曰：美哉弓乎！橐鑰內包，機巧無迹，疾若運矛，銳於投戟。昔逆亮渡江，師徒無策，憶虞允文，巨礮下擲，聲駭雷霆，毒含藥石，散爲塵煙，人馬碎磔，已歎機智之獨神，幾費韜鈐之擘畫。今覩此弓，奇想獨闢，猶臂使指，聯筋絡脈，倘援彼以例茲，覺舉一而勝百，可賜以克敵之名，俾太史傳之於簡册。由是所至披靡，貫脛穿腋，攻城若摧枯，沒羽如振翮，雖刀劍之森排，而一弩前驅，足以駭貔豺而辟易。宜乎金人望風，舉首蹙額，聆弦落膽，顧影喪魄。不畏軍中有一韓，惟畏神弓遽相□。蓋命中而絕奇，儼先覺者抑亦，意欲攻心，矢即貫革，遂佐背嵬之軍，屢獻告功之馘。

然而軍法森嚴，令出惟行，敢遺一鏃，厥罪匪輕。或偶時而遺棄，必碎折其機衡。慮敵人之窺測，得妙法之縱橫。雖鮮卑角端之骨，句麗水貂之牲，西夏王腰之美，南蠻竹弧之精，皆莫抗其犀利，曾何足以拒撐？是以終宋之世，而莫之與爭。迨有元之定鼎，收故府之甲兵，始苞符之頓洩，遂纖悉之畢呈。因而傳諸巧匠，用以師征，亦復凱歌疊告，而倚若長城。信殺敵而致果，非徒竊乎虛名。

顧或謂規模久軼，傳述失真，空言何補，舊製難新。在有明之初葉，已莫溯其前塵，雖有心以稽古，曾無地以效顰。不知《永樂大典》，圖說紛陳，脩短合度，廣狹有倫，蹴之者掖，轉之者輪，分秒不爽，矩彠可循。果能按其舊譜，命彼弓人，依葫蘆之樣，折桑柘之薪,雖起若水而再獻,亦歎吾巧技之通神。然後當闔寄集武臣,左引右射,三令五申,矢不虛發,中必飲脣。南繁尉佗之璧,北俘獫狁之民,東樓船而西氈帳,皆望形景附,通款而來賓。豈獨肅慎之楛矯矯,匈奴之獝猲猲,竝納貢於上國,助內府之奇珍。

是則物不必多,惟求其異;事不必艱,惟求其易。吾此弓也,不須火綫之焚,無待地雷之熾,藥不櫃而亦飛,鉛不丸而俱墜,而其有觸斯通,靡遠不至。子縱挾百技之能,終遜吾一籌之智。吾特欲不戰以屈人,故不覺待時而藏器。苟或赫怒一揮,及鋒而試,視疊鎧與重圍,亦遊行而掉臂。子即鷫火成林,虎蹲按位,恐當此百步之王,而心神驚悸。自今以往,子可無庸放置議矣。客乃爽然若失,顏色顮頷,請事斯言,相從執彎。

典核而有作意。

克敵弓賦 以"克敵之弓,亦名神臂"爲韻

沈祥龍

維南宋紹興之年,玉弩芒寒,金甌影仄,劫火晨紅,壞雲夜黑。是時高宗方欲振軍勢於江東,埽虜氛於淮北,恃挽強之虎威,剪貿首之蛾賊,返故鼎於神京,迎乘輿於仇國,而利器未操,前軍空勒,洞札無長,衝鋒寡力。縱有中鷢猛士,卻敵難期;徒教射虎將軍,彎弓進逼。何來鐵騎,屢鳴星鏃以窺江;不製銅牙,孰彀天弧以張翼。應共恨控弦十萬,彼將如飛;問誰能負弩三千,我戰則克。

於是太尉韓蘄王進而言曰:今者敵勢騰雲,敵鋒扇焰,蒼兕渡難,黃龍路迯,馬馳拐子而誰防,鐵鑄浮圖而未擊。乃欲奪以先聲,奏茲盃績,如發馬陵之弩,百道流星;共舒猿臂之材,一矢破的。則非綠沈之弓所能勝,非烏號之弓所能激,非麻筋楊幹,堪攻其動地

强兵；非金弧玉弦，可擣其隔江堅壁。惟造神臂之大弓，以配滴油之利鏑，庶幾挽鐵胎、破金狄，仇讐報、腥羶滌。曾考舊圖於若水，弓勝鳳凰；久傳巧樣於李宏，弓鳴霹靂。小臣不敏，願更成九合之規；射夫既同，信可抵萬人之敵。

爰遵成式，爰召工師，良材既飭，哲匠分司。上柘、次檿幹之利，小簡、大結筋之宜，調麟膠兮潤澤，液燕角兮桯支，采青檀兮既備，仿白的兮無差，引繩墨兮中度，翻形狀兮出奇。闊或踰劍，長或礙旗，勁或鋼鍊，重或石垂，或排之如礮列，或挽之同衡持，既憑班削之工，扶桑可挂；更借虞機之運，激箭如馳。葢當創造之始，進獻之時，勁節彎環，有蔑視金人之意；英風屈曲，懷平填雪窖之思。賴茲撐半壁江山，奠安危局；從此返兩宮鑾輦，整肅朝儀。敦弓既堅，統大軍而進也；强敵可克，錫嘉名以兆之。

故觀其冰絲周匝，玉靶玲瓏，虛引而猿聲怯遠，高張而鴻影匿空，絜新月以競勢，合長箭以稱功。斛子飛揚，引機而發如猛雨；神鋒緊急，隔隊而激有寒風。顏高之弓六鈞，詎足方斯力勁；陳球之弓千步，未必具此神通。此固足以守營壘，衛艨艟，貫金甲，中玉驄。集背嵬騎而鳴弦，千牛力猛；輔震天雷以陷陣，萬馬聲雄。名異大黃，震威聲於閫外；氣消太白，收虜跡於目中。葢能制無前之勁敵，而非同可奪之弱弓矣。

且夫靈機電迅者，一氣之翕闢也；妖祲煙消者，三軍之烜赫也。昔者蘄王防寇屯兵，截江定策，金山寺鼛鼓聲鏜，黃天蕩波濤影白。前身臥虎，嘬北來雄銳之鋒；上將揚鷹，奠南渡蒼皇之宅。當是時也，豈無耀日琱戈，凝霜畫戟，舊斫陣之刀矛，發摧堅之礧石？然而挾以縱橫，當之辟易者，祇憑弓力之絕倫，頓使敵酋之喪魄。一門奮勇，勒夫人陣以齊驅；四面合圍，約岳家軍而夾射。直欲□馳甌脫，技試至精，何難星落欃槍；醜占盡獲，其觩載詠，能弛之而張之。勝算獨操，豈此亦而彼亦。

是以江干對壘，京口列營，扼險拒燕山之騎，無譁驅豹隊之兵，莫不藤弦引，荊幹弸，擊鼉鼓，麾霓旌。繁弱振地，大屈倚輈，狼牙亂激，犀角怒鳴，天籟助其猛勢，塞馬駭而噤聲。其持滿也如電閃，其疾縱也若雷轟。其用捷也，數百矢能齊發；其力健也，二十石權之猶輕。中者骨碎，近者魂驚，車不及避，人不敢攖。王亦能軍，鰍面弧奚愁易朒；彼雖善戰，鵝車礮安敢橫行？蓋欲圖中興於一隅地，雪舊恨於五國城。挾射人射馬之長，始堪逐利；助擒賊擒王之志，藉以進征。手有參均，白羽之飛益急；目無醜類，烏珠之勇徒名。惜乎早成和議，孰慨蒙塵，雙勝之環空兆，偏安之氣莫伸，泥馬則僅靈江漢，銅駝則長沒荊榛。唾手燕雲，擲前功於逝水；傷心河洛，引劇寇爲比鄰。遂致義軍瓦解，舊國波淪，小朝廷竟安臣妾，大將軍空蘊經綸。高鳥驚飛，自抱藏弓之恨；蹇驢歸隱，永無殺敵之人。

而是弓也，亦復韜諸交韔，視若積薪，桃文苔裹，桑質塵湮。橫海功奇，曾破驍於當日；畫淮議定，更飛鏃於何辰？彎弧而欲懼天狼，人銜憤懑；強弩而不穿魯縞，事失因循。徒令論古者撫茲武庫，喟彼名臣，既有奸人竊柄，枉教絕藝如神也。

迄今訪湖上之廬，考軍中之器，弓人之制度已亡，弓樣之短長難識。按永樂之《大典》，圖畫空存；披《玉海》之一書，銘文猶誌。然而矜言機械，無關虎帳謀猷；致勝蠻夷，豈恃犀弧堅利？況我聖朝神武孔昭，威靈遠曁，內府藏花準之槍，邊帥樹虹輝之幟。仁者無敵，雅頌久詠夫載櫜；天道猶弓，高下永調夫至治。又何貴乎烏鞱共挂，耀九域以甲兵；虎韔同歌，使六軍如指臂哉！

　　賦筆勻整，且有大氣盤旋。

克敵弓賦 以"克敵之弓，亦名神臂"爲韻

楊象濟

惟昔聖王之有天下也，懷德畏威，辨方定國，文治既成，武功斯極。製弧矢以鋤奸，合角筋而爲式。穿楊之藝不足誇，射侯之功不以力。無利器之假人，故我戰而必克。

則有所傳神臂弓者，八尺選蒲，千鈞破的，徹七札以爭奇，藉三箭以樹績。射雕則上薄煙霄，麗龜而聲傳霹靂。惟所發之無虛，乃橫行而莫敵。

爰稽趙宋之世，兵來燕冀，烽達江湄，金刁日震，鐵騎星馳。乃有吳孟名將、秦隴健兒，創跪戰之新法，臥枕蓆而行師。諸葛之弩未足數，伯梦之矢詎爲奇。當之者人馬俱洞，輔之者火石竝施。憑是六伐七伐，可以左之右之。

用是和尚之原摧大敵，樊城之守著膚功。撤星之陣比烈，連珠之括無窮。君子三千，何憂猿鶴；控弦十萬，殲爾沙蟲。看摩天之倚劍，或摛筆於挂弓。

然而難必者神天，無定者主客。令公有相州之潰，太尉致雁門之厄。或資敵之是虞，嘗毀機以滅迹。是知兵刃既交之際，遠勢先爭；而在礮火未作以前，神機是亦。

河間尚書入秘府而慨作，手舊圖而感生，冀番人之巧思，爲譯出而經營。則有韓城相國，深識老成，謂我勿洩神器，而致佳兵。不如存此譜於內府，俟智巧於羣英。蓋至人固樹德而非尚武，不願受實禍而鶩虛名。

是故儲材於置兔之野，訪賢於渭水之濱。蓬矢桑弧，以明有志；咏貍貫革，以訓臣鄰。合九合三，禮典之文可紀；十步五步，司

馬之法必伸。惟有備而無患,乃用武而如神。

且夫兵有先聲,師無左次;惟以仁行,方荷天賜。緬奇器於前民,益追思乎往事。孰是能功燿天山,威揚漠地?躡璘玠以銘功,益韓范而論器。惟偃武以修文,乃久安而長治;將韜弓而不張,斯制敵之長技。庶幾乎過歷之周,大撓之世,何羨乎超騰矢石,若虎之在山;自見夫登進巖廊,如身之使臂也。

　　賦筆遒鍊。

秋闈襍詠 調寄《醉太平》并引

徐　琪

自來賦秋闈者,詩體各備,而詞則寥廖,惟繆蓮仙以游戲出之。然文言道俗,稍乏雅馴,因改其調,作《醉太平》八闋。非敢邊軼前賢,亦聊脱詩之科臼耳。詞曰:

槐花又黃,木樨又香。紛紛舉子何忙,半名心未降。誰家紙窗,安排筆牀。鷦居幾費商量,破詩人阮囊。

求珍慮遺,芸編屢披。有人先檢珠璣,願鼇頭暫低。近來應遺才試者,皆不樂居冠,亦俗説之相沿也。明朝虎闈,今宵董帷。吟聲猶自唔咿,問如何擬題。

筍籃自提,寒衾自攜。壁間秋影迷離,盼青雲共梯。考具中,有以布帷作上下數格,懸之壁間者,美其名曰青雲梯。銀燈燄低,金爐火微。釜中一束寒薑,伴黃粱共炊。

譙亭幾更,悲笳幾聲。一言題紙分明,惱夢魂頓驚。風簷露零,階蚩亂鳴。諸篇脱口而成,料文章有憑。

恩恩九朝,光陰易消。此時説餅深宵,認冰輪影描。歸來興豪,樽前酒澆。紅閨銀燭先燒,願秋風奪標。

珍珠字工,絲闌界紅。丹鉛評炙其中,祇提防命宮。焚香碧空,靈犀黯通。金錢頻叩仙蹤,怕朱衣睡聾。

疏籬菊開,重陽信催。幾人竟夕徘徊,怎名經未來。鳴鉦似雷,雙扉叩柴。碧桃果倚雲栽,尚驚疑費猜。

苹蒿盛筵,清班筍聯。謝恩共拜堯天,慰青燈十年。科名有緣,鄉情轉牽。明朝整頓雕鞯,又長安着鞭。

峭逸。

秋闈雜詠樂府八首

胡元鼎

鷺翹翹 聽點名也

鷺翹翹,廣庭列。傾耳聽,昂首立。高臺聲一揚,心驚目爲側。轅門鼓吹聲嘈嘈,什什百百呼其曹。鷺翹翹,敢辭勞?

蜂歸房 歸號舍也

蜂歸房,何紛紛。雲排萬竅鱗次勻,長廊來往尋其羣。懸青簾,展布被,舉手喧喧問邑里。蜂歸房,聲如市。

相公起 領題紙也

相公起,題紙來。夢中驚醒猶徘徊,將視不視心疑猜。燈光光，目茫茫，呼湯索茗聲披猖。相公起，號軍忙。

樓頭鼓 夜文戰也

樓頭鼓，聲鼕鼕。一更二更月色濃，思長宵短心忡忡。首藝初完次藝始，今年文成頗自喜。樓頭鼓，攂聲起。

號官來 催啟柵也

號官來，天已曉。一輩少年完卷早，斂槧收鉛殊草草。柵門有鎖須快開，東場乍到西場催。號官來，喚如雷。

雁銜蘆 領照籤也

雁銜蘆，去如雲。千枝萬枝何紛紜，喧然結隊還成羣。雁嗷嗷，蘆簇簇，歸去稻粱知已熟。雁飛去，蘆歸箙。

鳥逃籠 出文場也

鳥逃籠，止復飛。目眩五色迷東西，紛然相接歸舊棲。路逢雲水侶，啾啾訊題字，欲說不得瞪相視。鳥逃籠，急歸志。

談藝樂 評場作也

談藝樂，何其賒。手媵草稿相矜誇，稱奇叫絕喧且譁。老儒嗚嗚誦不已，以筆加圈以手指。曰某必售，某亦似。談藝樂，嗟如是。

　　樂府峭峭可喜。

庾樓懷古

徐　琪

幕府當年競嘯歌，將軍老態未婆娑。掀髯大笑傾杯酒，涴面驚
塵隔扇羅。此夜秋光千里共，詩人清興六朝多。武昌碧月渾如昔，
惆悵英雄幾逝波。

樊樓懷古

徐　琪

承平樂事費思量，振觸前遊易斷腸。樂府不堪歌憲邸，新詩時
復憶劉郎。月明來去春誰管，燈火依稀夜未央。幾輩多情談舊夢，
倚欄無復笛聲長。

綠珠樓懷古

徐　琪

繩斷秋千倩影孤，洛陽古寺只平蕪。息媯去國空亡蔡，越女輕
舟總負吳。良璧甘爲知己碎，美人終古白頭無。可憐金谷賓如海，
誰信紅顏獨丈夫。

黃鶴樓懷古

徐　琪

窗外天光接水涯，醉中搥碎語徒誇。江城終古抱雲住，仙子不來空日斜。一望晴川鎖煙樹，數聲玉笛落梅花。有時夜半聞清唳，驚起雁文穿碧沙。

岳陽樓懷古

徐　琪

城頭傑閣枕漪漣，楚客登臨思渺然。天外浪驕雲夢澤，鏡中帆度洞庭船。江山能助文人筆，詩酒誰知上界仙。何必更尋風土記，留題早有李青蓮。

清麗。

庾樓懷古

沈祥龍

南樓百尺鎮雄關，庾亮當年意太閒。清興居然凌北渚，相才未必抵東山。即今明月城頭冷，終古長江檻外環。倚棹武昌時縱目，寒塵滾滾水潺潺。

迷樓懷古

沈祥龍

千門萬户快仙游，如錦江山誤此樓。月滿綺窗沈夜夢，香酣寶帳散春愁。未移楊柳隄邊舫，已擲鴛鴦鏡裏頭。歎息君王迷太甚，空教烽火滿揚州。

樊樓懷古

沈祥龍

宋家樂事話承平，回首樊樓感慨生。夜月笙歌新樂府，春風燈火舊神京。自從邊騎窺城郭，遂使頹垣掩棘荆。汴水迢迢游客少，空聽畫角咽秋聲。

籌邊樓懷古

沈祥龍

坐鎮西川擁甲兵，三邊輿地繪前楹。驚風寒捲蓬婆雪，大勢遙窺悉怛城。直繼武侯籌戰守，應偕裴相論勳名。祇因牛李分朋黨，回首崖州路幾程。

岳陽樓懷古

沈祥龍

危樓高倚岳陽城，題詠當年擅勝名。吳越乾坤千古句，江湖廊廟大臣情。一時景物歸才筆，萬里波濤冷畫楹。遥望洞庭秋色遠，合邀仙客共吹笙。

有作意。

迷樓懷古

楊象濟

深宮春景絕塵緣，況得芙蓉寶帳懸。玉鼎篆薰香欲佛，牙牀畫暖夢都仙。雕欄曲折疑無路，金屋迴環別有天。倘得瓊花移種此，人間極豔更無前。

文選樓懷古

楊象濟

千秋文采仰高樓，勝地曾經帝子遊。彩筆紛被千古豔，珠簾深捲六朝秋。渾將星宿胸中列，儘有江山眼底收。漫說蕭梁無寸土，佳名猶得寄揚州。

黃鶴樓懷古

楊象濟

勝蹟猶存鸚鵡洲，何人跨鶴作清遊。笛邊落日寒無色，檻外輕雲淡不收。近水常臨溢浦月，凌霄遥唳海天秋。早隨荀費乘風去，莫與年年度女牛。

燕子樓懷古

楊象濟

十年事蹟溯紅顏，夢繞烏衣恨未還。無復夕陽棲玳棟，劇憐春色瑣瓊關。銜泥暮雨徒留怨，繫纜高風不可攀。惆悵巢空香袖杳，袛存百尺插雲間。

頗有佳句。

十二樓懷古 七律

胡元鼎

庾樓

銅駞荊棘事全收，都督江州尚有樓。兩晉風流歸此地，一年月色最中秋。長宵酒例依金谷，隔岸□□出石頭。玉麈清言長已矣，匡廬山下暮雲愁。

迷樓

獨上蕪城望眼賒，危樓一角晚煙遮。秋風螢苑神仙眷，春夢揚州帝子家。楊柳新詞金縷曲，瓊花舊恨玉鈎斜。當年歌舞知何在，月落梁空有噪鴉。

樊樓

百尺玲瓏汴水旁，層樓如畫客飛觴。雲邊燈影三更月，花外帘痕一片香。春色官河詩酒地，夢華東國綺羅場。南都歌吹西湖夜，誰對瓊筵憶舊鄉。

黃樓

嶧山泗水景依然，此日登臨萬慮牽。五夜吟情懷玉局，百年樂事讓青蓮。腰橫紫笛聲吹月，眼望黃河勢接天。斜倚危闌凝眺久，夕陽樓外有鵜鶘。

文選樓

高甍傑棟矗雲墟，聞道青宮此退居。三月煙花千古地，六朝金粉一編書。撫軍才調層樓在，舍利河山尺土虛。試倚晚風吹玉笛，雨花臺外草疏疏。

綠珠樓

清涼臺下萬條煙，玉碎香消憶昔年。金谷飄零長恨曲，珊枝惆悵可憐天。紅顏珠價空三斛，碧血冰魂又九泉。步障東郊曾十里，難教持護好花妍。

景陽樓

百尺依然聳夕陽，曉風無愎禁鐘揚。旌旂舊日鳴雞埭，烽火南朝逐鹿場。巧樣梅粧明月在，新歌瓊樹晚煙涼。分明貼地蓮花處，不見當時步步香。

花萼樓

楊花零落李花開，鶼萼樓頭笑語陪。明月霓裳三疊奏，春風仙仗五王來。長衾宮內如天澤，急鼓漁陽動地雷。太息馬嵬回輦後，滿園荊樹半凋摧。

籌邊樓

四壁煙雲潑墨成，當年節度此經營。紅巾十萬胡塵動，朱履三千妙論生。虜鬼真如歸掌握，將軍原不藉科名。大勳聚米同千古，留得高樓鎮錦城。

黃鶴樓

翬飛鳳峙枕江流，黃鵠磯邊此畫樓。五月梅花江路笛，一川煙樹漢陽舟。青鸞踪跡歸何處，白雪才華在上頭。高揭珠簾長嘯罷，滄桑塵世萬山愁。

燕子樓

晚風一笛倚寒煙，猶與蛾眉恨事傳。桃葉江頭羞再渡，花枝樓上笑孤眠。尚書舊澤深千尺，神女生涯冷十年。我更傷心千古事，中天好月不長圓。

岳陽樓

朗吟高倚翠樓風，遠水遙山入望雄。工部詩情吳楚外，燕公威望洞庭中。有人豪飲千秋著，自昔文名四絕工。白鶴峯前無限景，徘徊獨對夕陽紅。

俯仰情深，不厭百讀。

十二樓懷古序

朱逢甲

十二樓之事，每有互異。如黃鶴樓，考《述異記》，爲荀叔褘事，而《通考》誤爲費文褘事。

至庾樓有二：一在武昌，一在九江，皆傳庾亮所登。考武昌與本傳合。《晉書·庾亮傳》言：亮在武昌，諸將佐乘秋月共登南樓，俄而亮至，云"老子興復不淺"。此庾樓，即今武昌之南門城樓，本名南樓，後人稱爲庾公樓也。至九江之庾樓，在九江府治之後，背負匡廬，面臨大江，乃庾亮刺江州時所建。唐崔峒詩云"陶潛縣裏看花落，庾亮樓中對月明"，此指九江之庾樓也。今主武昌咏之。

至文選樓，亦有二：一在揚州，一在襄陽，皆傳爲昭明遺跡。考梁武帝先監雍州軍，開府於襄陽之樊城，則其子昭明太子之文選樓，宜在襄陽。後雖建都金陵，而昭明初未嘗至揚州也。阮文達謂揚州之文選樓，乃隋曹憲注《文選》之樓，非昭明纂《文選》之樓也。今詩主之，據以辨正焉。

序有考核。

擬王刺史《餽五柳先生酒書》騈體

徐　琪

某白：僕聞王喬出塵，舍瓊蘇而莫飲；項曼高蹈，酌流霞而不飢。何則歡伯當前，有愁斯埽；聖人在上，比德於清。是以孟嘉高會，非徒輸墨之嘲；長房幻術，不僅茱萸之佩。況無心出岫，既倦宦情，臨流賦詩，忍負秋味？孤松盤桓，恐非下盞之物；黃菊盈把，宜有撲缸之春。僕愧庸流，莫儷雅量，昔在諮議之日，猶有豪情；比從北征而還，益厭時俗。每思追躡杖履，拍挹柴桑，對野屋之扶疏，從籃轝而來往。屬天地休明，山川吐納，襃采一介，典郡是郊，幸接芳鄰，肯虛佳節？然官守見繫，游興輒阻。且悉足下結廬人境，深畏車馬之喧，看山夕佳，自得風雨之樂。轉恐謬擾塵跡，薄涴清芬。惟聞《止酒》之章，吟已多日；持醪之約，期之不來。坐使三徑生寒，九秋削色。僕非善飲，亦頗解人，琴無弦而可懸，樽未盈而曷醉？爰呼紅友，命彼白衣，雖非千日之仙，亦博一時之快。伯雅、仲雅，任君疊呼；歸去、歸來，庶乎不負。蘭英遣寂，免惆悵而獨悲；桑落無多，佐親戚之夜話。伏惟嘉納，不盡愧惶。某白。

擬陶淵明《謝王刺史餽酒書》散體

徐　琪

某白：一官歸來，南畝就荒。朝耘夕耔，猶可種秫。家人牽於稼圃之學，不爲麴蘖之課。於是籬有黃花，甕無春色；獨處松下，蕭然寡歡。譬渴驥之欲奔，而淵泉不知所在矣。不圖銜鼓初清，倦懷衡泌，辱展手告，兼拜杜康。既忘我憂，益醉公德。雖劉惔傾釀於次道，陸抗推誠於叔子，今昔之誼，蔑以判焉。歡欣踴躍，情有無量。然僕賦性山野，每倦答報，親舊見招，造飲輒盡，飲則必醉，醉則忘謝，此過之自知者也。猶憶往游廬山，道出栗里，足下使龐君邀飲，觴籌交錯，肴核紛列，其時我醉欲眠，舁輿逕歸，禮不遑訖，意不及展。懷企光霽，至今感惶。乃獲寬其疏放，猥見推許，豈非不以次公爲狂，而欲慰老羌之渴乎？顧僕之欣受不疑者，亦以足下爲知我，而所餉在杯中物耳。若道濟之粱肉，則揮而去之；彭澤之斗米，則委而棄之。區區之懷，惟君亮鑒矣。適對來伻，口授不悉，裁書敍心。某白。

兩書均無塵俗語。

擬王刺史《饋五柳先生酒書》

朱逢甲

欣逢九日,宜進一觴。僕是俗人,君多雅趣。先生彭澤舊令,羲皇上人,園撫孤松,門栽五柳,身隱栗里,神往桃源,琴妙無弦,菊佳有色。見南山之滴翠,正東籬之放黄,當必有詩,豈可無酒?酌言以獻,適意可娛。味領醰醰,香盈采采,雖非佳釀,聊佐登高。專使小奚,請浮大白。王宏拜手。

擬陶淵明《謝王刺史餽酒書》

朱逢甲

南山悠然,與我静對;菊如人淡,亦竟無言。伻來酒來,始知今日爲九日,動我飲興,酌言嘗之。書此數言,報謝嘉貺。使君賢者,諒我疎野,當笑簡放也。采幽花,飲美酒,領醉中趣,已心遊太古,忘今何世矣。潛白。

兩書簡妙。

擬王刺史《餽五柳先生酒書》

章 耒

夫調暢襟帶,端藉靈味;超搖景物,合浮濁醪。況先生青霞棲志,白雲結夢,鬱乾坤以入古,合桑麻以寄逸。眷焉雅趣,期共傾觴，但清酒既熟，蒼波相隔，空夢栗里而魂醉，瞻松徑而神酣，既虛星酌，徒負玉醴。然而載醪問字，竊懷前人；執榼承飲，敢馳末介。進齊客一石之數，佐中山千日之醉。開甕之際，黃凝花脂；命斝之餘，綠溢螳馥。先生或陶月快酌，藉草豪飲，挹山氣於北牖，賞菊芬於東籬，怡然而樂，元然而醉，益暢懷葛之趣，如游羲農之世矣。

極有佳致。

玉女擣帛

沈祥龍

太華峯頭夜未央，卷舒五色帛痕長。砧聲寒擣山凹月，水影輕霏石罅霜。紅駐玉顏秋耐冷，白敲銀練曉流香。明朝攜向扶桑曬，暖日沖融照一岡。

“紅駐”一聯，香豔。

丙子冬季課藝

俞蔭甫先生評閱史學
沈子佩先生評閱經學
高仲瀛先生評閱掌故之學
劉省庵先生評閱算學
張經甫先生評閱輿地之學
俞蔭甫先生評閱詞章之學

丙子冬課姓名録

經學

超等 第一名艾承禧，江蘇松江府上海縣學附生

第二名于爾大，江蘇松江府南匯縣學貢生

第三名錢其襄，浙江甯波府慈谿縣學附生

第四名華世芳，江蘇常州府金匱縣學附生

第五名姚文枏，江蘇松江府上海縣學附生

特等 第一名朱逢甲，江蘇松江府華亭縣學貢生

第二名梁雲，浙江紹興府餘杭縣學附生

第三名甘克寬，湖北武昌府江夏縣監生

第四名唐鴻藻，江蘇松江府婁縣舉人

第五名鄭照堂，廣東廣州府南海縣學附生

壹等 第一名姚文棟，江蘇松江府上海縣學附生

第二名郁晉培，江蘇松江府上海縣學附生

第三名倪澐，江蘇松江府婁縣學附生

第四名王保奭，江蘇松江府南匯縣學附生

第五名王晉德，安徽徽州府學廩生

第六名王釗，江蘇太倉州學附生

史學

超等 第一名朱逢甲

第二名姚文棟

第三名錢潤道，江蘇松江府金山縣學附生

第四名梁雲

特等 第一名許壽衡,浙江紹興府山陰縣學附生

第二名趙引修,浙江紹興府蕭山縣學附生

第三名艾承禧

第四名王維孝,江蘇松江府上海縣學附生

第五名王嘉楨,浙江湖州府歸安縣學貢生

壹等 第一名郁晉培

第二名秦誠,江蘇松江府奉賢縣學貢生

第三名周繼達,江蘇松江府婁縣學廩生

第四名周熙棟,江蘇松江府婁縣學增生

第五名周桂,江蘇松江府婁縣學增生

掌故之學

超等 第一名沈祥鳳,江蘇松江府婁縣學廩生

第二名朱逢甲

第三名艾承禧

第四名郁晉培

第五名王保衡,江蘇松江府南匯縣學廩生

第六名陳雪鵬,江蘇松江府學增生

特等 第一名邵如林,江蘇太倉州寶山縣學附生

第二名姚有彬,江蘇松江府南匯縣舉人

第三名蔡福鈞,江蘇松江府學附生

第四名汪晉德

第五名錢潤道

壹等 第一名鄭炳,廣東廣州府南海縣學附生

第二名王維孝

第三名陳善道,江蘇松江府上海縣童生

第四名張有恒,江蘇松江府學附生

算學

超等 第一名沈善蒸,浙江嘉興府桐鄉縣監生

第二名鄭興森,浙江湖州府歸安縣學附生

特等 第一名崔有洲,安徽甯國府太平縣監生

第二名宋慶雲,江蘇松江府華亭縣學貢生

第三名方德華,江蘇松江府青浦縣學附生

第四名宋光洛,江蘇松江府學廩生

壹等 第一名王晉德

輿地之學

超等 第一名趙賢書,江蘇松江府青浦縣學附生

第二名趙引修

第三名朱逢甲

第四名康宜鑑,江蘇松江府南匯縣學附生

第五名陳炳,江蘇松江府華亭縣學附生

第六名王保衡

特等 第一名劉其偉,江蘇太倉州寶山縣學廩生

第二名錢潤道

第三名周桂

第四名倪承瓚,江蘇松江府南匯縣學附生

壹等 第一名黃致堯,江蘇太倉州寶山縣學附生

詞章之學

超等 第一名陳曾彪,江蘇太倉州寶山縣學附生

第二名王保衡

第三名尹熙棟

特等 第一名顧麟,江蘇松江府南匯縣舉人

第二名鄭炳

第三名鄭興森

第四名錢道潤

壹等 第一名邵如林

第二名金庭蕣,江蘇太倉州鎮洋縣學附生

第三名李慶恆,江蘇太倉州鎮洋縣學附生

第四名朱逢甲

第五名張汝賢,江蘇松江府華亭縣學附生

第六名胡道麟,湖南長沙府醴陵縣童生

經學

今文《孝經》十八章爲定本說

艾承禧

《孝經》一書，其出在漢初者，祇有今文《孝經》。自古文《孝經》出孔壁中，而其文小異，章數亦殊。至劉向校書，刪其煩惑，以十八章爲定。則《孝經》之宜從今文固也，請得而申其說。

按《孝經》爲孔氏遺書。觀孔子"志在《春秋》，行在《孝經》"之言，《孝經》一書實與《春秋》並重。當秦代焚書，其藏於民間者，自非一二可盡，況焚書距漢興祇七年之近，古文科斗之書，在秦焚絕已久。以河間顏芝所藏，證之長孫氏及江翁、后蒼、翼奉、張禹等所說，罔有異者。如是而又何疑於今文？

且即古文可信，而出自孔壁之說，司馬溫公於《孝經指解序》中早已辨之。又況孔壁《尚書》，先儒或疑其僞，不得以《尚書》同出之《孝經》偏信其真。今試即章法求之，其割裂無理，每不若今文之通順。如《庶人章》分爲二，《曾子敢問章》分爲三；而增入《閨門》一章，尤失聖人立言本意。《正義》以爲劉炫所分，司馬貞以爲近儒妄作此傳，假稱孔氏，不特《閨門章》爲僞撰，即二十二章之篇段亦爲妄分。審是而古文均出附會，其不足憑信也又明甚。

夫有漢校經之精，首推劉向；注經之確，無若康成。《孝經注》或疑非康成所爲，然小同亦衍康成之《傳》。劉、鄭既均以今文十八章爲正，其爲定本，固無可疑者。唐開元中，諸儒多排毀古文，明皇親注《孝經》，刪《閨門》一章，而古文遂廢。可知自漢迄唐，無不以今文爲定本者。

斷制分明，是漢庭老吏手。古文不如今文，經術家絕大消息。

《孝經》以經名書説

艾承禧

古未有以經名書者。《詩》《書》《禮》《樂》自孔子刪定後，始有經名。在中古之世，其用以教士者祇稱"四術"，而未嘗有經之名。若其有是書而即繫以經，且非經無以見全書之義，則莫若《孝經》一書。

按《禮記》有《經解篇》，鄭《目録》云"以其記六藝政教之得失也"。鄭又作《六藝論》云："孔子以六藝題目不同，指意殊別，恐道離散，後世莫知根源，故作《孝經》以總會之。"是《孝經》彙羣經之全而以經屬之也。其所以名爲經者，《漢書·藝文志》云："夫孝天之經，地之義，民之行也。舉大者言，故曰《孝經》。"古人作書名篇，往往有取諸本文者，如《書》有《洪範》，《記》有《中庸》，均足見全書大義，《孝經》亦然。範也，庸也，經也，又皆同訓也。《大戴記·曾子大孝》云："夫孝者，天下之大經也。"天下之大經，即天之經矣。

《正義》云"孝者事親之名，經者常行之典"，此解字義亦是，"典"之言"法"也。證之《司馬遷傳》及儒先之説，無不訓"經"爲"常法"者。《正義》又引《皇侃》云："'此經任重道遠，金石可消，而事親常行，存世不滅，是其常也；爲百代規模，人生所資，是其法也。'言孝之爲道，使可常而法之。"其説殆無以易矣。惟所援《易》有上經、下經，《老子》有《道經》《德經》，稍失其例耳。《易》本分上下篇，其題曰經，始於孟喜；《道德》五千言亦名爲經者，乃道家崇而稱之，未可與《孝經》同日語也。

　　頗有所見。

《孝經》以經名書說

姚文枏

　　古未有以經名書者，典墳邱索無論矣。即《詩》《書》《禮》《樂》，古亦祇稱"四術"，未有經名。其稱爲經者，蓋自孔子刪定而後，始有六經之名，初非有是書而即名爲經也。乃獨於《孝經》一書，書成而即名以經，何哉？試詳其說。

　　夫《易》《詩》《書》《禮》《樂》《春秋》，不言經而書可識也；惟《孝經》則繫經於"孝"，而義始完備。則名書之故，必有說以處此。《疏》云"孝者事親之名，經者常行之典"，訓"經"爲"常"，與諸經之名經者，其義無以異。《皇侃》云"經者，常也。金石可消，而孝爲事親常行，存世不滅，是其常也"；又法也，"爲百代規模，人生所資，是其法也"。此可以見名經之義，而未若《漢書·藝文志》之尤爲確當。《藝文志》云："夫孝天之經，地之義，民之行。舉大者言，故曰孝經。"又按天地皆可言經，夫子明云"天地之經，而民是則之"，是人之盡孝，乃所以則天地之經也。唐御注說天經云："孝爲百行之首，人之常德，若三辰運天而有常。"說天地之經云："天有常明，地有常利，言人法則天地，亦以孝爲常行。"然則訓"經"爲"常"，雖諸經所同，而合常明、常利，配之以常行。夫子言此以綴五孝之後，明乎孝之名經，實有配三才而立極者。古人名書，均取書中要義，不必取諸篇首也。如《中庸》名《書》，乃取次章之文；《孝經》之取諸七章，亦其例也。《漢志》之說，殆無以易。

　　簡當。

光於四海"光"字解

艾承禧

《孝經》"光於四海"承上"通於神明",其句法與《書》"光被四表,格于上下"略相等。戴氏震謂"光被四表"與下句爲對舉文,"光被"當作"横被"。蓋古文《尚書》作"光",今文《尚書》作"横"。據此以例《孝經》,則"光於四海"之亦當作"横"明其。

且凡言孝之能及四海者,例推可知矣。《大戴記·曾子大孝篇》云"衡之而衡於四海",《小戴記·祭義》作"溥之而横於四海","衡"即"横"字,則古本作"横"無疑。

"横""黄"同聲,"黄"從"芡",古"光"字。《疋雅》"桄,充也",《禮·樂記》"號以立横"及《孔子閒居》"以横於天下",鄭皆訓"横"爲"充",是"横""桄"字通也。《書》"光被四表",僞《孔傳》訓"光"爲"充"。如以"光耀"爲"充",於義反窒。是字雖從"光",《傳》已解從"横"字矣。或"光"爲"桄"字脱文,"桄"爲"横"字之轉,故解《孝經》從"横"爲正。

諸卷亦有知"光"即"横"者,此作最简括。

光於四海"光"字解

于爾大

《孝經·應感章》"光於四海","光"字之義,古有與"桄""横"二字通用者,亦有與"桄""横"二字異用者。《書·堯典》"光被四表",《孔傳》訓"充"。後儒又言"光"當作"横",引《漢書·王莽傳》"唐堯橫被四表"爲證。"橫"從"黃","黃"從"芡",即古"光"字。故古文《尚書》"光"字,即今文《尚書》"橫"字也。《禮記》孔子曰"橫於天下","橫"亦訓"充";曾子曰"夫孝,溥之而橫乎四海",即《孝經》"光於四海"之意,故知"光"與"橫"通用也。"桄"字不見五經,惟《爾雅》訓"充"。《釋文》曰:"'桄',孫作'光',古黃反。"則音義俱同"光"字。《樂記》"鍾聲鏗,鏗以立號,號以立橫",注"橫,充也",誤謂氣作充滿也。《釋文》"橫,古曠反,充也",蓋讀如"桄",而有"充滿"之義。則"橫"與"桄"訓解亦同。以此見"光""桄""橫"三字,古皆通用。

其"光"字之義之異於"桄"與"橫"者,如《易·大畜》象傳曰"輝光日新","光"乃德輝之所著;《書·泰誓》"于湯有光",言湯之心驗之武而益顯;《詩》"南山有臺,邦家之光",言邦家因君子而增華。是皆光明之義也。《禮·樂記》曰"奮至德之光",亦謂光明之德,震動天地,雖義包充滿,要不得以"充"爲訓也。上數"光"字,非特異於"桄""橫"之解。即例以"光於四海"之"光",亦微不同,解經者固未可執一以求爾。

若《詩·噫嘻》,《正義》引《書》鄭注云"堯德光燿及四海之外",則"光"亦非作"橫"解。《漢書·宣帝紀》云"陛下聖德充塞天地,光被四表",則"光"又不可以"充"訓。古人引用經傳,多以己意解釋,不必盡遵本義也。竊謂"光被四表"與"格于上下"句相對,義當訓"充"。"光於四海"與"通於神明"句相對,故亦當爲"充"。"桄""橫"二字,古本通"光",亦不必易其字也。

筆有斷制,就一字引申而能曲盡其致,頭目腹尾俱備。

光於四海“光”字解

錢其襄

“光於四海”之“光”，義當作“横”，今文因“桄”而轉爲“光”。《爾雅·釋言》“桄，充也”，郭《注》“盛也”。《説文》云“桄，充也，通作光”，《爾雅·釋文》“桄，孫作光”是也。《准南子·脩務篇》云“段干木光于德，寡人光于勢”，亦以“光”爲“充”也。“光”之爲言“廣”也，“廣”“光”聲同，“廣”“充”義近，故《詩·敬之傳》“光，廣也”。《水經·濟水注》云“光里，齊人言廣，音與光同”，即《春秋》所謂“守之廣里者”也。“横”“廣”俱從“黄”聲，“黄”從“光”聲，古讀“横”“廣”竝如“光”，故《樂記》云“號以立横”。《孔子閒居》云“以横於天下”，鄭《注》並云“横，充也”。漢之横門，亦稱光門，《一切經音義》十四云“桄，古文橫、横二形，同音光”，是其證也。《書》偽《孔傳》“光，充”，孔沖遠《正義》“光，充，《釋言》文”。戴震云“横轉爲桄，桄脱爲光”，又云“光被四表，古文必有作‘横被四表’者”，其説詳矣。案《孝經》言孝悌之至也，《大戴記·曾子大孝》云“夫孝，衡之而衡於四海”，《小戴記·祭義》作“溥之而横於四海”，《庶人章正義》“横乎四海”，《北史·孝行論》“塞天地，横四海”，則當作“横”明矣。

旁見側出，腹笥便便。

“就度譽究畜”五字分訓五孝説

于爾大

《孝經》陳天子至庶人五等之孝，其用各別，其原不殊。《疏》備引《援神契》，以"就度譽究畜"五字分訓五孝。以古音論之，此五字者，皆孝字雙聲疊韻之字。古書訓詁，往往如此，而其義有可推言者。

天子孝曰"就"，就成也。言天子既極愛敬，則德澤遠被。凡五等之孝，皆賴之而成。非若諸侯以下，其分各有所限，而教不能徧及天下也。《詩·訪落篇》"將予就之"，即率時昭考之道；《敬之篇》"日就月將"，即上企緝熙之學。孝之言"就"，其義固屬之天子爲合。

夫天子在上，其法度莫敢不遵。而惟諸侯最近天子之光，節以制度，故可議德行；謹爾侯度，故可質民人。孝爲德之本，諸侯之所以和民人也，苟不奉王度以承先業，則其德不足服人，即社稷亦難永保。故經言謹度，即以"度"爲訓。

若《卿大夫章》曰"非法不言，非道不行"，則法度之謹守，當亦與諸侯同。而云卿大夫行孝曰"譽"者，蓋言行寡尤，遠近咸服，庶幾無惡無斁，以永終譽矣。《詩》思齊古之人無斁，鄭《箋》引"口無擇言"二句以明之。"擇"與"斁"通，惟無斁斯能致譽也。譽又爲善聲，卿言章善，大夫曰"大扶、進人"。夫至怨惡俱泯，則善聲章於天下；而化人不善，以導人爲善。其扶持引進之功不少矣。

至於孝道之行，人以類推，而義當兼盡，惟士能研究於先。而知資親事君之道，《詩·棠棣》"是究是圖"，《皇矣》"爰究爰度"，"究"皆訓"謀"，有明審之義。《傳》曰"通古今，辯然否"，謂之士，"辯"亦有"究"義。

夫究孝道之全，不越愛敬，而其事則在能養。庶人行孝曰"畜"，畜即訓養，《禮·祭統》曰："孝者畜也，順於道不逆於倫，是之謂畜。"此言順於德教，非專以畜養爲義也。孔子言"以畜萬邦"，"畜"亦訓"孝"。然使萬邦之人，競行孝道，惟天子孝治爲然，又非庶人之所能及也。然則"孝"之訓"畜"，何以屬之庶人哉！蓋散文通言之五孝皆可訓爲畜，對文析言之，則庶人務農力穡、食節事時以盡服勞奉養之道，所謂小孝，用力於畜義尤切近焉。"孝""畜"古同音，《孟子》"畜君"訓"好君"，"畜"與"好"亦疊韻。《爾雅》曰"善父母爲孝"，《墨子·經篇》曰"孝，利親也"，《釋名》曰"孝，好也"，"善"與"利"與"好"皆同物也，古人訓詁之理，此爲最著。

　　詳贍可觀。

"就度譽究畜"五字分訓五孝説

錢其襄

　　《疏》引《孝經·援神契》云："天子行孝曰就，言德被天下，澤及萬物，始終成就，榮其祖考也。"按"孝"字《唐韻》在三十六"效"，"就"字在四十九"宥"。考諸古音，則孝音許救反，亦當在宥部。《周頌·閔予小子》"孝"與"造""疚""考"韻，《楚辭·九章》"就"與"好"韻，是其證也。

　　又云："諸候行孝曰度，言奉天子之法度，得不危溢，是榮其先祖也。"按"度"字在十一"暮"，與九"御"同用。《西都賦》"署"與"孝"韻，署在御部。《東都賦》"詔"與"度"韻，"詔"在三十五"笑"，猶"孝"字今在三十六"效"，"笑""效"亦同用也。御部、暮部、笑部、效部，蓋皆宥部之轉矣。

　　又云："卿大夫行孝曰譽，蓋以聲譽爲義，謂言行布滿天下，能無怨惡，遐邇稱譽，是榮親也。"按"譽"字在九"御"，與"度"字相似。

　　又云："士行孝曰究，以明審爲義，當須能明審資親事君之道，是能榮親也。"按"究"字與"就"皆在四十九"宥"，"孝""就""究"三字諧聲最著。

　　又云："庶人行孝曰畜，以畜養爲義，言能躬耕力農以畜其德，而養其親也。"又《釋名》引《孝經》説曰:"孝,畜也;畜,養也。"《禮記·祭統》曰:"孝者畜也,順於道不逆於倫,是之謂畜。"按"畜"字亦在四十九"宥",即"孝"字"許""救"反之音。《孟子》"畜君"訓爲"好君",諧聲也。《祭統》"孝"訓爲"畜",同音也。"好"字今在三十二"皓",與"笑""效"皆同用,實則亦當在四十九"宥"也。故《釋名》又曰:"孝,好也。"《廣雅》"孝就也,孝度也,孝譽也,孝究也,孝畜也",皆本《援神契》爲訓。

獨能研求聲音訓詁之理。

"就度譽究畜"五字分訓五孝説

梁雲

古人論孝,無過事親、立身兩端。事親必始於養,立身之推極處,則至孝治天下而止。如《援神契》言天子之孝曰就,諸侯曰度,卿大夫曰譽,士曰究,庶人曰畜者,蓋謂天子充孝治之量,則事親立身,方有成就處。諸侯之以度爲孝,大夫之以譽爲孝,士之以究爲孝,亦就其立身事親言之,而庶人義取於畜,則其分但能養親故也。何言之?天子者,天之宗子,天下之人,皆天所生,不敢惡一人、慢一人,方是愛敬盡處。先儒有言:"子不思父母望我,千萬高遠乎?未能分毫就也。"就字意義,須愛敬到盡處,人人學爲孝子,人人都無怨心,方謂之就,此已是事親立身極至處,非天子不能,故天子獨曰"就"也。

諸侯之"度",即經文"謹度""度"字,不驕不危,總是謹度之事。謹度所以守富貴,即所以事親立身,故"度"爲諸侯之孝。

卿大夫立朝敷奏,出使將命,言行可滿天下。苟不爲人怨惡,必得天下之譽,其能立身以事親可知,故"譽"爲卿大夫之孝。

"究"者"明究"之謂。士人外有君長當事，必究明資父事君之義，方能推事親者以事其君長，忠順不失，即是立身之道，故"究"爲士之孝。

至於庶人之孝以畜養爲義者，不順天道，無以爲畜；不辨地利，無以爲畜；不謹身不節用，仍無以爲畜。能盡"畜"字之義，而庶人之所謂立身事親者，亦已盡矣。

夫天子嘗以敗度爲戒，諸侯亦有永譽之心，卿大夫行孝，即當度其當然，而士豈無畜養其親之理。論五義，似可通訓五孝。然諸侯不能成就於天下，卿大夫不敢僭擬於侯度，士不能邀譽於四方，庶人不能究極夫理致。此乃勢分所限，不能强卑以爲尊者也。然則五孝之義，固爲切當著明云。

> 五字皆"孝"字之雙聲疊韻也。此作却於訓詁外，別自用意，能見其大。

董仲舒解天經地義說

華世芳

董仲舒《春秋繁露》，河間獻王以"夫孝，天之經，地之義"爲問。董子以天有五行對天之經，又謂風雨者地之所爲，曰天風天雨，不曰地風地雨，名一歸於天，非至有義，其孰能行此？是以下事上，如地事天，可謂大忠。而孝子取此，則知忠、孝同出一源。曰"天之經，地之義"，所謂無逃於天地之間者是也。其義取於五行風雨者，蓋陰陽五行爲造物之大柄。謂經者常也，地聽命於天，順從之道，所謂義也。

今就董子之義而廣之。乾爲天爲金，天一生水於北，日行青道，甲一乙二；地二生火於南，甲乾乙坤，相得合木；天三生木於東，日行赤道，丙三丁四；地四生金於西，丙艮丁兌，相得合火；天五生土於中，日行黃道，戊五己六；地六成水於北，一六合水，戊坎己離，相得合土；天七成火於南，二七合火，日行白道，庚七辛八；地八成木於東，三八合木，庚震辛巽，相得合金；天九成金於西，四九合金，日行黑道，壬九癸十；地十成土於中，五十合土，天壬地癸，相得合水。天地生成，互爲消息。

地爲土，土者火之子，五行莫貴於土，無所命，而不與火分功名。此所謂忠臣之義、孝子之行，取之土也。山川出雲，不崇朝而徧雨乎天下，下土之被風雨者，皆曰天，天實無爲而地爲之，歸功於天，聽天之命而然。蓋地道也，妻道也，臣道也，地道無成而代有終也。知五行能化生萬物，則忠順以事其上，奉承不違，事天之道盡矣；知地之勤勞，名一歸於天，則臣道即爲地道，不敢違天，忠之至，孝之極也。

五聲、五味、五色，不外乎五行。而聲之宮、味之甘、色之黃，皆屬於土，五行之最貴，故曰其義不可加矣。以五行爲天之經，歷萬變而不易其理，故《孝經》得以經名。惟其爲天之經，而地義足以爲配。故兼三才而兩之，而義由是生焉。天之經，地之義，五行之氣，忠臣之則，孝子之行，相爲表裏，不絕於人寰。故《經》云"天地之經，而民是則之"，是地之義，亦天之經而已矣。因董子之言，而發揮其義如此。唐御注云"若三辰運天而有常，五土分地而爲義"，亦董子之遺意爾。

闡發盡致，不病其煩。

蔡邕引《魏文侯傳》謂《孝經》合明堂、太學爲一,其説然否

朱逢甲

《孝經·聖治章》曰:"昔者周公郊祀后稷以配天,宗祀文王於明堂以配上帝。"此言明堂,不言即太學也。魏文侯嘗受經于子夏,其所撰《孝經傳》,蔡邕《明堂月令論》引之,賈思勰《齊民要術》亦引之。

《明堂月令論》合明堂、太學爲一,引《魏文侯傳》以證之。其略曰:明堂者,天子太廟,所以崇祀其祖,以配上帝者也。取其宗祀之清貌,則曰清廟;取其正室之貌,則曰太廟;取其尊崇,則曰太室;取其堂,則曰明堂;取其四門之學,則曰太學;取其四面周水圓如璧,則曰辟雍。異名而同事,其實一也。周清廟、魯太廟,皆明堂也。魯禘祀周公于太廟明堂,猶周宗祀文王于清廟明堂也。《禮記·檀弓》曰"王齋禘于清廟明堂也",《孝經》曰"宗祀文王于明堂",《禮記·明堂位》曰"太廟,天子曰明堂",《易傳·太初篇》曰"太子旦入東學,晝入南學,暮入西學,夕入北學。在中央曰太學,天子之所自學也",魏文侯《孝經傳》曰"太學者,中學明堂之位也",《禮記》曰"祀乎明堂,所以教諸侯之孝也",《孝經》曰"孝悌之至,通於神明,光於四海,無所不通",《詩》云"自西自東,自南自北,無思不服"。言行孝者,則曰明堂;行悌者,則曰太學。故《孝經》合以爲一義,而稱鎬京之詩以明之。此蔡邕引《魏文侯傳》合明堂、太學爲一之大略也。

然《孝經》固未嘗合爲一,特文侯《孝經》之《傳》,則合爲一耳。即其説而論之,潁容《春秋釋例》亦合明堂、太學爲一,謂明堂有八,名其言曰:"肅然清静,謂之清廟;行禘祫,序昭穆,謂之太廟;告朔

行政，謂之明堂；行饗射，養國老，謂之辟雍；占雲物，望氛祥，謂之靈臺。其四門之學，謂之太學；其中室，謂之太室。總謂之宮。"此說與蔡邕略同，盧植《禮記注》亦謂明堂即辟雍，即太廟，即靈臺，是亦以明堂、太學爲一也，其文皆引見《詩·靈臺疏》。司徒馬宮謂明堂、辟雍，其實一也，引見《文選·東京賦注》。王肅《孝經解》亦謂明堂、太學同處，引見《隋書·牛宏傳》。

然則明堂、太學果爲一乎？而未必然也。考《大戴禮》、劉向《五經通義》、班固《白虎通》，固不以爲一，許慎、鄭（元）［玄］亦不以爲一，袁準更作論辨之，牛宏復即漢證之，孔穎達又據經非之矣。

請臚舉其説。《大戴禮·（盛德）［明堂］篇》言明堂九室，一室而有四户、八牖，凡三十二户、七十二牖，在近郊三十里，或以爲明堂者，文王之廟也。劉向《五經通義》言"明堂以布政，辟雍以養老"，是別明堂、太學爲二也。班固《白虎通》言"禮三老于明堂，教諸侯孝；禮五更于太學，教諸侯弟"，亦分爲二，不合爲一也。許慎《五經異義》引涫于登之説，謂"明堂在國之陽，三里之外，七里之内，上圓下方，八窗四闥，周公祀文王于明堂，以配上帝"，古《周禮》《孝經説》"明堂，文王之廟"，無明文以知之。此叔重之説，不以爲即太學也。鄭（元）［玄］駁《異義》但謂登之説本于《孝經·援神契》，即鄭注《孝經》，亦不以爲即太學也。

至袁準撰《正論》，則更專辨邕説之非，而暢論明堂非太學矣。其略曰：明堂、宗廟、太學，禮之大物也。事義不同，各有所爲。而世之論者合以爲一，不復考之人情、驗之道理，失之遠矣。夫宗廟之中，人所致敬，幽隱清静，鬼神所居。而使衆學處焉，饗射其中，人鬼慢黷，死生交錯，囚俘截耳，瘡痍流血，以干犯鬼神，非其理矣。自古帝王，必立大、小之學，以教天下。有虞氏謂之上庠、下庠，夏后氏谓之東序、西序，殷人謂之右學、左學，周人謂之東膠、虞庠，皆以養老乞言。《明堂位》曰：瞽宗，殷學也。周置師保之官，居虎門之側。然則學宮非一處也。《文王世子》"春夏學干戈,秋冬學羽籥,皆于東序",又曰"秋學《禮》,冬學《書》。《禮》在瞽宗,《書》在上庠",此周立三代之學也。可謂立其學,不可謂立其廟,然則太學非宗廟也。又曰:"世子齒于學,國人觀之。"宗廟之中,非百姓所觀也。各有所爲,非一體也。古有王居明堂之禮,《月令》則其序也。天子居其中,學士處其內,君臣同處,非其義也。案此言甚辨,據此則明堂、太學判然爲二,似不得合爲一矣。牛宏謂鄭(元)[玄]、袁準,皆分別爲二。漢中元二年,起明堂、辟雍,亦別爲二,引漢以證,言有根據。孔穎達《禮記疏》引《王制》言大學在郊,引《孝經緯》言明堂在國之陽,謂明堂、太學,不得合而爲一。引經以辨,言亦簡核,據此諸説,不可較然斷明堂、太學爲二乎?國朝戴震之《明堂考》,孔廣森之《明堂解》,金榜之《禮箋》,皆不言明堂即太學。汪中之《明堂通釋》,則謂明堂有六,一宗周,二東都,三路寢,四方岳之下,五太學,六魯太廟,是有與太學爲一之明堂,有與太學爲二之明堂也。縷析條分,洵通儒之論歟!阮元《明堂論》,又謂上古明堂、太學爲一,成周明堂、太學爲二,求是折中,愈推愈密,允可以息後人之喙矣。伯喈之説,蔽于一偏,未足據也。

　　井井有條。

《邢疏》增損《元疏》考

甘克寬

　　《唐書·元行沖傳》稱:"(元)[玄]宗自注《孝經》,詔行沖爲《疏》,立於學官。"《會要》又載:"天寶五載詔,《孝經書疏》雖粗發明,未能該備,今更敷暢以廣闕文,(今)[令]集賢院寫頒中外。"是當時《疏》已再修矣。宋咸平中,邢昺所修之《疏》,即《元疏》爲藍本。觀其序云"今特翦截《元疏》,旁引諸書",是邢之《疏》即就《元疏》增損明矣。但《元疏》既修於宋初,孰爲新文,孰爲舊説,不可辨別。今考《御製序》云"義有兼明,具載則文繁,略之又義闕,今存於《疏》,用廣發揮",是《注》所未備而《疏》言之者,必《元疏》也。"居家理,故治可移於官"加一"故"字,《注》不言而《疏》言之,此即存於《疏》之一證,必係元氏説無疑。劉炫《述義》,謂孔子自作《孝經》,本非曾子請業而對也,《疏》引之而云。元氏雖同炫説,恐未盡善。是所引劉炫説爲元氏舊説,雖同云云者,邢氏新增也。《疏》又解"御製"二字云:"以此序唐(元)[玄]宗所撰,故云'御製'也。"(元)[玄]宗,唐第六帝也云云,至廟號(元)[玄]宗,亦皆邢氏語,至於御注所用孔、鄭、韋、王、劉、魏諸説,《疏》皆表明此依某注,某注非元氏親承上旨,多見古書,豈能不爲是言乎?故邢氏增損之處,雖已不可盡考,要必不至甚多。且此《疏》詳贍有體,尚存孔賈典型,與《論語》《爾雅》兩《疏》敻乎不侔。故知元氏之舊,實十存八九焉。

　　大致清楚。

史學

漢制仕宦不避本籍論

朱逢甲

古之仕也，不避本籍，至漢猶然。如韓安國梁人，而仕梁爲中大夫；朱買臣爲會稽太守；岑晊爲南陽功曹；范滂仕于汝南；鐔顯仕于廣漢；朱邑仕于舒縣，民爲立祠；爰延仕于外黄，政行仁化。皆本郡本邑並績著循良，澤流鄉里。

顧亭林《日知録》引《古文苑》注《桐柏廟碑》及諸漢碑，謂漢之掾屬皆郡人，可考漢世用人之法。其時惟守相命于朝廷，曹掾以下，無非本郡之人，故能知一方之人情，爲之興利除害。其辟用即出于守相，不似後代之官，一命以上皆由于吏部也。又引《京房傳》，謂房爲魏郡太守，請得除他郡人。因知漢時掾屬無不用本郡人，房請乃是破格。杜佑《通典》亦言"漢縣有丞、尉及諸曹掾，多以本郡人爲之"也。

案仕不避本籍，不特漢也，至宋猶然。如宋范文正蘇州人，而爲蘇州太守是也。乃今制則不然，惟武職自千總以下，得官本籍；守備以上，即避本籍。文職惟教職得官本省，然亦須避本郡；此外大小文職，無有不避本省者。此古制、今制之大異也。

綜而論之，仕本籍者，熟悉地方之情形，難免族戚之請託；仕他省者，可免族戚之請託，不悉地方之情形。各有利亦各有弊。漢人多質直，可免請託，于本籍爲宜；今人多圓通，易徇請託，于他省爲宜。此固不必是古制而非今制也。

惟今制避本籍而仕他省，尚有近在五百里以内引避之例。竊謂于近既已定限，則于遠亦宜定限；近既限五百里，遠亦宜限以二千里。嘗見燕遼之人，遠仕滇黔，則萬里而遥；閩粤之人，遠仕陝甘，亦萬里而遥。道途既遠，言語不通，風土難諳，資斧艱措。若限以二千里，則本籍已隔，言語易通，風土可諳，資斧亦省。與宋制知縣注選，遠無過三十驛之例亦合。三十驛，九百里也，二千里則遠已倍矣。王豐川亦謂當遠止于千五百里，甚至二千里爲度，此固有益無損也。與明制南人選南、北人選北之制，已較變而通之矣。

王豐川欲分天下各省爲南、北、中三單。北單則盛京、山東、山西、河南、陝甘，中單則江南、浙江、江西、四川、兩湖，南單則雲南、貴州、福建、廣東、廣西。文自五品以下，武自四品以下，不得以極南人任極北缺，極北人任極南缺，惟中單盡可通融。其説頗明通可取。竊謂縣令以下，皆宜近定五百里之外，遠定二千里之內；惟知府以上督撫、司道，則但論才識，不限遠近耳。

否則縣令以下以及佐貳卑官，令官極遠之省，遠不定限，弊可略言。《日知録》云："自南北互選之後，赴任之人，動數千里，必須舉債，方得到官。而風土不諳，言語難曉，政權所寄，多在滑胥。"是率天下而路也。

王心敬《豐川集》更言有十弊：一則道遠家累，赴任不貲，甫入仕途，滿身債負，欲廉不能；二則一選遠地，離親獨往，非教孝之道；三則言語不通，上下之情，賴通于供役之侍史，必受欺蒙；四則飲食起居不宜，有去以十餘口，歸僅四五口，甚且本官不免；五則行程遲滯，曠廢職業；六則新舊相接，不能交手，必加一署事之員，百姓隱受其害；七則長途遠涉，勞于無益；八則胥吏遠接虛耗；九則大吏夫馬騷擾；十則利害情形，必問以知，有官階已轉，而尚未盡悉州邑情事。弊可勝言哉？

案"十弊"之中，所言第二弊，則今已無矣，以有親老告請近省之例也；至第八弊言胥吏遠迎，則斷不迎于數千里之外；第九弊言大吏夫馬騷擾,夫大吏自不能拘以近省也。所言十弊,七弊確當,而第一弊、第三弊、第四弊、第十弊,言尤透澈。

然則今之仕者,既避本省,宜免遠省而仕近省:既無情法難盡之虞,又無利弊不知之慮,不亦可乎?

推闡有意。

《漢書》河内郡缺一屬縣考

朱逢甲

《漢書·地理志》言河内郡屬縣凡十有八,或疑缺一屬縣者。蓋數之所言之屬縣:懷也、汲也、武德也、波也、山陽也、河陽也、州共也、平皋也、朝歌也、修武也、溫也、樊王也、獲嘉也、軹也、沁水也、隆慮也、蕩陰也,似止十七縣,故曰缺一屬縣也。

而不知《漢書·地理志》之文,未嘗缺也。實十八縣,後人誤數爲十七耳。原文每縣有注,而"州""共"二字,"州"字下無注。"州""共"二字相連,無注隔開,後人遂誤合"州""共"二字,以爲一縣。不知州也、共也,乃二縣也。州與共爲二縣,是十八縣矣。以《續漢書·郡國志》證之,河内郡十八縣,則懷也、河陽也、軹也、波也、沁水也、野王也、溫也、州也、平皋也、山陽也、武德也、獲嘉也、修武也、共也、汲也、朝歌也、湯陰也、林慮也,凡縣十有八,州與共分爲二矣。此可證屬縣不缺也。

惟《前漢志》《續漢志》于"州"字下皆無注,故後人易誤會《前漢志》州、共爲一縣,《續漢志》州、平皋爲一縣。今金陵書局本《後漢書》,于《郡國志》中又誤州、平皋爲州、翠,則愈誤矣。後人如誤會爲"州平翠"三字地名,不更大誤耶?

至州之爲縣,則請引經及歷代之史以證之。案《左傳·昭(二)

[三]年》云"賜汝州田",杜《注》云州縣屬河內郡。此即《漢志》之州縣也。再考歷代之史志,《前漢志》《續漢志》州縣皆屬河內郡。又考《晉書·地理志》,亦有州縣,亦屬河內郡。《北魏書·地形志》有州縣,屬懷州。漢、晉之河內郡,即北魏之懷州也。今考漢之州縣,在今河南懷慶府河內縣之東南四十里。據《左傳》、杜《注》及前後《漢書》、《晉書》、《北魏書》皆有州縣,則《漢志》"州共",州爲一縣,共爲一縣,州、共是二縣而非一縣,合于十八縣之數,未嘗缺一屬縣矣。至共縣,《注》已明言,故共伯之國,案《左傳》"太叔出奔共"之"共",杜《注》謂共國即汲郡共縣,即漢之共縣,今爲輝縣地是也。"州"與"共"明是二縣,不得合爲一,而疑河內郡缺一屬縣也。

允協。

《漢書》河內郡缺一屬縣考

姚文棟

《漢志》河內郡十八屬縣,未嘗有所缺。師古《注》以州、共兩縣爲一縣,而河內乃少一屬縣矣。然歷考諸書,州、共皆爲兩地,未有以"州共"爲地名者,請一徵之。

《左傳》隐十一年,周與鄭人蘇忿生之田,州在十二邑中,杜《注》云今州縣;成三年,晉侯賜鄭公孫段州田,杜又注云州縣在今河內郡;又成七年,鄭子産歸州田於韓宣子,是州爲春秋時之一邑;而隱元年,鄭太叔段奔共,杜《注》云今汲郡共縣,是共又爲春秋時之一邑。此"州"與"共"各爲一地之明證也。

請再徵之《國語》。厲王流崩於彘,共伯奉王子靖立爲宣王,即孟康所謂共伯入爲三公者,師古引《注》於"州共"之下,而不知"共"未嘗又名"州共"也。《晉語》襄王賜文公以州、涅、絺、阻之田,是州另爲一地，即晉以賜鄭公孫段者。此州、共非爲一地之又一明證也。

請三徵之《戰國策》。信陵君言通韓上黨於共、甯，又云河內共、汲，皆此共縣之地。"甯"即漢修武縣，"汲"亦漢縣，其地皆屬河內，與共縣近。此"共"爲一地，不名"州共"之又一明證也。

請四徵之《後漢書》《晉書》。東漢司隸河內郡，有州縣又有共縣；晉則州縣隸司州河內郡，而共縣別隸司州汲郡。杜預据以注《左》，故《地志》謂此二縣。東漢迄晉，皆仍西漢舊名。此州、共爲河內郡之兩縣又一確鑿明證也。

夫州、共在漢以前，明明爲兩地；在漢以後，又明明爲兩地。豈春秋、戰國時兩地未嘗不分，而漢合之爲一耶？豈東漢、兩晉時又分之爲兩縣，而漢固爲一地耶？是可以破顏說之謬，而益以知班《志》之未嘗有所缺漏也。又考《漢書》長沙國十三屬縣，顏以攸、酃兩縣爲一，而長沙缺一屬縣。然則師古之謬不止一河內云。

詳悉。

書《史通》"疑經""惑古"篇後

姚文棟

《史通》"疑古""惑經"兩篇，皆議唐虞三代之事，而評騭《春秋》一書。今觀其言，多信汲冢傳疑，不崇古經正說。其好奇之過，至於離經侮聖而不自知，其妄大矣。請指數之。

夫堯、舜、禹、文，千古之大聖，無賢愚皆知之。而知幾乃謂堯囚平陽，舜竄湘水，虞夏受禪，其事同於魏晉。且謂姬文不臣，又殺季歷。萃千古之聖人，而加以大逆篡弑之罪，事本烏有，語由師心，其妄一也。

桀紂之惡，等於下流；武庚偷生就封，旋又背叛。斯皆凶惡昭著，無事稽疑。而知幾則謂武庚殉節可褒，桀紂被誣未白，其妄二也。

古之聖人，皆終臣節。而知幾乃謂益與伊尹手握機權，覬覦天禄，至爲夏啟、太甲所殺，譬之桓效曹馬，而獨致元興之禍，其妄三也。

薰、蕕不同器，梟、鸞不竝棲。知幾舉述孟子、魏文、漢景之言，而曰斯竝蠡賢精鑒。夫漢景、魏文竝論，已是不倫；竝不於孟，豈不天淵？其妄四也。

夫隱、閔非命，《春秋》不書；昭公娶吳，不稱非禮。爲尊親諱，理固應爾。知幾不知此義，翻以飾智驚愚，譏訕大聖，其妄五也。

知幾又謂春秋以前，其書多妄，徇私褒諱，隐没者多。比之王沉、沈約，猶爲不及。夫沉告馬昭弒君，約勸齊王受禪，律以《春秋》之義，皆爲亂臣。亂臣也，而可以古聖比之乎？其妄六也。

《春秋》一書，以防亂臣賊子。是以《春秋》未作之先，周天子篡逐者四，齊、楚、鄭之篡逐其君者三，魯之殺逐其君者五；《春秋》既作之後，至於秦始二百年，周止叔襲殺哀王，嵬殺思王，魯則絕無殺逐，豈非亂賊知懼之明驗？而知幾謂無勸善懼淫之功，其妄七也。

孔子筆削《春秋》，自有深意。其在他國之事，多憑來告之辭。而知幾乃謂《春秋》載晉事疏闊，不如《晉瑣語》載魯事之詳。且知幾論事，獨於《汲冢》《山經》奉如蓍蔡，而土苴六經，豈非重蟬翼而輕千鎰，高寸木而卑岑樓乎！其妄八也。

知幾又謂孔子《春秋》於隱、桓之間則彰，於定、哀之際則微。蓋欲推避求全，依違免禍，而因譏眾人雷同，皆爲虛美。然則《春秋》同穢史之書，聖賢蹈標榜之習，其妄九也。

王充詆訾孔子，以繫而不食之言爲鄙，以從佛肸、公山之召爲濁；又非其脱驂舊館，而惜車於鯉；又謂道不行於中國，豈能行於九夷。指摘《論語》，毫無忌憚。而知幾歎其未論《春秋》，欲廣所疑以自附於問孔之例,其妄十也。

夫此十妄,舉大而言;若其細端,未勝枚舉。昔知幾自言史須兼才、學、識三長,予於知幾之才未能熟知,觀此兩篇,其所謂學、識者何如乎?宋子京嘗謂知幾工訶古人而拙於用己,又稱《唐舊史》之文猥釀不綱。予嘗觀其所撰《高宗、武后實錄》,言天授二年事,則曰傅遊藝死矣;至長壽二年遣使流人,則曰傅遊藝言之也。夫遊藝之死,至是三年,豈有白骨復肉,遊魂再返乎?又其永徽三年事,有云發遣薛延陀,此何等語耶?然則知幾之病,誠有如子京所云者。徐堅稱知幾有良史才,又豈可信乎!

正論侃侃。

山濤論

錢潤道

山濤為"竹林七賢"之一。《晉書》論竹林七賢,謂皆"崇尚虛無、遺落世事"。此可以論六賢,而不可以論濤。

夫七賢中,如阮籍、劉伶、嵇康、向秀、阮咸、王戎此六賢者,固崇尚虛無、遺落世事者也。若濤者,豈崇尚虛無、遺落世事者乎?請即以濤之實事論之。濤諫武帝,不宜去兵,則慮何遠也;濤欲釋吳,以為外懼,則識何深也。此豈遺落世事者乎?為吏部尚書,甄拔人材,各為題目。時稱山公啟事,薦嵇康、薦嵇紹,薦賢如不及。一見王衍,即曰"誤天下蒼生必此人"。此豈崇尚虛無者乎?

王戎之稱濤也,曰"如渾金璞玉,人但知其寶,莫知其器",其言是也。王伯厚之稱濤也,曰"識深慮遠,非清談之流",其言亦是也。《晉書》謂其"崇尚虛無、遺落世事",則非也。

顏延之《五君詠》於七賢,獨不取濤與王戎,以二賢貴顯也。夫不論賢不賢,而論貴不貴,則尤非也。

平協。

書《景教流行中國碑》後

錢潤道

此碑明時始出土,宋人金石書皆未著録,不知果真唐碑否?

碑言"景教",殆即明之天主教,今之耶穌教耳。碑中所言,多與此二教合,故前人已謂此天主教入中國之始。

碑中言"三一妙身",即二教謂上帝、聖神、耶穌,三者合爲一體也。碑言"真主阿羅訶",即二教言天主耶穌,音近而譯者字異也。碑言"判十字以定四方",即二教所言十字架也。碑言"室女誕生",即二教所言室女摩利耶生耶穌也。碑云"七日一薦",即二教所言七日一禮拜也。

然此碑所言,雖與二教合,竊疑是明時利瑪竇入中國後,令中國習其教之人僞作此唐碑,以自誇詡。故碑言太宗貞觀九年至長安,唐太宗命房(元)[玄]齡賓迎入内,翻經内殿,問道禁闈,詔令傳習。而考之内實無其事。

又碑言貞觀中,詔賜名大秦寺。錢竹汀《景教考》已據《册府元龜》,辨天寶四載始改波斯寺爲大秦寺。則碑之所言實誤,與《册府元龜》不合。

故疑此碑,乃明時中國習彼教之人僞撰,以誇張其教。惟碑爲明人僞撰,故詐爲明時始出土云。

頗有見。

唐凌煙閣功臣有無郭子儀考

梁　雲

《舊唐書·郭子儀傳》有"圖像凌煙閣"之語,而新《書》載凌煙功臣一百八十七人及《續錄》之三十七人,並無子儀在內。二書矛盾未衷一是,然竊謂史筆脱誤,事所恆有;若無其事而憑空結撰,此必無之事。故論史者當從舊《書》爲正,自新《書》有四可疑,舊《書》有四可信。

至德以來功臣,自子儀外,如李晟、渾瑊、裴度、李光顏、李愬輩,新《書》凌煙圖中俱未載入。凌煙自德宗命史館考定後,大中初又詔續求,何至漏忘功臣如許之多乎? 其疑一也。

晟、瑊與馬燧同時,號"三大功臣",今凌煙有馬燧而無晟、瑊,已不可解。子儀雖與李光弼齊名,然勳業視光弼過之,豈有光弼入凌煙而子儀不入之理? 其疑二也。

《新唐書》言武德功臣十六人,貞觀功臣五十三人,至德功臣二百六十五人;今凌煙僅有先列之一百八十七人,及續增之三十七人。人數甚不符合,豈無舛錯之處? 其疑三也。

昔人論新《書》失載忠義死節者,前後多至十餘人。又如《十一宗諸子傳》,目錄參錯,不可依據。安知凌煙之舛漏,不如此類乎? 其疑四也。

史稱子儀功蓋一世,權傾天下。其勳業爛然,豈得淹没? 即子尚公主,亦非馬援椒房親之嫌可比。此本傳之可信者一。

子儀死於建中二年,朝廷念其再造之功,令陪葬建陵,配饗代宗廟廷。異數非諸人可及,豈有獨靳凌煙一圖之理? 此本傳之可信者二。

德宗命史館考列功臣，時李晟、渾瑊皆未身死，其不入圖畫，尚
爲有説。子儀已死，當必列入。此本傳之可信者三。

《舊唐書·郭子儀傳》是裴垍原本，裴垍去子儀時甚近，且稱良
史，所載必無不實。此本傳之可信者四。

以此四信，絀彼四疑，然則舊《書》之當從，斷斷然矣。抑或別
有説者：本傳載子儀圖像凌煙，與賜鐵券同時，其事似在子儀未死
之前；《新唐書》第載由後考入之人，故不及此歟？

詳審有斷制。

周赧王未嘗入秦獻地辨

許壽衡

周赧王者，慎靚王之子延。立而微弱，不克自振，始居東周，後
寄居西周。有王之名而無其實，有天子之位而無其地者也。無地
何獻？不獻地，何嘗入秦？乃《綱目》特書赧王五十九年秦伐韓、
趙，王討之，秦入寇，王入秦盡獻其地，歸而卒，何也？

曰：入秦獻地乃西周武公，而朱子誤以爲王赧也。蓋是時東、
西周分治，西周始於桓公。桓公者，考王之弟揭，封於王城者也。
後有威公、惠公、武公。武公之後，又有周文君，秦遷之於惡狐聚。

東周始於惠公。惠公者，西周惠公之少子班，別封於鞏者也。
班襲父謚，故亦曰惠公。惠公之子傑，秦遷之於陽人聚，不數年而
皆滅於秦。

若夫赧王，始居東周，東周鞏也，實爲洛陽，東周惠公班之封地
也；繼居西周，西周王城也，西周武公之封邑，授自考王者也。於是
知赧王有天子之名而無其地矣。

然則《綱目》以獻地爲赧王，何也？曰：誤讀《史記》耳。《史記》

赧王五十九年，秦攻西周，西周君犇秦，盡獻其邑三十六、口三萬，秦受之，歸其君於周。周君、王赧卒，是周君自周君，王赧自王赧，同時卒耳。《綱目》乃不知周君爲武公，且不知王赧之寄居而無地。則直以周君、王赧爲一人，遂以獻地爲赧王矣，是不可以不辨。

　　頗詳明。

掌故

瓊州形勢論

沈祥鳳

瓊州四面皆海也，控欽廉，臨高雷，外則占城、暹羅，一葦可杭。以及南洋濱海諸島，若婆羅洲、噶羅巴各處，如在几席，一片汪洋，無藩籬之限。守之有道，固爲萬里金湯；防之偶疏，即爲眾敵。門户洎嶺表之要區，滇南之屏障也。

間嘗道出粵洋，考其四境。東有萬州，西有儋州，南有崖州，與海安對峙，外環海洋，内盤黎峒。瓊山、文昌、樂會、陵水、感恩、臨高、定安、澄邁沿海諸州縣環繞熟黎，而熟黎環繞生黎，生黎環繞五指嶺、七指山。東至海岸四百九十里，南至海岸一千三百里，西至海岸四百十里，北至海岸十里，接雷州、徐聞縣境，即所謂海口港也。沿海多沈沙，舟不便於行駛，兼之港汊雖多，波濤險惡，實無停泊之所。其可泊者，東惟萬州之東澳，崖州之大蛋，文昌之潭門，陵水之黎庵，樂會之新潭、那樂諸港；西惟儋州之新英，昌化之新潮，澄邁之馬裊，感恩之北黎諸港而已。

若以要害言之，瓊爲廉之外户，如欲守廉，必先守瓊。而論瓊之形勢，萬州控臨大海，雄視東隅，爲瓊之指臂；儋州外濱瀛海，内扼黎狸，翼戴瓊崖，有唇齒相依之勢。而最爲衝要者則在白沙口，其地與海安、海康對峙，元阿里海涯略地至海外，瓊州安撫趙與珞等駐兵於此以禦之。而海面遼闊，敵之乘潮上下者，如飄風驟來，無所攔阻；且孤懸島中，聲援不及，防禦殊難。此西路所最宜加意者。

至揆其幅員廣袤，二千餘里，幾與臺灣相若。視浙之定海，江南之崇明，猶培塿也。雖海口諸港，不如鹿耳、澎湖之險，而其中高峰橫亘，若五指、七指、蒼屹、雲露諸山，實爲天設之險。而陰礁、暗沙布滿大洋，亦足以資守禦。惟地力所産，遠遜臺灣，不足以供食指，必仰給於高雷云。

籌海防者專重台灣，然海南實要地也，論獨得此意。

擬《與英人論洋藥加稅書》

沈祥鳳

前會議條款内，所云洋藥一宗，議請本國另定辦法，其應抽釐稅若干，由各省察看情形酌辦，具見貴國不欲自專之意。竊思洋藥爲貴國懋遷鉅款，數十年來，日新月盛。然交易之途雖廣，而販運之價漸平，貴國不忍厚取我民之心，亦可見矣。惟洋藥非我國要需，而愚民之戀戀於斯，日多一日，終不覺其縻費者，則以我國之稅，取之尚輕；而貴國之貨，售之亦賤。遂令無知之民，趨之若鶩，加以偷漏稅釐，輸納不實，以多報少，移步換形，幾有不可查緝之勢。今貴國議於入口時，新關派人稽查，封存棧房；蠆賣之時，貴商照則完稅，買客稅釐，即於新關輸稅。事權畫一，綱舉目張，偷漏之弊，亦可絶矣。而稅金不加，無以懲戒。蓋不當稅而稅之，是謂傷廉；當稅而不加稅之，亦謂縱惡。洋藥爲違禁之物，我國因誼重睦鄰，准貴國通融銷售；而我民之嗜此者，遂視爲無足重輕，不分貴賤，不論老幼，靡不沈溺於其間。其傷我民之財，固不待論，而任其蔓延，無所底止，非我國與民爲善之心，并無所取重於貴國也。今擬仿我國治鹽之例，重加稅金，以杜其弊。在無識者，必謂加稅一節利在我國，而不利於貴國；不知我之稅既加，貴國之稅亦不妨增重。洋藥初入我國之日,其價数倍於今;今即重增其税,在貴國銷數,雖未免稍微而獲利,仍厚在我國。無業游民,亦不敢褻視其物而輕於嘗試。故我國之議加税金,非爲利計也;亦非因貴國獲利之厚,而思分餘潤也。亦不過因時變通,援古人捐金示罰之例,使其不禁而自止耳。不然,我之大黄、茶葉等物,取税極輕,何不加於此,而議加於彼耶?我國與貴國久敦和好,有利必共受,有害必共除。洋藥在貴國,亦有禁食之例;而我國則日盛一日,幾成瞑眩之憂。貴國亦何忍以害人之物,流毒於我國耶!且貴國所統印度諸境,地盡膏腴,何物不可播種,即棉花一項,亦泰西諸國必需之物,於地最宜。如因洋藥銷數既滯而改種棉花及桑茶等物,獲利亦未嘗不厚。貴國何勿思所以變易之道也?貴國素昭義問,不以財利爲先,非泰西諸國所可比。若爲加税之故,而屑屑計較,是以義始而以利終也。貴國豈其然乎?書不盡言,惟祈裁答。

反復詳盡,理明詞達,氣亦寬和。

論票鹽、綱鹽利弊

朱逢甲

自古無不弊之法。即鹽法論之,綱鹽有利有弊,票鹽亦有利有弊。利弊相因,立法固不能有利而無弊也。顧綱鹽之弊,人多已言;而票鹽之弊,人多未言。

蓋定制久行綱鹽,至道光中實見其積弊滋多,乃議改票鹽。遂皆臚陳綱鹽之弊,競言票鹽之利。至今日而票鹽之弊又見矣,請詳論之。

夫請改綱鹽爲票鹽,包慎伯策之,鄭夢白議之,陶文毅主之,遂奏改而行之。考包慎伯孝廉之《小倦游閣文集》中,有淮鹽三策:其上策改行票鹽也，其中、下二策皆行綱鹽，中策則查火伏、烙官船，下策則緝私梟也。三策備陳綱鹽之弊、票鹽之利。鄭夢白中丞爲兩淮運使時，撰《更鹽法議》，又歷陳綱鹽之弊、票鹽之利，請仿劉晏之古法，復滇、黔之舊制，改行票鹽。於是陶文毅遂入告，奏裁鹽商，廢綱鹽，行票鹽。初行票鹽，固大利也，今則弊亦見矣。

夫綱鹽之利，商銷而納課，利歸於國，此其利也。而流弊滋多，其弊之最大者，鹽商虧課，重價病民，壟斷專利。而其他百弊叢生，出於場竈，則弊在偷漏也，夾帶也；驗於監掣，則弊在掌稱也，捆包也；運於中途，則弊在換駁也，改包也；行於口岸，則弊在滷耗也，加帶也；售於水販，則弊在攙和也，輕稱也。以及船戶、商廝交相鉤串，江湖險阻，捏報淹消。此類諸弊，又無論也。綱鹽之積弊始於場商，成於運商，上則虧課而病國，下則加價而病民，而私梟遂日眾，私鹽遂日多。論私鹽之名目極多，有官商夾帶之私，有船私，有潞私，有川私，有粵私，有閩私，有蘆私，有浙私，有漕私，有功私，有梟私。私鹽愈多，官鹽愈絀，而鹽商之虧國課遂愈鉅。此綱鹽之弊之大略也。

至票鹽行，則化天下之私鹽爲官鹽。以鹽商既裁，不論何人，皆可買票行鹽；不拘引地，皆可運鹽銷售。則私梟亦可買票行鹽，化天下之私鹽皆爲官鹽矣，此其利也。至國課則按場給票，就鹽地以定課，納課如地丁。商民聽其就場售買，併其課於鹽價而給以官票。不拘引地，隨時轉運，所在關津，驗票放行，歲終繳票彙銷，此票鹽之善法也；國課隨鹽價以徵，無鹽商虧課之弊，此票鹽之利也。而今票鹽亦有弊者：今道途之釐卡既多，釐金多則成本貴，成本貴則折閱多。以致商民裹足不前，鹽票無人肯買，鹽引積滯不銷，遂爲鹽法大弊。

近聞淮鹽開掣，買票寥廖。河東之鹽，至今丙子之冬而乙亥之票尚掣剩，新舊滯壓，國課無着，此則弊更甚於綱鹽也。蓋綱鹽有鹽商,銷滯則可責之墊繳,課虧尚可加以追償;今票鹽既無定人,不買則不能强之使買,不銷則不能强之使銷。滯引則日積日多,國課則日徵日絀,年復一年,再數年之後,正不知如何矣。此窮則變,變則通之時也,留心鹽法者熟計兼權,當必更有善策也。

顏妥析。

請開中西條例館議

朱逢甲

中西之例,有異有同。論西例,居於何國即當守何國之法,遵何國之例;則西人居我中國之地,即當守我中國之法,遵我中國之例也。

況各口通商,西人租地,地而曰租,乃租地,非賣地——非賣與西人也。夫地者天子之地,豈小民能賣哉?尺地莫非王土,民特耕君地、居君地而納其租,西人特轉租於民而納其租。其所出之資乃租價,非賣價也。今西人地契,皆有"永租"字樣,上有中西之字、中西之印,可覆按也。西人歲納其租,每畝七百文,納上海縣,可證爲租,非賣也。然則租界非西國之地,乃租我中國之地也。既租我中國之地,居我中國之地,則自當守中國之法、遵中國之例,豈能强中國之官、中國之人,從其西例哉?

即如中國之官,於租界命役拘中國犯人,執票徑拘,法當如是也。乃西官以恐有假役爲辭,請中國官出票,命役持票,請西官簽西字,偕西國巡捕往,始能拘人,於是大弊伏焉。西國巡捕頭所用之中國巡捕,多無賴,多通盜賊、賭博,黨而庇之,見票即馳告遠颺,於是要犯捕不能獲矣。今中國巡捕頭,本貧民也,一爲西人之捕頭,則華屋建多矣;而巨猾棍徒,可倚以爲逋逃藪矣。竊謂如西官恐有假役,則中國官於捕人之日,一面令人持柬通知領事"今日有役於租界捕犯",即知非假役矣;一面即令役馳往密捕,庶不及遠颺。所捕乃中國人,非西國人,似不必會同西捕,致多流弊也。

又西人所用之中國巡捕,動因口舌細故,不論士大夫、平民,輒擅棍打,閉置捕房,此中國例所無也。夫以中國之官命中國之役,執印票,則不能拘人;而以中國之無賴,一充西人之賤捕,既無印票,又無大故,且無實據,動輒棍打士大夫、平民而拘閉之。則揆諸情理,可得謂平乎? 此當合參中西條例而酌其平,以定新例也。

至於稅例,每多西重中輕,更當翻譯合參,使同一律。此所謂即"以其人之法,還治其人之身"也。又如中西之例不同,中國之重罪有斬,而西無之;中國之輕罪有杖笞,而西無之;中國之訟必跪,而西人領事之署聽訟,不但不跪,不但立而言,且有坐而言者矣;西例於犯罪,有罰作苦工者,此中例所無也。

又西例於聽訟,有公堂費。如錢債案,按數定費,每審有費,案定則曲者繳費,刊以爲例,與正項同追,此中例所無也。西人之獄,或西人控西人、或華人控西人於領事署,領事即書片紙,令原告傳被告於何日聽訊,其人即至,不至則西捕拘之,且有罰焉,此中例所無也。

中國命案,即誤傷,第從輕罪,不能無罪。乃西人於租界馬車斃人,竟習以爲常,不加罪焉,是草菅人命也! 彼執西例,以爲馬車行中道,行人走旁道。人行中道,雖斃不償。然既見人行將撞,獨不可將馬急勒乎? 不勒則彼爲誤行,此爲故殺,而毫不加罪,殊不得平。且馬車傷官,第送醫館醫傷,而竟逍遙無事。彼固執西例,謂人不當行中道也。夫例者,即可以此例彼者也。西可以此行之中者,中即可以此行之西。然則宜定一例:倘日後中國人馳馬車壓斃西人、傷西官,亦可不問,不得又索償多金。又如滇事索償鉅萬,車路索償鉅萬,何以圓明園又僅償數萬,葉名琛未償一金也? 此所以必須開中西條例館也。

盡西例而譯之，參中例而定之。彼如執西例，則當以二者折之。一則西例居何國即遵何國例，居中國即當遵中國例；一則西國以此例行之中國，中國即可以此例行之西人。即"以其人之法，還治其人之身"，庶足以關其口而奪其氣。

然而徒法不能自行也，所貴有人執其法。然而有人執其法，使當路爲其恫喝，中餒焉而掣其肘，則任事者良不易。惟既定法，終勝於無法而已。倘既開館譯例，而又有人執法，當路又竭忠相助，同濟艱難，修內攘外，即以西法制西人，則天下事尚可爲也。

議論極爲精透。

弭會匪策

郁晉培

古今治盜賊易，治奸民難。蓋盜賊顯有其迹，而奸民之逆迹實藏於無形。苟不能覺察於微、防維於始，鮮有不釀成大患者，如所謂會匪是也。當乾嘉之間，有白蓮教者偽造經咒，惑眾斂財，傳術授教，徧及川陝、湖北，日久黨類甚眾，遂謀不靖。而羣不逞之徒，相與劫奪摽掠，故蹂躪幾半天下。當事者集五省環攻之兵力，且剿且撫，七年而後定。此豈會匪之難弭哉？患在上之人，不能察於機先而預防之耳。然則迹已著而過於後，不若逆未萌而弭於先。顧所謂"弭之"云者，上之人非不知以教化先之，使之棄惡而從善；以稽察周之，使之詰奸而止暴；以賞罰施之，使之懷德而畏威。然非身爲表率、臨變能運才智者，而欲斂其不靖之心，俾奸民畏法不敢輕試，亦甚難矣。況今日之會匪聚於下者，即雜行伍之間，上之人方恃爲心腹，而不知肘腋間皆犯上作亂之人，幾有防不勝防、誅不勝誅者,如今之哥老會等匪是也。夫奸民之有是會者,多在營兵游勇中,若欲窮究,必滋事端。此惟左伯相"化私爲公"之一法,實爲今日弭會匪最善之策。其法在順其所欲,銷毀會中憑據,準其在營、出營,給官府印照,載明出會爲良之人,得以悔罪而自新,故一時均無異言。使逆迹潛消於不覺,誠善法也。則弭之之術,正可舉此以類推。爲上者果能先事籌防,而亂萌不長;臨事斷決,而變故不生。庶幾莠民之聚者散,頑者懼矣。三代以來,所以弭亂於未形者,類如此耳。若謂迫以刑戮、威以師旅,方且固結而成不解之勢焉,又奚弭之足云。

　　頗有所見。

弭會匪策

艾承禧

　　自來國家之深患,莫患乎無固結不可解之形,而實有固結不可解之勢。緩治之則漸染日甚,而蔓草慮其難圖;急治之則罪狀未張,而良莠苦其難辨。如今之所稱會匪者,宜急講弭之之策已。

　　夫盜賊之興,若止因水旱饑饉,迫於寒餓,嘯聚攻劫,則措置有方,便可撫定,必不大爲國家之憂。惟是妖幻邪人,平時誑惑良民,結連素定,待時而發,其爲害未易可測。其弊在州縣之吏疲懦畏事,條教不彰於平日,懲創不決於臨幾,恐貽激變之名,遂成養癰之患。又或貪功喜事,借此爲名,肆其残酷,至激成事變而不恤。是二者於弭患之策,均未有合也。夫此爲匪者,孰非赤子,孰無天良?而顧樂爲之者非他,於其教必有所便,而後敢爲;於其業必有所棄,而後甘於附。二者相因,審於此而弭之之法乃可得而言矣。

　　其所稱便者何? 州縣於轉徙之民,每心存畛域,其若何安插、若何執業，不過而一問焉；於本籍之民，又坐視安危，其若何化導、若何流品，尤不過而一問焉。於是其黠者私立名目以樹黨援，其愚者因得收卹以相附會。故其感教頭也，甚於感官長。官長所宜賙卹斯民，教頭乃竊而用之，以行其所欲。至所與既多，始欲申明禁、遏亂萌，治其末而塞其流，何怪乎法令愈嚴而愈不可禁也哉！

然則弭之之法當奈何？一曰專職業，而游手必懲也。《周官》九職，使天下之民各專其業，民無職事者出夫家之征。夫有恆產乃有恆心，放僻邪侈，每由無恆產者為之。故必嚴懲游手，使姦宄無所容身，而流品乃有所別。

一曰聯保甲，而責成必專也。匪徒匿迹，每在稠密之區。自保甲徒務虛名，鄰里之間多如秦越，而匪徒轉易藏身。今擇平昔為鄉人所敬信者，俾為表率。其有至誠用心、率眾歸善者，優加激賞以勵其餘。則激濁揚清，羣起觀感，誑惑之言不入、邪妄之徒不容矣。

一曰善變通，而解散有方也。夫相友相助，崇節儉，甘淡薄，官長不務化理，而彼反得竊之以為名。今惟許其所長，使不拘於故見；禁其所短，使漸啟其新知。昧者曉諭之，必束之以王法；悟者收畜之，必感之以至誠。於時稍有天良，當能警覺；倘終怙惡，立致殲除。然則彼亦安能為患？

皇朝德威遠播，於教會諸匪，莫不勦撫兼施，應時戡定。大抵專職業者，所以端弭之之本；聯保甲者，所以循弭之之法；善變通者，所以盡弭之之方。有守土之責者，審於此而因時制宜焉，斯得矣。

剴切言之，本末具舉。

算學

問：開正負諸乘方，孰爲捷法？

沈善蒸

　　按開正負諸乘方之法，用處最廣。即如秦九韶之數書，李冶之天元，朱四傑之四元，皆有藉開正負諸乘方而得所求之數。蓋開方必先定其初商，而正負諸乘方之初商最難定，因有益積、連枝之異；甚有商多而餘實反多，退商之而卻盡之式。其方式乘數加多，則開之益難，故治天元者恆以開方爲難事。所以數學家精思設法，屢出新術，今將各術詳釋於左。

　　假如三乘方式爲||||≝||||≡|=|ⅢⅬ丅、丄、||||Ⅲ≡、||丄、|。法曰定初商爲|○○，以初商乘第一層隅此層數自下而上，得|○○，加入第二層下廉得|−丅，再以初商乘之得|−丅○○，加第三層上廉得|−丅≡|||，再以初商乘之得|−丅≡|||○○，加入第四層方得|−丅≡|||○Ⅲ，再以初商乘之得|−丅≡|||○Ⅲ○○，加入上層負實異名減爲加，得||丄Ⅱ丄≝=○丄丂爲次商實。

　　再以初商乘第一層隅，四倍之得||||Ⅲ○○，加入三倍下廉得||||Ⅲ≝Ⅲ，再以初商乘之得||||Ⅲ≝Ⅲ○○，加入倍上廉得||||Ⅲ≝Ⅲ○丄，再以初商乘之得||||Ⅲ≝Ⅲ○丄○○，加入方得||||Ⅲ≝Ⅲ○丄○≝，爲次商方。

　　再以初商乘第一層隅，六倍之得丄○○，加入三倍下廉得丄||||丄，再以初商乘之得丄||||丄○○，加入上廉得丄||||丄|||≡，爲次商上廉。

　　再以初商乘第一層隅，四倍之得||||○○，加入下廉得||||−丄，爲次商下廉。

　　仍以|爲隅，與實、方、廉相併，得||丄Ⅱ丄≝Ⅲ=○丄丂、||||≡Ⅲ○丄○≝、

丄‖‖‖丄‖‖‖≡、‖‖‖−丄、丨，爲開次商式。乃以上廉進一位與方相加，得
‖‖‖‖−‖≟丄≟Ⅲ爲法，以除實得‖‖‖‖。又因方、廉、隅同爲正，須退商爲
‖‖‖○或‖‖‖。先以‖‖‖○試之如前法，求得三商實變爲正，是知商‖‖‖○爲太
多，必用‖‖‖○爲次商。仍如前法，求得丄‖丄‖‖‖‖≡‖〒爲三商實，又求
得Ⅲ丄‖−‖Ⅲ丄Ⅲ、‖○丄〒‖丄‖、‖‖‖‖≡〒爲方、廉。仍以丨爲隅，併之得
丄‖丄‖‖‖‖≡‖〒、≟丄〒−‖丄Ⅲ丄、‖○〒丄丄Ⅲ≡、丨，爲開三商式。乃以方除實
得丄，即爲三商。仍如前法求之卻盡，是爲開盡，併諸商得‖≟Ⅲ，即方
根也。

又法如前法，求得次商實‖丄Ⅲ丄≟Ⅲ＝○丄〒及次商方‖‖‖≟Ⅲ○丨○丄。
其上廉以下不必求，乃以方除實得丄丨，亦退商‖‖‖○與‖‖‖。若以‖‖‖○先
試，即以‖‖‖○加初商得丨≡○。爲乘法，仍列‖‖‖丄‖‖‖‖丨＝丄〒、丄、‖‖‖≡、丨丄、
丨，以丨≡○乘第一層得丨≡○，加入第二層得丨≟丄，再以丨≡○乘之得
丨丄Ⅲ≟○，加入第三層得丨≟○‖Ⅲ，再以丨≡○乘之得‖丄Ⅲ≡‖Ⅲ○，加入第
四層得‖≟Ⅲ≟‖Ⅲ，再以丨≡○乘之得Ⅲ−丨丄‖丄≟Ⅲ○，加入上層得
丄‖丄‖‖‖‖≡‖〒，爲三商實。

再以丨≡○乘第一層，四倍之得‖‖‖‖＝○，加入三倍下廉得‖‖‖‖丄Ⅲ，再
以丨≡○乘之得丄‖丄‖‖‖‖○，加入倍上廉得丄‖丄≟‖‖‖丄，再以丨≡○乘之得
≟〒−‖丄Ⅲ○，加入方得≟〒−‖丄Ⅲ丄，爲三商方。以方除實得丄，即爲三
商。加初、次商得丨≡Ⅲ，仍如求次商法求之卻盡。

又法如四乘方式‖‖‖‖＝Ⅲ≟〒、＝‖‖‖−‖‖‖、−〒Ⅲ、丄丨＝、−〒〒、丨，用求數根法
求得實根丨、‖‖‖、‖‖‖、‖‖‖、‖‖‖、丄丨‖‖‖，且又用超步法得位數丨、‖，又求得尾數
Ⅲ。視數根中取二根或多根相乘，其尾數必爲Ⅲ者，惟‖‖‖×‖‖‖爲Ⅲ。
丄‖‖‖≡×≡爲丨≟‖‖‖丄，然丨≟丨‖‖‖丄有四位，與位數不合。是知Ⅲ爲商數，
即元數也。

又法取略大於商數爲外元，以外元乘隅，加入長廉；再以外元
乘之，加入平廉。如是遞求而上，至加入方後以外元乘之而止，即

爲外積。又以外元加一，如前遞求，亦至加入方後再乘之而止，其得數與外積相減，又減一爲遞次除法。又取小初商爲一借元，如求外積法，求得一借積減本積，餘以除法除之，得數加一借元爲二借元；又求得二借積減本積，餘以除法除之，得數加二借元爲三借元。順是以下皆如此，求至借元漸大，與元數密合而止。

又法任取大、小二商爲一借元、二借元，如前法求得一借積、二借積。乃以一借積與二借積之較積爲一率，二借積與本積之較積爲二率，一、二兩借元之較爲三率。求得四率，以加減二借元爲三借元。

又以三借元求得三借積，以二、三兩借積之較積爲一率，三借積與本積之較積爲二率，二三兩借元之較爲三率。求得四率，以加減三借元爲四借元。順是以下皆如是，求至與元數密合而止。

試考以上五法，互有難易，均非捷法。如首二法之最難者，定初商雖有超步之法，如益積、翻積之多乘方，或有商一數開之不合，又易一數開之仍不合，甚至易十餘次而得者。次商較易於初商，然亦有易二三次可得者。數根開方之法，雖無定初商之難事，又有求數根之法爲甚繁。如實數在十萬以內，可撿《對數闡微表》在《數理精蘊》內求得數根，如法開之，誠爲捷法；如在十萬之外，其求數根之繁，幾如求初商相等。末二法必須所借之元與元數略近，庶可省遞求次數，似爲便捷。然求略近借元，亦非易事。若借元與元數懸殊，必須輾轉相求，至十餘次方得密合，所以亦非捷法。昔人云"開方無捷法"，誠哉是言也。

近日開方諸法，略具梗概。諸法雖均有不便，但求其較易。立方可依代數術，開之立方以上，求初商則用超步法，次商以下則用借積比例法。集眾長以求之，庶不至束手無策。

驗乘除誤否，舊傳九減試法，其能試之理安在？若不用九減，任用他數減，試視九減法孰爲難易

沈善蒸

驗乘除之誤，舊傳九減之外，其三、四、六、七、八皆可作減試之法，惟一、二、五不可用。因乘除之誤，恆差一、二、五等數故也。

梅氏《算書》祇有九減、七減兩法。因用他數減試之法，均同七減，故用他數之減法可不俱載焉。

按九減法無論驗加減乘除之誤，先以法數各位相併，滿九者以九減之，減至不滿九而止。又實數得數併減亦如之，併減過之數，法仍爲法，實仍爲實。如驗乘法者仍相乘，驗除法者仍除之，驗加減者仍加減之，所得之數滿九者又九減之，必與減過之原得數相同，是爲無誤。若不同必有誤矣。

七減法則稍異。不能各位相併，須從首位次第以七減之，減至尾位不滿七而止。減畢後，乘除加減試驗之法，皆與九減同。

試言其理：夫數起於一，極於九。以一加九而成十，以十加九十而成百。所以一與十、百、千、萬之較數爲九、九九、九九九、九九九九。按此諸較數俱爲九之倍數，以九減之俱能卻盡無餘。又如三與三十之較數二七，七與七十之較數六三，亦爲九之倍數。故無論何數，退下一位或幾位，即與九減幾次無異。譬如八十，退下一位變爲八；即如八十以九減八次，亦爲八。所以九減之法，十、百、千、萬均可併入單位，而他減則不能併也。又準此理，九減之法可以改爲以併代減，更爲簡捷。假如八六五五七八四，今欲以併代減，將各位相併得四三，又相併得七，則與九減減得之數同。

若論用他數減試,視九減孰爲難易,則他減難而九減易:因九減可併故也。然九減法有利亦必有弊。凡乘除之誤,往往因加錯位次與減錯位次者居多,乃九減不能驗出此等之誤,因九減亦不計位次之故。是以九減雖稱捷法,誠不如七減之盡善也。

說理透徹。至窺得九減之弊,尤見心細。

驗乘除誤否,舊傳九減試法,其能試之理安在? 若不用九減,任用他數減,試視九減法孰爲難易

崔有洲

數之始生於一,極於九。乘除雖循環無窮,而皆不能溢出九九範圍之外。故九減不論單十百千之位十百千即一也,亦不計空位,只據現有之數而計之。

如此 2137、彼 1356 兩數相乘,則并二、一、三、七得十三,以九減之,餘四於上;并彼一、三、五、六得十五,以九減之,餘六。以乘上得 24,并得六寄左。乃以彼、此兩數相乘得 2897772,并得四十二。以九減之亦餘六,與左數同,則知無誤。

如不用九減,或用七減、八減、六減均可;但拘於單十百千之位,輾轉屢次減之,不及九減之便捷也。

或曰:否,九減不及七減之善。蓋七減單十百千,仍居單十百千之位,不違理之自然;九減雖捷,設如乘除誤計降其位,而珠籌之數恰符,九減又惡能驗乎?

曰:凡古之造九減者,原爲乘除位次繁多,難免無誤之時。若未知升降定位者,豈能握策而運籌哉? 如初學者,位次不多,無庸

假途九減、七減也。任用約分法之屢減,亦可驗也。若馭位次繁多者,則莫如九減之善也。

反覆發明,題無賸意。

海镜之通句即平三和,通股即高三和,通弦即皇極三和;大差即明三和,小差即更三和,黃方即太虛三和。試爲溯其原委

沈善蒸

解曰:試自圓心作通弦之垂線如心甲半徑,成川甲心、日甲心兩句股形。其川甲心形之股,與日甲心形之句均係半徑。而平股月之青、川之夕,高句朱之山、且之日亦係半徑,爲相等形。故川甲心形之弦川之心等於平弦川之地、月之川,日甲心形之弦日之心等於高弦天之日、日之山。此即皇極句心之川等於平弦,

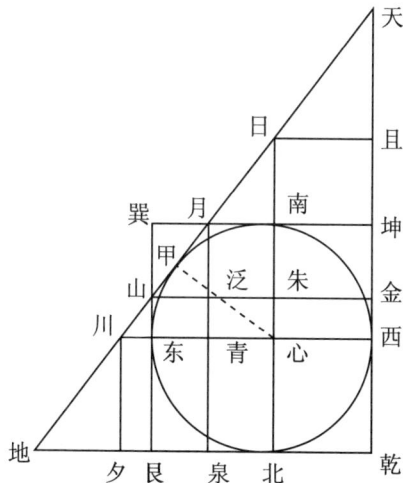

皇極股日之心等於高弦之理也。蓋通句係平句、高句、皇極句之和,故即平三和;通股係平股、高股、皇極股之和,故即高三和;通弦係平弦、高弦、皇極弦之和,故即皇極三和。又月之南與月之甲相等,山之東與山之甲相等,故明句弦和等於日之甲,即與高股等;更股山

之東弦山之川和等於川之甲,即與平句等;明句南之月更股山之東之和
等於月之山,即太虛弦也。乃大差天之坤係高股、明股日之南之和,故
即明三和;小差地之艮係平句、更句東之川之和,故即更三和;黃方巽
之南加巽之東係太虛句月之巽股巽之山和與明句、更股之和,故即太虛
三和。均合問。

簡括瀏亮,兼而有之。

海镜之通句即平三和,通股即高
三和,通弦即皇極三和;大差即
明三和,小差即更三和,黃方即
太虛三和。試爲溯其原委

鄭興森

大差者,句股較加黃方,即爲股;小差者,股弦較加黃方,即爲
句;黃方者,弦和較減句股幷,即爲弦。

通句既等於平三和,平三和減句弦爲股,即高句;減句股爲弦,
即皇極句;減倍句一股爲大差,即明句;減倍股一句爲小差,即更
句;減倍弦爲黃方,即太虛句。通股既等於高三和,高弦即皇極股,
高大差即明股,高小差即更股,高黃方即太虛股。通弦既等於皇極
三和,極大差即明弦,極小差即更弦,極黃方即虛弦。

大差既等於明三和,明小差即更大差,明黃方即虛大差。小差
既等更三和,更黃方即虛小差。黃方既等於太虛三和,則虛之句股
弦大差、小差必等於平、高、極、明、更諸黃方。他若更、虛兩句幷爲
平句,明、虛兩股幷爲高股,明、更、虛三弦幷爲極弦,平大差、皇極
大差較爲明大差,高小差、極小差較爲更小差,高黃、明黃較爲虛黃

五事，可以類推。

更以六事推之，平、高、極三者合等於通，高、極二者合等於邊，平、極二者合等於底，高、明、虛三者合等於黃廣，平、更、虛三者合等於黃長，高、明二者合等於大差，平、更二者合等於小差。其原委如此。

頭頭是道，非於此學夙有體驗者不辦。

弦和較冪爲一率，句股相乘倍之爲二率，弦冪內減句股較冪爲三率，求得四率，開平方得弦和和，以比例之理釋之

鄭興森

弦和較冪，爲句弦較、股弦較相乘冪之倍；弦和和冪，爲句弦和、股弦和相乘冪之倍。句股相乘爲直積，得句股積之倍；倍直積，爲句股積者四。弦冪內有句股較冪一、句股積四，故減較冪，餘與倍直積等。

句股之法：以倍句與股，或句與倍股爲二、三兩率，相乘得數以一率弦和較除之，四率得弦和和。今倍直積與弦冪減較冪等，相乘爲句股積十六倍；二、三率相乘，猶中率自乘也。本以邊爲比例，今以冪爲比例，邊線也，冪面也；今既爲面，故得四率須開方而得線。此實爲合率比例。

解證審確。勾股和、較之義，可稱嫺熟。

輿地

名山大澤不以封論

趙賢書

三代封建，以九州之大，裂爲千百國。而不病其散者，何也？土地雖分裂，而天下之精神脈絡仍在天子呼吸操縱之中，故其勢雖散而仍聚。《王制》有之曰"名山大澤不以封"，請得而申論焉。

夫天子之治天下也，有不可與人者二：曰利權，曰形勢。二者散之天下，則彼沃此瘠，我强爾弱，爭奪之端起，凌競之風長矣。惟舉而歸之一人，乃可統馭天下而調劑其平。考之《周官》，山澤之數，司書掌之；山澤之阻，司險掌之；山澤之賦，列于太府。九州之川澤山數，載《職方氏》，而諸侯無所隸焉。此則封建之良法美意也。夫魚鹽蜃蛤，材木寶藏，乃天地之藏、自然之利，與農桑相輔而行者也；殽皐河漢，阨塞要害，乃天地之險、自然之形勢，與城郭、溝池、樹渠之固，相輔而行者也。顧農桑之利，城郭、溝池、樹渠之固，天下分之而不病其散；山澤之利之固，一人收之而不以爲私。此則古先聖王馭世之大權，慮世之深意。假使成康而後，君天下者操此無失，雖封建至今存可矣。

觀春秋時，齊擅山海，楚有雲夢，宋得孟諸，而天子之利權失；晉有郇瑕、桃林，楚有方城、漢水，鄭據虎牢，秦築臨晉，而天子之形勢失。蓋自幽厲凌夷，平桓衰替，山澤之饒固，不能自諸守侯，因而收之。其離析分裂，非一朝一夕之故。馴至列分辟爭，兼并割據，而郡縣之勢成矣。封建之説，遂爲世詬豈病。知三代之時，雖盛封建,初未嘗散而無所統哉。

衍貫本末,是一則《封建論》。

吳伐郯論

趙賢書

《春秋》成七年春,吳伐郯,君子曰吳始通上國,即耽耽於諸夏,於此見之矣。蓋嘗論之,春秋之世,蠻氛方熾,而僭王猾夏,荊楚爲其最。顧二百四十年中,能攘楚者,惟齊桓、晉文、晉悼三君而已。雖齊、晉之盛,終不能獨力制楚。故齊桓用江、黃,晉文用秦,晉悼用吳。就三者而論,專爲攘楚計,則莫利於用吳,莫不利於用江、黃;若就統籌全局,則莫利於用秦,莫不利於用吳。

何言之江、黃雖近楚,國甚小,不足以牽制楚,楚視之如蟣蝨之在身,苟爲患則捉而捫之耳。秦固接連晉、楚,國稍大,楚不能制,而晉之援救亦易。然當時武關爲楚有,楚能塞秦使不得南下,而秦不能爲楚患。至吳則在楚肘腋間,強大又與楚埒,勢足以朝夕罷楚。楚欲北向圖諸侯,則吳且議其後,使楚常斤斤防吳,而諸夏可以休息矣。此莫利於用吳之説也。

晉之用秦也,據虢略足以阸秦之吭。故彼誠與我可用以攘楚,彼背我而即楚亦不能爲患於我。吳則去晉遠,用以攘楚計誠得,若彼轉而北向,則晉不能制,是益一楚也。夫用江、黃,雖不如用秦,然極其害不過速二國之滅,於大局尚無傷。若攘楚而又益一楚,其所關於天下,非細故矣。此莫不利於用吳之説也。

由是觀之,用吳之策,利害兼焉。利害既兼,則當權其輕重,審其情變,而後行之無後悔。若悼之用吳,説者謂勝於桓之用江、黃百倍。即日後黃池爭長,乃由晉之君臣不能自振,而不足爲悼咎。

　　然用吳之利淺而害深，於伐郯時，蓋已可見。何悼之猶有所未察哉？考郯在今山東郯城縣西南百里，與魯中邱、祝邱地幾接界，素與諸國通朝聘，亦滕、薛、邾、莒之列也。吳於爾時，始通上國，未暇其他，而即遠涉江淮以伐郯。則其窺伺中夏之志，汲汲于中，大可見矣。夫苟挾一窺伺中夏之志，則無論中夏之有霸無霸，與晉之競不競，要終必爲患於中夏而後已。故中國不振旅，行父當日已慨然憂之。且吳苟肆然北伐，則郯固首當其衝，而次即及魯。觀文子當日"吾亡無日"之言，則吳師臨郯，魯已爲之震動，滕、薛、邾、莒不更可懼哉！幸而其時晉悼霸業方盛，諸侯方睦，吳未敢進而與抗耳。

　　然黄池之役，遲之數十年之後者，亦正不係乎晉之盛衰。何則？伐郯之後，吳方與楚仇敵，苟北窺中原，則楚且議其後。至入郢大創，然後不復以楚爲慮。于是馳驅北伐，思逞志于中原，一時魯、宋、衛、陳、蔡諸國，從風而靡，晉人亦終爲之屈。無論其時晉霸不競也，即使晉霸猶競如悼公時，吳亦不甘伏處南方，終有必爭之勢。晉合諸侯以與之角，則勞師費財，而楚且乘其敝矣。其禍患之來，不可于伐郯時逆覩其必然哉？抑愚又有説焉：吳、楚之不能主夏盟，猶齊、晉之不能屬羣蠻也。夫差廣侈其心，逐逐中夏，卒致越襲其後，國隨以亡，亦可哀矣。爲吳人當日計，固守四境，修其政治以制楚、越，可以雄霸南服，而何汲波於中夏爲哉？故君子觀于伐郯之役，以爲中夏之卒受吳患，與吳之卒以自亡其國者，蓋可決之於此。

　　　以夷制夷如驅虎鬥虎，力能制虎，乘其罷而兩殪之；不能，則一虎斃而人且隨之。古惟漢用西域，差爲得手。此文抑用吳、主用秦，蓋有見於此。末段直爲外夷猾夏者作一棒喝。

吳伐郯論

趙引修

《春秋》書吳始於成公七年伐郯，識者曰：此薦食上國之始也，書之所以罪吳。雖然，《春秋》之旨則薄於懲吳，而實厚於責晉。

夫郯與吳非密邇也。郯處東海，吳處南海，中有江淮之阻，相距千里也。勞師伐遠，可以必其有功乎哉？使晉遣一旅之師橫陳江淮之間，吳進則抗其前，吳退則截其歸，以逸待勞，如禦秦於崤也，安在不能敗吳以救郯？

或曰：伐郯必舟師也，吳利於水，晉利於陸，是以不能與吳爭。則曷不徵諸侯之師伐吳以正其罪，如齊桓之次召陵以伐楚乎？如是而封豕長蛇之毒，或幾乎息矣。計不出此，吳乃長驅直擣，無所顧忌，卒及郯成，固逆料晉必不能救郯耳。

不惟不能救郯，明年又以諸侯伐郯；不惟不能伐吳，又屢與吳為會。盟主固如是乎？夫漢陽諸姬，楚實盡之；然桓文之為盟主也，猶能攘楚。今吳為不道，伐我同盟，晉則不罪吳而罪郯，自以不能制吳耶？則如服焉。若猶未也，則宜恤弱伐暴之不暇，奈何郯則見伐，吳則斷道黃池，不絕於史？是猶兩軍相持，二帥則酬酢往來，而士卒則進退皆以為戮也。嗚呼！鄭則服楚而伐許之貳於楚，晉則通吳而伐郯之貳於吳。許，太嶽之後，而郯則少昊之子孫也，處分爭之世，可慨夫！

支公愛鷹，賞其神雋，於斯文亦云。

秦征晉河東論

趙賢書

《左氏傳》僖十四年，秦始征晉河東置官司焉。十七年，晉太子圉爲質於秦，秦歸晉河東而妻之。説者曰：晉侯之入也，略秦伯以河外列城五。東盡虢略，南及華山，内及解梁城。蓋自華陰以及河南府之嵩縣南暨鄧州，凡六百里，皆古虢略地，桃林之塞在焉，所謂河東者即此。

余讀此即灑然異之。夫桃林即秦時函谷關，春秋之世，秦晉七十年之戰伐，意在争此。誠如左氏言，是既得之而復歸之，直視爲無足重輕之地，雖庸人亦將笑其愚頑。顧以秦穆之英鷙，而出此哉？及讀顧氏《春秋大事表》，以爲春秋當日，雖天子所賜地，苟其民不服，則亦不得而有。桓王以蘇忿生之田賜鄭，而盟向背叛；襄王以南陽賜晉，而温原不服。秦之河東，蓋亦類此。況爾時晉兵力尚强，秦蓋知其力不能有，故索質子于晉而歸之以爲名耳。

是説也，余尤疑之。夫盟向雖遷，其地卒歸鄭；温原雖圍，其後卒服晉。桃林爲秦、晉咽喉，其得失關兩國大局。秦當未得此地時，且必以全力争之；苟已在掌握，必以全力守之無疑。夫以秦之兵力，足以挫强鄰、威西戎，安有不能制區區一方之民？而曰力不能有，是何故歟？況觀《傳》文，是秦於河東置官征賦，殆將三年，所謂民不服者，其迹安在？余蓋以是知桃林之未嘗入秦也。按《傳》文，河東，杜氏略而不注。然既曰河東，當在大河以東，不當在大河以南，與上文"河外"字顯有内外之别。考成十一年《傳》秦史顆盟晉侯於河東，此是晉令狐地，在蒲州府猗氏縣西南十五里。漢晉時有河東郡，今在解州夏縣北；北魏有河東郡，即今蒲州府永濟縣東南;隋有河東郡河東縣;唐宋金元有河東縣,即今蒲州府永濟縣治。然則自來稱河東者,不出蒲州、解州一帶,從未有稱澠潼等地爲河東者。則諸家之説,疎誤可知矣。

以愚觀之,河東殆即河内之解梁等城,意晉人當日征繕以輔孺子,閉關拒秦,而以河東無足重輕之地賂秦,以求其君。秦知其不可屈,則所謂我執一人焉何益,故權取其地而卒歸惠公,旋以其孤懸河内不易守,故索質而歸其地,其意仍欲徐圖崤函,不以河東爲意耳。我于是歎當日吕、卻諸臣謀國之善,力守重險,其有功于春秋,非淺尠也。因爲之論曰:

王迹既熄,五霸迭起其間。宋襄無論已,而四君者,夫子予桓、文而斥莊、穆,何哉?秦、楚之盛也,常足爲周室患;而齊、晉之盛,則捍患以尊周。顧齊之霸,桓公以後無能繼者,晉則累葉强盛。晉之攘楚也,楚勢已强,故事倍而功淺;晉之制秦也,秦勢未振,故事不勞而功鉅。夫秦,虎狼之國也,雄據岐雍,東向窺伺,蓋非一朝。獲麟後二百餘年,卒代周祚,論者以爲地勢使然。然而秦穆之世,秦人屏息西陲,不敢東出以爭諸侯者,則晉爲之也。晉之所以能制秦者,有桃林以塞秦之門户也。是故桃林之險,秦、晉所必爭也。第秦當襄文之世,僻處岐西,未得咸雍,遑言關輔;至武公并西畿、虢鄭之地,稍稍自强;迄穆公滅芮築王城以臨晉,蓋駸駸乎東向而圖霸矣。而晉獻旋已滅虞虢、舉崤函,於是秦之門户,盡在晉肘腋中。夫以秦穆之雄略,志在圖霸,豈能鬱鬱久受制於人?則其汲汲不忘東向,亦固其所。故始則援立惠公,貪其河外列城之賂;既不可得矣,則又輸粟以市其德,脩武以俟其隙。處心積慮,蓋亦有年。至韓原一戰,而敗其師徒,執其國君。秦於此時,或乘兵威之方盛而襲之,或留其君臣以要之。欲取崤函,此其時哉。絶不意吕、卻諸臣,布置周密,詞令從容。雖當舉國挫動之餘,仍能屹立不動。卒不肯舍險以與敵,於是秦人之深謀遠慮以求逞志於一時者,乃僅僅得征河東之地。

君子以爲晉國百數十年之霸業，成周四百餘年之祚，于此亦重有賴焉。何也？崤函者，秦、晉之咽喉，東京之門户也。秦苟得之以制晉，則晉南下之路斷，而秦則逼近京師，較楚之申呂爲尤甚。且楚爭鄭而晉得以救之者，以楚去鄭稍遠而晉得陝虢，庇鄭于宇下，能聯絡東諸侯以爲之援也。秦若據有虢略，則晉與鄭隔絕，鄭在秦掌握中，秦伐鄭而晉不能救也。秦得鄭，則周室如累卵，三川之亡，且不待赧王之世。然則桃林之險，如此其可重也；秦之欲得桃林，如此其至也；韓原軍敗，秦有必得桃林之势，又如此其可危也。而秦卒僅僅征河東而已，是故呂、郤諸臣，君子謂其有功於春秋非淺尟也。厥後七雄之世，今日割五城，明日割十城，類皆坐自削弱，使秦日以强大，而魏之華陰及河西上郡，尤爲形勢利便。使當時謀國之士有如呂甥、郤乞其人，堅忍不拔，保其土地，秦雖强，何自而并天下哉！

一篇大議論，關係周、晉全局，卻從"河東"兩字探討出來，如此方許作考據家。

秦征晉河東論

康宜鑑

秦穆公之不霸，貪也。貪以存於心，雖有仁智之謀、帝王之器，終不得有爲以成其大名。何也？

晉惠公之入，許賂秦以河外列城五，既而背之，穆公方不忘此。而晉惠又背施棄鄰，德之不報，求戰於韓原。是其爲秦獲也，正所以償許秦之賂也，不償則秦得君，償之則秦得地，如此而秦可安受河東之地，亦無庸汲汲焉以置官司也。納君之惠，樹援睦鄰爲上。

既納之而仍受其賂，賂不得而要君以求之，秦雖德晉，秦已少恩。夫秦豈果能館晉侯而歸之哉？亦動於飴甥"納而不定，廢而不立"之語，并貪於"必報德，有死無二"之語。而知挾制之下，晉不復背河東。故曰"是吾心也"，意蓋早有以處置河東矣。然則秦之伐晉，乃專爲此興兵也。不然，此一役也，秦可以霸，而卒不霸者，賄賂之念在於中。納君之善不之計，所兢兢而惟恐或失者，一河東耳。《傳》故於韓之戰，而以秦始征晉河東結之，明秦志也。

夫人惟一念之貪爲不可用，用則吾爲人用，人且不爲吾用。河東之征，秦伯其有悔心乎？《大學》云："貨悖而入者，亦悖而出。"以區區之河東，易霸天下盛名，縱不甚惜；而亦知河東之地，終非得爲秦有者乎？子圉入秦，妻以愛女，而仍令食采於此，欲以蓋之也晚矣。

　　立論能見其大。

場、池、井各鹽引地考

朱逢甲

今天下鹽場，一百二十有五；鹽池則大池一、小池二；鹽井則大井一十有六，小井七千七百有三。所産之鹽，各分引地，定制不容紊也。

約而言之，天津之蘆鹽，江浙之淮鹽、浙鹽，皆海鹽。設場而煎海成之者也，即場鹽也。山西、陝甘，則池鹽也。雲南、四川，則井鹽也。他如山東、福建、廣東，則亦海鹽也，亦場鹽也。産鹽者蓋十有一省焉。

場鹽白而散，池鹽粒而瑩。井鹽黑而堅，大如巨石，小如方甎，與場鹽、池鹽絕不同。

鹽之生長又不同。淮、浙鹽熬波，閩、粵鹽積鹵，淮南鹽煎，淮北鹽曬，山東鹽有煎有曬，甯夏池鹽刮地，解州池鹽風水所結，川、滇井鹽汲井。鹽之性又不同。如貴州之興義府，食滇鹽則瘦，故改食川鹽；雲南之浪穹民，食白井鹽則脹，宜改食雲龍井鹽。蓋同一井鹽也，而性又不同矣。

今考引地，先考之古。在唐時則許、汝、鄭、鄧之西，食河東池鹽；汴、渭、唐、鄧之東，皆食場鹽。宋時池鹽最盛，山東之濟、兗、曹、濮，河南之滑、鄭、陳、潁、汝、許，河北之懷、澶，安徽之潁、亳，皆食池鹽。

至明時定引地，以場鹽言之，兩淮鹽場三十。其引地，則應天、甯國、太平、揚州、鳳陽、廬州、安慶、池州、淮安九府，滁、和二州，江西、湖廣二省，河南、汝甯、南陽三府及陳州是也。兩浙鹽場三十有五。其引地，則蘇州、松江、常州、鎮江、徽州五府，及廣德州，江西之廣信府是也。

長蘆鹽場二十有四。其引地，則直隸河南之彰德、衛輝二府是也。山東鹽場十有五。其引地，則山東、直隸，徐、邳、宿三州，河南開封府是也。

福建鹽場七。其引地，則福建本省是也。

廣東鹽場十有四。其引地，則廣、惠、韶、潮、肇慶、南雄六府，及江西贛州府是也。又廣東之海北鹽場十有五。其引地，則高、雷、廉、瓊四府，湖廣之桂陽、郴二州，廣西桂林、柳、梧、潯、慶遠、南甯、平樂、太平、思明、鎮安十府，田、龍、泗城、奉議、利五州是也。此皆明場鹽之引地也。

至于明之池鹽，河東鹽池，分東、西二場。其引地則陝西之西安、漢中、延安、鳳翔四府，河南之河南、歸、懷、汝、南陽五府及汝州，山西之平陽、潞安二府，澤、沁、遼三州是也。甘肅、靈州之大小鹽池，其引地，則鞏昌、臨洮二府及河州是也。此明池鹽之引地也。

至于明之井鹽，四川課司十有七。其引地，則四川之成都、敍、夔、順慶、保甯五府，潼川、嘉定、廣安、廣元、雅五州縣是也。雲南之黑、白、安甯各課司一，五井課司七。其引地，則雲南本省是也。

以上乃明之場鹽、池鹽、井鹽各引地也，請再考今之引地。國朝即明制而損益之，考今場鹽引地，江南之兩淮場鹽，引地最廣，跨有六省，西盡湖南、湖北兩省，北至河南之歸德、陳州、光州，而東下盡徐州，南自江甯沿江以西，及安徽之甯國、和州各境，盡江西一省，此康熙初年所定之引地也。其湖南之衡州、寶慶、永順三府，明時曾爲粵鹽引地，順治十八年改爲淮鹽引地。江西之吉安一府，亦曾爲粵鹽引地，後亦改爲淮鹽引地。至江西、湖南、湖北三省，雖皆淮鹽引地，而江西之廣信府爲浙鹽引地，江西之贛州、湖南之郴州爲粵鹽引地。又河南之陳州六屬、舞陽一縣，本爲淮鹽引地，康熙二十七年改爲蘆鹽引地。雖淮、浙、蘆、粵均爲場鹽，而其引地，或析或改焉。

至今浙江場鹽引地，浙江本省之外，則江南之蘇、松、常、鎮四府，徽州五府及廣德州，江西之廣信府是也。

至今直隸長蘆場鹽引地，則直隸本省之外，河南之開封、衛輝、懷慶、彰德、陳州、許州，及南陽府屬之舞陽縣是也。較明時之引地加廣矣。

至今山東場鹽引地，則山東本省之濟、兗、東、登、萊、青等府，及江南、河南十五州縣是也。其河南州縣，則歸德府屬，及衛輝府屬之考城縣，皆其引地。明時山東引地，有直隸、開封、徐州，今直隸、開封爲蘆鹽引地，徐州爲淮鹽引地矣，引地較少矣。

至今福建場鹽引地，則僅本省之七府一縣。蓋臺灣一府，越在海外，不列于引地也。

至今廣東場鹽引地，則廣東、廣西二省，江西之南、贛二府，福建之汀州一府，湖南之嘉、桂八州縣，都計一百六十處。又如黔之古州,亦食粵鹽,其引地較明加增矣。惟瓊州一府,越在海外,徧地産鹽,銷于本境,不設引地也。以上皆今之場鹽引地也。

至考今之池鹽引地,今山西、河東、解州池鹽引地,則山西、陝西、河南三省。考山西引地,平陽、蒲州、澤州、潞安四府,及解州、絳州等四十四州縣爲池鹽引地。至太原、汾州、甯武三府,及遼州、沁州、平定州、代州、忻州等四十四州縣,雖亦池鹽引地,而兼食土鹽。至岢嵐州、保德州等十一州縣,雖亦池鹽引地,而專食土鹽,以距鹽池千餘里,故刮食土鹽也。至大同、朔平二府,則距鹽池更遠,故食口鹽。口鹽者,口外蒙古之鹽,又名蒙鹽,即今蒙古阿拉善王之吉蘭泰池鹽是也。故大同、朔平二府,雖爲山西之邊郡,非山西池鹽之引地也。至陝西引地,則西安、延安是也。若鳳翔、漢中二府,則改食甘肅之花馬池鹽矣。至河南引地,則河南、南陽、汝、陝府州屬,及許州屬之襄城縣是也。此今山西池鹽之引地也。

至今甘肅花馬池鹽引地,則本省平凉各府及陝西之鳳翔、漢中二府是也。

至今陝西之池鹽引地,其鹽池曰吉蘭泰池,在中衛邊外,古賀蘭山地。蒙古阿拉善王于嘉慶中獻其地,即《唐書》溫池縣之鹽池也。其引地至陝西之皇甫川、山西之保德州而止。甘肅之食此池鹽者十居六七焉。此外陝西之定邊廳,尚有連池、爛池二鹽池。甘肅之靖遠、甯夏,亦有鹽池,皆未定引地。

至考今之井鹽引地,今雲南之井鹽,其引地在本省黑井,引地則雲南、楚雄、曲靖三府。安豐井、何陋井、安甯州安井引地,則澂江、臨安、開化三府也。案版井、抱母井引地,則元江、普洱、鎮沅三府也。白井引地,則大理、永昌、鶴慶三府及蒙化廳也。雲龍井引地,則順甯府兼永昌府也。麗江井、五井、彌沙井引地,則麗江府劍川州也。沙井引地,則景東廳也。惟東川、昭通二府,爲川鹽引地;廣西、廣南二府,爲粵鹽引地。

至今四川之井鹽引地,本省之外,雲南之東川、昭通二府,貴州之普安等處,皆其引地。貴州普安、安南等處,本爲滇鹽引地,康熙中總督王繼文奏改爲川鹽引地也。以上皆今之場鹽、池鹽、井鹽引地也。

夫使引地不分,將富饒之地,售鹽爭趨;貧瘠之區,運鹽不至。何以流通?惟核其丁户,衡其田糧,酌其遠近,定其引地,斯鹽無滯行之患,民無淡食之虞。

乃鹽法至今,而又幾至無法者,則以大亂雖平,元氣未復,户口凋敝,民力困窮,定額日增,鹽課日重,成本日大。又況紊其引地,多其私鹽。雖使劉晏復生,亦末如之何也已矣。要惟先清其引地,復緝其私鹽,奏減其額課,漸輕其成本,庶爲救弊之良法乎?

至于引地間有當酌改一二者,如常、鎮近淮,何以食浙?建昌近閩,何以食淮?上蔡近河東,何銷淮引?巴東近西蜀,何食淮鹽?此類正多,宜稍改易。蓋近則本輕而價賤,遠則費鉅而值昂。一爲改移,民無食貴之嗟,商免道遠之累,官無欠額之慮,國無虧課之憂矣。此雖有定法,尚宜變法也。

徵引詳核,蔚然鉅觀。

規復淮鹽引地議

陳　炳

出鹽之地有十二路,而兩淮爲盛。兩淮鹽務,南北雖同一課運,而輕重懸殊。南鹽原額一百三十餘萬引,正、雜捐帶共課五百餘萬兩;北鹽原額二十八萬餘引,正課三千餘兩。其行銷之地,南北犬牙相錯。南鹽課賦,重於北鹽九倍;場鹽運腳經費,亦數倍於北鹽。故口岸售價,貴於北鹽。而小民趨賤避貴,越境侵佔,最爲便捷。此北鹽銷運愈暢,南鹽銷運愈絀之所由來也。

然多銷十萬引,北鹽祇多十餘萬兩之課;多銷十萬引,南鹽即多五十萬兩之課。此則必急求南銷暢旺,方於國課有裨也審矣。案兩湖口岸,雖有川、粵、潞三省鄰近浸灌,而向來銷數,每年總有九成。自督臣陶澍起北票以來,則年減一年,北票越佔愈多,南綱銷數愈絀。徒致庫少雜款,商賠正項。已運之鹽,堆積兩歲;未辦之引,請運不前。舍其重而就其輕,此鄰私之病在皮毛,北鹽之病在心腹也。然而規復實難,若不及早變通,必致南鹽一敗塗地。專司北鹽者,可以置身事外;統轄兩淮者,未免措置爲難。況北鹽專以驗貨爲巧法,而當銀源艱滯之時,徒因驗貨之故,不論遠近,俱因此而屯聚千萬銀兩,以致銀路不通。其實不過收票稅數十萬兩,遂使國計民生處處窒礙,錢價日減,盜賊繁興,此病之尤甚者也。

議者謂南綱折減以來,亦復銷運兩滯。仍有懸引七萬餘引,雖予以緩納提售,設法已盡,而口岸半爲北鹽蔓佔,徒多塵積。且緩納有關庫貯,提售有礙輪銷,仍於南綱課運不利,無已規復之道。擬一南北通籌、輕重兼顧之法,莫若於七萬餘懸引外,再於派運數內,按成酌提七萬餘引,共成十五萬引,以北票四十六萬引核成搭配。凡辦北票三千餘引者,配辦南鹽一千引;如辦此項提配數內南鹽一千引者,配辦北票三千餘引。南則無須緩納提售於庫貯,轉輸得益;北則免其驗貨出利於北票,成本有裨。北課全而南課亦全,南課清而北課亦清。庫款漸裕,而南鹽銷數亦可保守矣。姑論列之,以俟當局者採擇焉。

　　淮鹽議,就南鹽、北鹽立論,雖非抑川扶淮之本意,然鄰私病在皮毛,北鹽病在心腹,從此下手,亦是要着。議論亦娓娓動人。

詞章

冪臘墨賦_{以"東坡蓄墨,其文如此"爲韻}

王保衡

有墨焉,厥製甚古,有文在中。一行題署,兩字渾融。莫問何年,幾辨訛於辛羊亥豕;欲知某月,已閱時於春燕秋鴻。訝同傳寫蘭亭,猶載永和之紀;道是磨礲楮國,恰逢斗柄之東。

原夫蘇文忠之蓄墨也,匣新乍拭,硯古常磨;裕陵製在,潘谷丸多。慣曾煤麝薰香,文房寶玩;也學吉羊鐫字,漢瓦摩挲。莫非背刻龍盤,書姓名於張遇;應作家傳螺子,繪竹石於小坡。

其字猶傳,其文可讀。書其時於歔齲,紀其名於家鹿。義仍取子,非關九子之名;候正生陽,爲紀一陽之復。豈是守藏五夜,生憎貪夜之衛;只因文史三冬,也作御冬之蓄。則有取義於冪也,歲紀能詳,地支堪憶。試參會意之文,不假象形之刻。儻逢墨客,雅宜鼠穎之揮;欲辨墨痕,應作豹文之識。慢與烏丸一例,是肇錫於長蟲;儻將龍臍齊呼,合稱名爲子墨。

更有取義於臘也,梅含蕊破,灰動葭吹;香和柏葉,濃蘸松脂。墨汁淋漓,想五色書雲之會;墨花璀璨,正一堂詠雪之時。若將圖繪消寒,朱應奪也;竊笑字訛伏獵,時竟失其。

於焉安排座右,淨滌塵氛;臨池位置,點漆繽紛。豈教松卿竹䏑,芬含麝氣;合伴凍毫炙硯,塗誤鴉軍。好珍墨寶千秋,鄭重似風字硯;若溯墨工六字,依稀辨瓦當文。

惟冪也能詳困敦,惟臘也更課居諸。一丸馥膡,千載傳餘。笑從松徑凝煙,慣驅松狗;怕是硯田春到,又化田駕。從玆價貴楮林,兩笈之珍逾玉重；儻復書來柿葉，半珪之惜定金如。

迄今摭拾舊聞，研摩故紙，攷坡老之遺編，讀敬齋之外史。文公檜當年佳製，豈讓廷珪；老學庵悉數珍藏，半□儋耳。膏殘麝賸，今朝之至寶何如；臘月鼠年，昔日之命名以此。

工穩有致。

鼠臘墨賦 以"東坡蓄墨，其文如此"為韻

鄭　炳

考李敬齋之筆記，識文公檜為墨工。肇異名之特錫，匪俗製之攸同。詎藉龍賓之寵，還勤虎僕之功。候值迎貓，待見三陽之泰；歲徵肖鼠，豈如五技之窮。於是墨誌為鼠，箋紙或書乎河北；墨成送臘，斗柄自指于天東。

則有蘇子瞻者，墨緣結契，墨寶摩挲，助臨池之逸興，書玩月之清歌。五千卷之雄文，俱堪快讀；三十年之妙墨，不厭消磨。既勤求之靡懈，自所蓄之恆多。每教研古製所傳，吟花官舍；豈僅受上方之賜，視草鑾坡。

是以肆厥挲羅，富其藏蓄。辨龍劑之珍奇，訝麝煤之芬馥，莫不玩厥品題，徵其名目。謂公檜之字，義似無稽；連鼠臘為文，詞幾難讀。

乃有元氏儒臣，欒城家食，著書則穿穴古今，立論或自舒鑒識。補坡公之所未知，實敬齋之所獨測。以為剛卯佩漢印之奇，典午更晉臣之職；豈非午可隱夫馬名，亦猶辰足昭乎龍德。故子言萌孳，伏於陰而鼠類相同；丑見紐牙，賽乎神而臘期不忒。斯正當比例以推，參觀而得。於此見鼠之所屬，為造律法之元，臘始告成，得引鞠通之墨。然而敬齋之未及，亦學者所當知。蓋穴蟲之類不一，鼠子

之號紛歧，無論或爲伯勞所化，以造不律咸宜。即鼮鼠登之《爾雅》，鼫鼠見于《風》詩，亦何關於墨譜，誰見重於墨池。而茲乃有取於鼯鼠，特以紀諸隃糜。是當引伸敬齋之論，證以郭璞之詞，恪守賢哲之傳，步亦趨亦；泛覽詩書所述，誦其讀其。

原夫墨本生於炎火，積自煙氛。初同翠黛，久似元雲。罕覯庭珪之法，共傳易水之勳。一笏如金，共愛晉唐之寶；百年似石，猶留蘭麝之芬。擬之於鼯，似歌詩之不類；繼之以臘，等銘勒之成文。豈不以鼯食炊煙之上，墨藉竈火之餘，鼯飛而乳子，墨蘸而鈔書。呼似人聲，鼯類非同於鼬；研憑我力，墨光勝吐於魚。況復歲在困敦，星紀回於牛女；典當蜡祭，臘鼓動於鄉閭。是知墨之爲鼯，古今鮮言詮未析；墨之題臘，李仁卿識解奚如？

客有致慨磨人，未離處士，儲墨汁於金壺，染墨痕於素紙。雖當歲暮，思爲有用之詞章；徒笑人勞，尚速訂譌於亥豕。倘得淋漓大筆，揮餘墨瀋於蘭臺；曲折幽蹊，退築墨莊於梓里。亦何難墨求鼯臘，步武髯翁；書著鴻文，希風李氏。叵奈墨稼徒殷，筆耕若此，能不觸餯臘之深情，獻一時之末技也哉！

筆意調暢。

鼯臘墨賦 以"東坡蓄墨，其文如此"爲韻

鄭興森

龍賓望重，螺子名通。三升未浣，十挺差同。搗麝煤而擅美，摛鳳藻而彌工。果然功比凌煙，佐文房于千年上下；奚啻侯封□墨，寄宦轍于兩浙西東。

原夫蘇長公者，幽懷自許，逸興偏多；才原似海，口若懸河。居翰林而瀟灑，爲仙吏以婆娑。鹿苑尋幽，碑還欲搨；雞壇鏖戰，盾不

須磨。記從筆染霜毫，校書鳳閣；想見硯呈星眼，對策鵞坡。

有齬臘墨焉，以家風雅擅文心，即歲月特傳名目。蘸向硯池清淺，比鼴鼠兮飲河；倚從筆架橫斜，類鼫鼠兮緣木。竹素鋪來一紙，應加竹郰之名；松滋灑出千行，儼聚松顆之族。倘顧名而思義，將誇五技之全；俾藏器以待時，聊備三冬之蓄。

然而臘者冬之餘也，楓葉霜凋，梅花寒勒。粥因臘煮，方八日之初逢；鼓以臘鳴，尚三通而未息。緬刺繡兮綫添，計催詩兮燭刻。鬥此日尖叉之韻，筆繞寒煙；翻前番笠屐之圖，硯融凍墨。

且墨先有名兔枝香者，元相所吟咏也；有名麝香者，張遇所珍奇也；有出于朝鮮者，以國名著也；有製于參軍者，以官名垂也。未若此專憑年造，雅合時宜。緬彼髯仙，等兼金而惜甚；儻修眉史，美如玉於溫其。

即或仙壺汁灑，古硯香聞。閒凭棐几，靜炷蘭薰。墨妙之孤亭遺韻，墨池之細浪含芬，狼藉墨痕，甯辭沾袖；闌珊墨瀋，不屑書裙。曾經篠畫臨風，披拂續鳳凰之尾；豈獨筆飛垂露，淋漓成蝌蚪之文。

至若瑤箋寫罷，彩筆揮餘，不離几席，祇伴琴書。泂窗南之可倚，抑硯北而堪居。裹以溪藤，且遲揮翰；囊將細葛，略等懸魚。文字有緣，比元祐之遺倍重；年華無恙，較昌言之蓄何如？

宜乎擊缽聲中，剪燈影裏，韻事爭誇，詩情未已。烏玉玦藉以留名，古隃糜因之媲美。物因人重，能傳內翰文章；氣得春和，都在先生杖履。身外本無長物，偶興到以隨之；胸中別有餘香，待醉時而吐此。

偶儻可喜。

題《古六逸圖》序

尹熙棟

今夫商山四皓，乘赤鯉以嬉遊；淮海八公，喚黃鵠而傳語。世外綠毛之女，自畫飛昇；壺中黃髮之翁，青霄游戲。此神仙詭誕之奇蹤，非吾輩藏脩之常道也。然而獺祭彌工，湧波潮於筆海；狐穴搀僻，耀錦繡於詞鋒。摘銳藻之繽紛，黃捧旭日；飛清機之綺麗，丹貢文墀。名冠螭頭，共欽慧相；夢徵鼇背，咸仰文星。勢必屈己以徇物，貶道而就時，志士非之，達人恥焉。自來龍性未馴，忠臣因之獲戾；鴻飛難弋，高蹈所以全生。岡巒險奧以多奇，一聲長嘯；音韻沈雄而入妙，亘古豪情。翠沈煙暝之秋，渺古懷其何託；紅黯霞涼之際，涉荒徑而偏奇。玉井秋香，發奇思於蛟窟；洞庭春色，奪異彩於蜃樓。百年長夢，鍊造化於金丹；萬事浮雲，冶陰陽於橘井。發謨觴之秘笈，東觀春深；探宛委之寶書，北窗夏永。白雲送曉，騎來鼇背鯤身；紅葉吟秋，呼出蟹奴魚婢。此中得樂，于世何求？嗟乎！平子工愁，寒助風沙之貌；文園善病，貧銷湖海之豪。求人氣低，干祿計左，況乎萬里功名，隆於智府；千秋事業，獨有名山。長離善舞，焦明按拍而歌；應龍好飛，鷗吻憑虛而望。靈心默會，景氣潛通，則莫如手探月窟。上契夫知水仁山，足躡天根；高擷乎朝華夕秀，生姿腕下。蓮耀一池，落彩毫端；蘭寒五渚，緝茅十笏。弄煙墨於寰中，踏月半弓；運才思於方寸，神情散朗。甲乙續於樊南，志氣高奇；丁卯編於硯北，麟皮擊鼓。鳳髓燃燈，窮達何知，嘯歌自得矣。走家在九峰，心儀六逸。觸圖有感，爰爲長歌以詠之。

古藻繽紛。

杜子美集

陳曾彪

　　飯顆山頭笠影欹，賦成大禮鑄雄辭。麻鞋客路無家別，茅屋秋風故國思。弟妹傷心皆異地，乾坤多難獨憂時。新蒲細柳年年綠，日暮江頭自詠詩。

杜樊川集

陳曾彪

　　罪言著罷鬢絲凋，一榻茶煙慰寂寥。幕府埋名才子老，紅橋弔古玉人遙。多情花月家何在，落魄江湖酒獨澆。猶有當年春恨在，陰陰綠葉總魂銷。

李義山集

陳曾彪

　　文章憂患性情真，一卷金荃句總新。寄託風騷原有恨，恩讎牛李究何因。碧城縹紗雲如夢，錦瑟淒涼月似塵。香草美人吟未了，玉溪才調本無倫。

王右丞集

王保衡

　　閒從別墅檢詩筒，詩境天成語語工。新曲鬱輪邀特賞，舊題凝

碧鑒孤忠。五言半入伶人譜，一卷都含畫意中。贏得道心終悟徹，
輞川煙景寄幽衷。

元次山集

王保衡

聱牙與世復何緣，出處都看忠愛全。目擊時艱三議上，腰懸將
印十年權。舂陵敢領催科牒，瀼水還尋歸老船。遭亂憂時添著作，
頻將搔首籲蒼天。

溫飛卿集

王保衡

盛名嘖嘖大中間，應制緣何一第慳。叉手聯吟曾幕府，狎游遠
謫感方山。才高不礙鍾馗貌，忌觸空翻菩薩蠻。何必南華篇悔讀，
鼓琴吹篴亦身閒。

時有佳句。

孟東野集

尹熙棟

墨花噴落一天秋，寒意崚嶒上筆頭。才子最難窺古奧，文人筆
竟託清幽。霞明似錦風初動，雲疊如山雨未稠。莫誚空螯留儉態，
月輪斜挂趣悠悠。

韓昌黎集

尹熙棟

見道原堪百世師，空前絕後又文辭。儘教聖域能優入，豈獨詞壇仗起衰。山斗聲名尊嶽嶽，孔周情思扣絲絲。請看陌上春多少，不是東風總不知。

有氣格。

李长吉集

顧　麟

長爪清姿慧業純，超心煉冶絕緇磷。雲韶奏曲銅琶壯，月圃題毫玉管新。碧荻霜霏仙度夜，紅黎雨暗鬼嘔春。錦囊獵豔無遺句，猶記當年唾地頻。

韓致光集

顧　麟

夢雨情雲入畫神，冬郎綺製擅清新。錦袿淚粉勻彈玉，羅襪香鉤淺印塵。楊柳旗亭三月暮，櫻桃朵殿九霞春。爭誇晚節堅如鐵，濮鄧風沙老逐臣。

好語如珠。

李義山集

楊象濟

只恨無人作鄭箋，莫教錦瑟記華年。世云彭澤閒情賦，我道思王咏洛篇。宗國衰微多感喟，天孫哀怨費言詮。韓碑一首尤奇特，脫手真應萬本傳。

佳句可誦。

詠南天燭

顧　麟

青女降瑤宮，爛然錦雲墜。一簇庭之隅，枝葉競蔥翠。梅雨開碎花，緗莖間紫穗。鐵幹凌霜飈，纖粟攢纍纍。疑入鮫人室，盈懷彈紅淚。載稽西真書，種種著神異。或名東天笠，普陰閻浮地。女媧鍊石時，補天資美利。鑄鼎帝軒轅，海神奉爲贄。植之蓬壺圃，葳蕤紛旖旎。駢羅既星光，密束亦霞緻。軒廡耀鮮明，賦陳程散騎。卉譜南爲闌，同音殊其義。或云即楊桐，羽流所耽食。墨飯煮青精，陽氣神鼓韛。凌寒抱冬心，祝融迴炎彗。總不離靈草，芝菰貴奚啻。噙味酸且甘，瓊漿流餘漬。采采年復年，松喬共游戲。

雅贍。

玲瓏玉 冰箸

陳曾彪

簷溜纔停，向深夜錯認瑤簪。晶盤乍薦，翠鬟敲斷無心。道是

311

文犀下處，正圍爐烘罷，鉛淚先淋。愔愔，訝新寒紅袖暗侵。

漫數唐宮韻事，愛玲瓏盈握，簾外誰尋。借到霜娥，勸開尊指冷難禁。朝來怕聞晴雀，定幾度梅梢啄後，玉碎牆陰。莫輕舉，炷銀燈留伴淺斟。

詞叶。

玲瓏玉_{冰箸}

金庭萼

昨夜嚴寒，悄聽他雨滴瀟瀟。檐冰漸簇，訝垂玉箸千條。最怕斜陽早逗，並霜封鴛瓦，一樣同消。風敲，驚聲聲如裂絳綃。

倘使池塘偶墮，願中流同砥，不逐寒潮。勁直勻圓，豈還輸玉琢瓊雕。拈來淨無塵染，便真箇裝成錦瑟，好配絃么。待月下，倩尖尖玉指試調。

諧穩。